Cortina und das Cadore
Seiten 134–155

Marmolada, Palagruppe, Belluneser Dolomiten
Seiten 108–133

VIS à VIS

DOLOMITEN

VIS à VIS

DOLOMITEN

Autoren: FABRIZIO ARDITO, GIOVANNI FRANCESIO, CRISTINA GAMBARO, STEFANO MALDINI

DK

DORLING KINDERSLEY

EIN DORLING KINDERSLEY BUCH

www.dk.com

PRODUKTION Fabio Ratti Editoria, Mailand

TEXTE Fabrizio Ardito, Giovanni Francesio, Cristina Gambaro, Stefano Maldini

FOTOGRAFIEN Jørn Bøhmer-Olsen, Frits Solvang, Rolf Sørensen

ILLUSTRATIONEN Modi Artistici, Mailand

GRAFIK
Giovanni Francesio, Mattia Goffetti, Gianluca Fiorani, Stefania Testa, Oriana Bianchetti

KARTOGRAFIE Luca Signorelli, Bergamo; Grafema, Novara

•

Titel der italienischen Originalausgabe:
Le Guide Mondadori Dolomiti
Zuerst erschienen 2001 in Italien
bei Mondadori Electa S.p.A., Mailand

•

Aktualisierte Neuausgabe 2004

•

ÜBERSETZUNG Barbara Rusch, München
REDAKTIONSLEITUNG Dr. Jörg Theilacker, Dorling Kindersley Verlag
REDAKTION Christine E. Gangl, Dr. Alex Klubertanz, München
SCHLUSSREDAKTION Dr. Bettina Jung, München
SATZ & PRODUKTION Dorling Kindersley Verlag
LITHOGRAFIE Esseci, Mailand, Italien
DRUCK & VERARBEITUNG Graphicom, Vicenza, Italien

ISBN 3-8310-0531-1
1 2 3 4 5 07 06 05 04

Dieser Reiseführer wird regelmäßig aktualisiert. Angaben wie Telefonnummern, Öffnungszeiten, Adressen, Preise und Fahrpläne können sich jedoch ändern. Der Verlag kann nicht für fehlerhafte oder veraltete Angaben haftbar gemacht werden. Für Hinweise, Verbesserungsvorschläge und Korrekturen ist der Verlag dankbar. Bitte richten Sie Ihr Schreiben an:

Dorling Kindersley Verlag GmbH
Redaktion Reiseführer
Gautinger Straße 6
D-82319 Starnberg

INHALT

Malerische Alm im Val Cismon

◁ **Die Kirche San Vigilio in Pinzolo zieren sehenswerte Totentanzfresken von Simone Baschenis**

Die mächtige Palagruppe

Marmolada, Palagruppe, Belluneser Dolomiten

Paradies für Bergsteiger

Cortina und das Cadore

Seilbahn in der Alta Badia

Eisacktal und Pustertal

Bauer aus dem Pustertal

Zu Gast in den Dolomiten

Grund-Informationen

Die Dolomiten stellen sich vor

Die Dolomiten auf der Karte

Die Alpen auf dem Satellitenbild

Die Dolomiten (*Dolomiti*) sind eine der berühmtesten Gebirgsregionen der Alpen. Aufgrund erdgeschichtlicher Besonderheiten bestehen sie hauptsächlich aus Dolomit, einem Gestein, das dem Gebirge seinen Namen verlieh *(siehe S. 14f)*. Als Teil der südlichen Kalkalpen liegen die Dolomiten südlich der Zentralalpen in den Ostalpen.

Im weitesten Sinne zählen zu ihnen die westlich des Etschtales (Adige) gelegene, 750 Quadratkilometer große Brentagruppe sowie die sich östlich der Etsch und des Eisack (Isarco) auf 6500 Quadratkilometer erstreckenden Dolomiten. Sie werden im Südosten durch das Tal der Piave, im Norden durch das Pustertal und im Süden vom Val Sugana begrenzt.

GEOGRAFISCH-POLITSCHE GRENZEN
Politisch-geografisch gesehen sind die Dolomiten eine rein italienische Gebirgsgruppe. Sie erstrecken sich über die Provinzen Trient (Trento, TN) und Bozen (Bolzano, BZ) in der Region Trentino-Südtirol (Trentino-Alto Adige), Belluno im Veneto und sogar über ein kleines Gebiet der friaulischen Provinzen Pordenone und Udine. Dort befindet sich der jüngste Naturpark der Dolomiten (*siehe S. 28f*).

Ein Porträt der Dolomiten

Für den Autor *Hermann Fraß ruft die einzigartige Landschaft der Dolomiten vielfältige Emotionen hervor: Abenteuerlust auf eine Kletterpartie, ästhetischen Genuss beim Spiel von Licht und Schatten sowie Ehrfurcht angesichts der unermesslichen erdgeschichtlichen Zeiträume.*

Doch nicht nur für den Südtirol-Kenner Fraß liegt der besondere Reiz des nach Meinung vieler »schönsten Gebirges der Welt« und der facettenreichen Region in der Vielfalt, die Reisende stets aufs Neue fasziniert. Natürlich locken die Dolomiten Bergsteiger, Sportler und Naturliebhaber, doch kommen hier auch Kunst, Kultur und Geschichte, Unterhaltung und Erholung nicht zu kurz. So wie sich die bizarren Formen der tausenden Felsspitzen und -nadeln in Jahrmillionen zu einer imposanten Gebirgslandschaft ausbildeten, so hat die Region im Lauf der Jahrhunderte auch sozial-geografisch zusammengefunden und ihre Kultur entwickelt. Heute präsentieren sich die Dolomiten zudem als ein gelungenes Beispiel für eine nachhaltige Entwicklung: Hier wird Naturschutz mit rigorosem Nachdruck, aber nicht fanatisch praktiziert und steht im Einklang mit dem kulturellen und technischen Fortschritt.

Hölzernes Schild des Fremdenverkehrsverbandes Grödnertal

Politisch-geografisch liegen die Gebirgsmassive der Dolomiten in den drei italienischen Provinzen Trient (Trento), Bozen (Bolzano) und Belluno. Dieses Gebiet ist das einzige in ganz Italien, in dem drei offiziell anerkannte Sprachen gesprochen werden: Italienisch, Deutsch und Ladinisch. Die am Schnittpunkt der drei Provinzen bis heute gepflegte ladinische Kultur und Sprache stellt die Verbindung zwischen den Kulturen und Gebieten dar, die historisch, aber auch administrativ getrennt wurden.

In hölzernen Gestellen wird das Brot getrocknet und haltbar gemacht

◁ **Eine Gämse an einem Armeepfad am Col de Bos nahe Cortina**

Die Große Dolomitenstraße wurde zwischen 1895 und 1909 erbaut

Frühe Forscher

Um die Dolomiten kennen zu lernen, sollte man sich mit der Geschichte der Region in den vergangenen 500 Jahren und mit der Zeit vor dem Massentourismus beschäftigen. Bei diesem Blick zurück zeigen etwa Fotografien aus der Ära zwischen den beiden Weltkriegen eine Landschaft, die zu Fuß oder auf dem Rücken von Pferden entdeckt wurde. Sie lassen eine Welt auferstehen, die vor 100 oder 200 Jahren als einzige »Touristen« exzentrische Briten (die die Dolomiten als erste erkundeten) oder junge Österreicher, Deutsche und Italiener unsicher machten. Diese Abenteurer vertrauten der Natur und auf ihr Schicksal, bezwangen die schwierigsten und gefährlichsten Gipfel. Die Fotografien erzählen aber auch von schrecklichen Zeiten, als in dieser Gebirgslandschaft einige der entsetzlichsten und blutigsten Schlachten des Ersten Weltkriegs tobten.

Ab den 1950er Jahren änderte sich die Situation: Die olympischen Winterspiele in Cortina d'Ampezzo 1956 machten das hochalpine Gebiet weltweit berühmt und brachten weit reichende Veränderungen für die gesamte Dolomitenregion, in der der Fremdenverkehr von nun an eine immer wichtigere Rolle spielen sollte.

Bauer aus dem Pustertal

Kulturelle Identität

Bis heute konnten in den Dolomiten trotz des Massentourismus die kulturelle Identität ihrer Bewohner bewahrt und die Natur vor den größten Schäden geschützt werden. Dennoch musste für die wirtschaftliche Entwicklung der letzten Jahrzehnte bisweilen ein hoher Preis gezahlt werden – ob er zu hoch war, wird sich erst mit den Jahren herausstellen.

Heute leben ganze Täler vom Fremdenverkehr, in denen zuvor jahrhundertelang nur wenige Bauern mit der Viehzucht ihr Auskommen fanden, erfüllen in vielen Bergdörfern die Lichter und der Rummel der Moderne die einsamen Wintermonate mit Leben. Viele Gipfel, die früher nur wenige Auserwählte bezwingen konn-

Die Milchwirtschaft spielt eine wichtige Rolle

ten, sind heute für Mann und Maus, Kind und Kegel bequem mit modernsten Seilbahnen zu erreichen. Diese grundlegenden Veränderungen gingen rasant vonstatten. Sie sind vielleicht am besten durch die Lektüre der Artikel und Essays des bedeutenden Chronisten der Dolomiten, des nahe Belluno geborenen Dino Buzzati, nachvollziehbar. Angesichts des dichten Netzes von Seilbahnen und Liften, das die Dolomiten mittlerweile überzieht, wirken seine Polemiken und erbosten Kommentare aus den touristischen Gründerjahren heute fast wie aus einer anderen Welt. Doch auch Buzzati, für den bereits ein einziger Lift das Antlitz eines Berges verändern konnte, hatte sich wohl nicht vorstellen können, wie gründlich und mit welcher Konsequenz sich seine geliebten Berge der Moderne unterwerfen werden würden.

Jenseits der noch unberührten Winkel, alten Handwerke und Traditionen ist und bleibt das Naturerlebnis auch für den modernen Tourismus entscheidend – der wahre Reichtum der Dolomiten ist ihre unvergessliche Landschaft. Dafür sorgen strenge Gesetze und Vorschriften des Naturschutzes.

Moderne Seilbahn, Alta Badia

Gipfel-Erlebnis

»Erlebnis Berg«

Wer die Dolomiten besucht, der sollte sich auch mit ganzem Herzen auf das »Erlebnis Berg« einlassen. Wählen Sie aus den tausenden unterschiedlichen Berg-Touren Ihren Favoriten aus und machen Sie sich auf den Weg zum Gipfel. Dort oben, fernab vom Getriebe der Menschen und im Einklang mit der Natur, werden Sie erstmals verstehen, warum Dino Buzzatis ewige Frage so schwer zu beantworten ist:

»Aber, was sind die Dolomiten? … Sind sie Steine oder Wolken? Sind sie wahr oder ein Traum?«

Sonnenaufgang in der Brentagruppe

Steine und Eis

Die Dolomiten bestehen aus Sedimentgestein. Es entstand aus den Kalkresten von Organismen, die sich in Jahrmillionen auf dem Boden des Urmeeres Tethys ablagerten. Die Kräfte der Kontinentalverschiebung falteten gegen Ende des Tertiärs vor etwa zehn Millionen Jahren die Berge auf und hoben sie aus dem Meer. Sofort begann ein Erosionsprozess, der die heutigen Formen der Dolomiten modellierte. Weichere Schichten wurden abgetragen, es verblieben kompakte Felsmassive aus härteren Gesteinen. Typischer Stein der Dolomiten ist der Dolomit, ein aus Sedimenten entstandener Kalkstein mit hohem Magnesiumanteil. Die erste wissenschaftliche Erforschung der Dolomiten unternahm im 18. Jahrhundert der französische Geologe Déodat de Dolomieu.

Der westliche Gletscher und der Gipfel des Sorapis

Die Gletscher

In der Vergangenheit haben die Gletscher das Gebiet der Dolomiten mindestens fünfmal bedeckt. Zuletzt geschah dies in der Würm-Eiszeit, die vor rund 15 000 Jahren endete. In dieser letzten Eiszeit formten die Gletscher durch den enormen Druck und die Bewegung der Eismassen die tälerreiche Landschaft der Dolomiten. Heute liegt die Grenze zum ewigen Eis in etwa 3000 Meter Höhe. Da nur wenige Gipfel der Dolomiten diese Grenze überschreiten, sind in dieser Gebirgsregion nicht allzu viele Gletscher zu bestaunen.

Bedeutend sind die großen Eisflächen der Marmolada *(siehe Foto)*, des Travignolo (Palagruppe) und kleine Überreste im Pelmo-Massiv, in der Tofaner Gruppe, am Sorapis, Monte Cristallo und in der Brentagruppe. Aufgrund der globalen Erwärmung sind die Gletscher in den Alpen in den letzten Jahrzehnten rasant abgeschmolzen.

Blick von der Porta Vescova auf den Marmolada-Gletscher

Wasserfall bei Madonna di Campiglio

Geologie

Die charakteristische Landschaft der Dolomiten mit ihren schroffen, jäh aufsteigenden Felsmassiven, bizarren Felstürmen und lieblichen grünen Tälern entstand in einem hunderte Millionen Jahre dauernden geologischen Prozess. Den Sockel des Gebirges bilden die ältesten vulkanischen Gesteinsschichten. Darüber türmen sich die riesigen Kalksteinschichten, die aus den Sedimenten von unzähligen Meeresorganismen entstanden. Das gesamte Gebiet lag die meiste Zeit unter dem Wasser des Urmeeres Tethys, bis vor etwa 80 Millionen Jahren die Afrikanische Kontinentalplatte nach Norden driftete und begann, gegen die Europäische Platte zu drücken. Die so entstandenen ungeheuren Erdkräfte falteten im Zuge der alpidischen Gebirgsbildung auch die Dolomiten auf und hoben anschließend die imposanten Berge aus dem Wasser.

Der hellgraue Kalkanteil im Dolomitgestein entstand aus den kalkhaltigen Skeletten, Schalen und harten Körperteilen von Meeresorganismen wie Korallen, Algen und Mollusken. Die Farbe des Gesteins verlieh den Dolomiten im Italienischen den Beinamen *Monti Pallidi* – die »Bleichen Berge«. Zusammen mit dem reichlich im Meerwasser

Der »Entdecker« der Dolomiten

Schliesslich fand ich vor 18 Monaten«, schrieb Déodat de Dolomieu im Revolutionsjahr 1789 seinem Freund La Peyrouse, »bei einigen mineralogischen Exkursionen in den Tiroler Bergen eine ungeheure Menge dieser kalkhaltigen Steine, die beim Kontakt mit Säuren überhaupt nicht sprudeln.« Dieses Mineral, ein doppeltes Karbonat aus Kalzium und Magnesium, wurde nur wenige Monate später von Nicolas Saussure »Dolomit« genannt. Der Geologe, Entdecker und Natur-, Geschichts- und Vulkanforscher (Réunion, Stromboli, Ätna) de Dolomieu stammte aus den französischen Alpen. 1750 wurde er in der Nähe von Grenoble in einem Dorf geboren, das seinen Namen trägt. 1801 verstarb er nach einem abenteuerreichen Leben in Châteauneuf-en-Charolles.

Denkmal für Déodat de Dolomieu in Cortina

Ausgedehnte Wiesenmatten bedecken das Geröll am Fuß des Langkofels

gelösten Magnesium verband sich der Kalk zu einem besonderen Gestein, das erstmals der französische Geologe und Forscher Déodat de Dolomieu (1750–1801) beschrieb und nach dem es auch benannt wurde.

Da sie im Meer entstanden, finden sich in den Dolomiten noch heute vielfältige Fossilien – ein Paradies und seit Jahrhunderten ein stets interessantes Forschungsfeld für Geologen.

Sobald die Gesteinsschichten aus Kalk und Dolomit aus dem Meer herausragten, griffen die erodierenden Kräfte von Wasser und Eis an und gaben den Steinen eine neue Form.

In den Jahrhunderttausenden der Eiszeiten schoben sich die Gletscher der Ostalpen über Berge und Täler bis hinunter zur Poebene. Die letzte kleine Eiszeit, die Würm-Eiszeit, begann vor etwa 30 000 Jahren und endete vor rund 15 000 Jahren. Heute erstrecken sich die Gletscher der Dolomiten auf knapp zehn Quadratkilometer. Sie sind nur noch kärgliche Überreste der riesigen Eisschicht, die in der letzten Eiszeit alle Talsohlen der Dolomiten bedeckte.

Es waren demnach verschiedene Faktoren, die die Landschaft der Dolomiten gestalteten: Die mächtigen Kräfte der Plattentektonik falteten die riesigen Felsmassive auf, Regen und Flüsse erodierten die weichen Gesteinsschichten und die Gletscher »schliffen« sie langsam »ab«.

Die unterschiedliche Zusammensetzung und Härte der verschiedenen Gesteinsschichten, lässt sich noch heute an vielen Hauptgipfeln der Dolomiten beobachten: Am Fuß der harten Felswände erstrecken sich riesige Geröllhalden, über die sich im Lauf der Jahrtausende allmählich eine Vegetationsschicht ausbreitete. Besonders deutlich sieht man beispielsweise an den Drei Zinnen die horizontalen Gesteinsschichten, die den zersetzenden Kräften der Erosion weitaus besser widerstanden als die anderen Gesteine in dieser Region.

An den Drei Zinnen sind die harten horizontalen Gesteinsschichten deutlich zu erkennen

Die Landschaft der Dolomiten

Die typische Vielfalt einer Gebirgslandschaft zeigt sich in den Dolomiten in der facettenreichen Ausprägung der verschiedenen Höhenlagen. Innerhalb weniger Stunden durchquert man bei einem Aufstieg vom Talboden zum Gipfel mindestens vier Vegetationszonen und kann dabei beobachten, wie die Bergbauern die Landwirtschaft den besonderen Anforderungen in den Bergen anpassten. In der Grafik sind die Kultur- und Naturlandschaften getrennt dargestellt – tatsächlich vermischen sich diese beiden Räume jedoch. Von den Menschen erforderte das Leben in den Bergen stets, ein labiles Gleichgewicht zwischen Natur und wirtschaftlichen Erfordernissen zu erhalten (Blumen und Pilze *siehe S. 18f*).

Zwischen 2000 und 2500 Meter finden sich vereinzelte Bauernhöfe, zeitweise Ställe und Weidewirtschaft.

Zwischen 1500 und 2000 Meter werden an sonnigen Hängen Roggen und Kartoffeln angebaut. Getreide wächst bis zu 1800 Meter.

Zwischen 1000 und 1500 Meter wachsen Getreide, Kartoffeln, Äpfel und Wein sowie Futterwiesen.

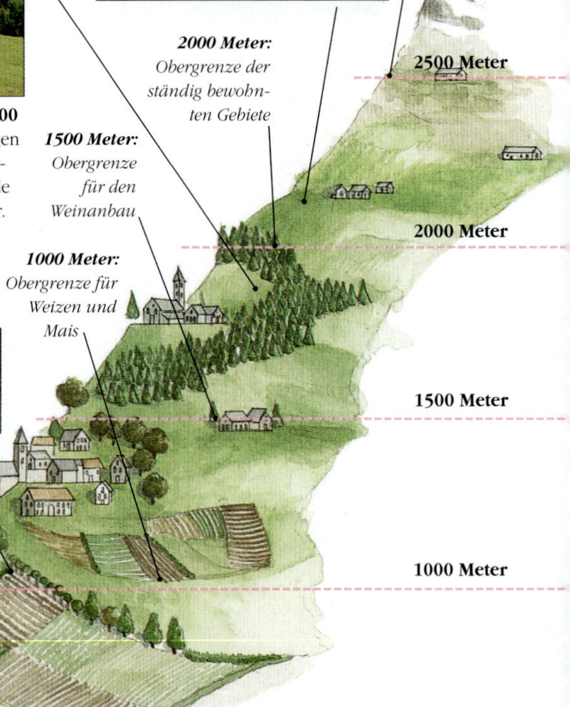

Die Kulturlandschaft

Die Kulturlandschaft teilt sich grob in drei Bereiche. Die in den Dolomiten stark landwirtschaftlich genutzte Zone bis 1500 Meter Höhe ist zugleich die italienische Hauptanbauzone für Äpfel und Roggen. In den Gebieten zwischen 1500 und 2000 Meter erfährt die Landwirtschaft in den immer steileren und felsigeren Bergen zunehmende Einschränkungen. In der dritten Zone bis 2500 Meter Höhe ist nur noch Weidewirtschaft möglich. Nebenstehende Grafik zeigt, wie die Anbau- und anderen Flächen in den Dolomiten verteilt sind.

Legende

- Ackerland
- Gehölzkulturen
- Permanenter Anbau von Futterpflanzen
- Wälder
- Unergiebiges Gelände

Oberhalb von 3000 Meter *dominieren Felsen und ewiges Eis. Hier gedeihen Flechten und Moose, aber auch einige wenige Blumen wie Edelweiß und Gletschernelke.*

Zwischen 2000 und 3000 Meter *erstrecken sich Almweiden mit mehr oder minder kurzem Gras, dazwischen wachsen niedrige Sträucher (Alpenrosen, Wacholder, Latschen) und winzige Blumen.*

Über 2000 Meter Höhe wachsen als einzige Nadelbäume Tannen. Auf dem Foto *(rechts)* steht links eine Weißtanne (die Zapfen wachsen nach unten) und rechts eine Rottanne (mit den Zapfen nach oben).

Zwischen 1500 und 2000 Meter lösen Nadelwälder (Tannen, Lärchen, Kiefern) voller Pilze (*siehe S. 19*) die Buchen ab.
Links ein Kiefernwald in der Nähe von St. Vigil in Enneberg.

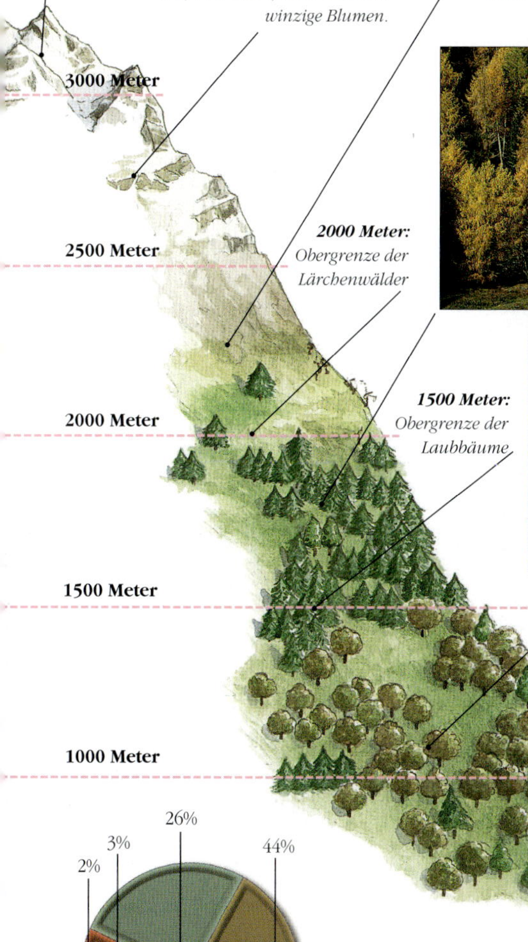

2000 Meter: *Obergrenze der Lärchenwälder*

1500 Meter: *Obergrenze der Laubbäume*

Zwischen 1000 und 1500 Meter gedeihen Laubbäume – in den niedrigeren Lagen Haselnüsse und Birken, in den höheren Lagen Eichen und Kastanien *(oben)* und Buchen.

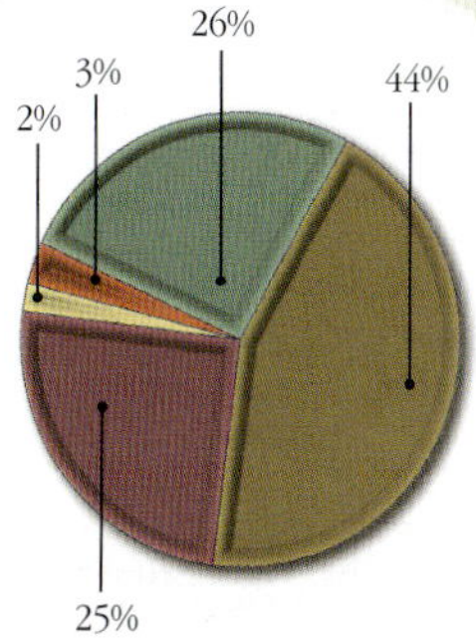

Die Naturlandschaft

Die Dolomiten sind eine reine Berglandschaft mit vier Vegetationszonen: Zwischen 1000 und 1500 Meter erstrecken sich große Laubwälder, ab 2000 Meter die typischen alpinen Nadelwälder. Zwischen 2000 und 3000 Meter zeigt sich immer mehr der blanke Fels zwischen den kurzen Matten und Sträuchern. Jenseits der 3000 Meter wachsen im Reich der Steine und des Eises Blumen, Moose und Flechten.

Blumen und Pilze

DIE ERHABENEN FELSMASSIVE und imposanten Baumriesen sind nur eine Seite der Dolomiten. Wer die Berge mit offenen Augen erkundet (und seinem »Jagdfieber« freien Lauf lässt), findet selbst noch an den unwirtlichsten Orten in dieser extremen Umgebung versteckte Kostbarkeiten. Die vielfältigen Bergblumen und Pilze bilden einen wahren Schatz an Farben, Düften und Geschmacksrichtungen – und können nur durch strengen Schutz erhalten werden. So ist in allen Naturschutzgebieten das Pflücken von Blumen verboten, und das Sammeln von Pilzen ist streng reguliert (*siehe Kasten S. 19*).

Frauenschuh

Enzian

Feuerlilie

Gelber Alpenmohn

Teufelskralle

Alpenrose

Edelweiß

DIE WICHTIGSTEN BLUMEN DER DOLOMITEN

NAME	FAMILIE	STIELHÖHE	BLÜTENFARBE	MAX. HÖHE
Akelei	Ranuncolaceae	15–40 cm	blau	2400
Alpenglöckchen	Primulaceae	5–15 cm	violett	3000
Alpenkrokus	Iridaceae	8-15 cm	weiß/dunkelviolett	2700
Alpenrose	Ericaceae	bis 1 m	dunkelrot/weiß	2900
Alpenwaldrebe	Ranuncolaceae	bis 2 m	blau/violett	2400
Arnika	Asteraceae	30–60 cm	goldgelb	2800
Dolomiten-Fingerkraut	Rosaceae	2–10 cm	rosa	3200
Edelweiß	Asteraceae	5–10 cm	weiß	3400
Erika	Ericaceae	bis 30 cm	rosa	2700
Feldenzian	Gentianaceae	3–12 cm	tiefblau	2900
Feuerlilie	Liliaceae	20–90 cm	rot	2200
Frauenschuh	Orchidaceae	15–60 cm	gelb	2000
Frühlings-Küchenschelle	Ranuncolaceae	10–15 cm	rosa/weiß	3500
Gelber Alpenmohn	Papaveraceae	5–15 cm	goldgelb	2800
Gletschernelke	Caryophyllaceae	2–8 cm	rosa/rot	2900
Männertreu	Orchideae	bis 15 cm	dunkelrot	2700
Punktierter Enzian	Gentianaceae	20–60 cm	hellgelb	3000
Schwefelgelbe Anemone	Ranuncolaceae	10–20 cm	schwefelgelb	2400
Silberwurz	Rosaceae	2–10 cm	milchig-weiß	2500
Stängelloser Enzian	Gentianaceae	5–10 cm	blau	3000
Steinröschen	Thymelaeaceae	5–30 cm	rosa	2900
Teufelskralle	Campanulaceae	5–15 cm	hellviolett	2000
Trollblume	Ranuncolaceae	10–70 cm	gelb	2800
Zwergalpenrose	Ericaceae	bis 30 cm	rosa	2400

Wichtige Speisepilze in den Dolomiten

Name	Vorkommen	Sammelzeit	Geschmack	
Parasol *(Macrolepiota procera)*	Im offenen Gelände, etwa Waldwiesen, Kahlschlägen, Wald- und Wegrändern	Sommer und Herbst	Köstlich. Am besten schmecken die jungen Hüte gegrillt oder gebraten	
Wiesenchampignon *(Agaricus campester)*	In Kolonien oft im offenen Gelände (Wiesen, Weiden, Lichtungen) bis 2000 Meter	Sommer bis Spätherbst	Ausgezeichnet, besonders die jungen Pilze. War schon in der Antike bekannt	
Maipilz/ Georgiritterling *(Calocybe gambosa / Tricholoma georgii)*	Magere Wiesen, Lichtungen, unter Büschen, an Wegrändern, in Gruppen, oft in Ringen oder Reihen	April und Mai	Erstklassig, sehr gut auch getrocknet zu verwenden	
Echter Steinpilz *(Boletus edulis)*	In Laub- und Nadelwäldern, unter Eichen, Kastanien, Buchen, Fichten	Im Frühjahr und nach einer Sommerpause im September und Oktober	Exzellent. Kann verschieden zubereitet werden. Haltbar z. B. in Öl oder getrocknet	
Schwarzhütiger Steinpilz, Bronzeröhrling *(Boletus aereus)*	Bergnadelwälder, bevorzugt Steineichen und Kiefern	Wie der Echte Steinpilz	Die Luxusversion des Echten Steinpilzes	
Pfifferling *(Cantharellus cibarius)*	Laub- und Nadelwälder, gerne unter Eichen und Kastanien, häufig in Ringen	Frühsommer bis Spätherbst	Sehr gut, in Italien besonders gern im Risotto verwendet. Jüngere Pilze schmecken besser	

Pilze sammeln

Pilze sammeln ist durch viele Vorschriften geregelt. Fast alle Wälder befinden sich in Privatbesitz. Zertrampeln Sie keine Felder und missachten Sie keine Schilder, die den Zugang auf Privatbesitz untersagen. Als Faustregel gilt: Was auf Privatbesitz wächst, gehört dem Eigentümer und wird nicht gepflückt. Wer Pilze sammeln möchte, besorgt sich die Erlaubnis bei der Gemeinde und einen Weidenkorb (um die Sporen zu verteilen). Pilze können ab einer Stunde vor Sonnenauf- bis eine Stunde nach Sonnenuntergang gesammelt werden. Sie schneiden sie am Fuß ab und reinigen sie am Fundort von der Erde. Giftpilze werden nicht beschädigt. In den verschiedenen Regionen gelten unterschiedliche Vorschriften. So darf man etwa in Südtirol maximal ein Kilogramm sammeln, im Trentino höchstens zwei Kilogramm und im Veneto ebenfalls zwei Kilogramm, aber nicht mehr als ein Kilogramm pro Art.

Informationsbroschüre

Südtirol *Servizio forestale provinciale, Bozen.* *0471 995 300.*
Trentino *Servizio foreste provincia autonoma di Trento.* *0461 495 945.*
Veneto *Servizio forestale regionale, Padova* *049 877 82 00.*

Tiere der Berge

Ein Gämsenkitz auf dem Sprung

WIE ÜBERALL in den Alpen lebt auch in den Dolomiten eine reiche Tierwelt mit zum Teil seltenen Arten. Beeindruckendstes Beispiel für den Erfolg der Umweltpolitik ist die Rückkehr des Braunbären. Dieses Symboltier der Brentagruppe ist in den vergangenen Jahren wieder in den Wäldern der Dolomiten heimisch geworden. Doch der strenge Naturschutz zeichnet auch für den Fischreichtum der Gewässer, das zahlreiche Rotwild in den Wäldern und die oft zu erspähenden Gämsen und selteneren Steinböcke verantwortlich. Mit großem Glück wird man nach einem anstrengenden Aufstieg mit dem Anblick des Steinadlers, des majestätischen Königs der Lüfte, belohnt.

Säugetiere

Huftiere

Misstrauisch äugt der kräftige Steinbock

Gämsen sind häufig, Steinböcke seltener zu beobachten. Oft sieht man sie in Rudeln auf bewaldeten steilen Hängen, zwischen Felsen oder auf Wiesen. Ihr Lebensraum liegt zwischen 1300 und 3000 Meter, im Winter halten sie sich in den tiefer gelegenen Gebieten auf. Große Gämsenpopulationen leben im Naturpark Fanes-Sennes-Prags *(siehe S. 170–173)* in dem Tal zwischen St. Vigil in Enneberg und dem Pragser Wildsee. Das Rotwild lebt in den Gebieten zwischen 500 und 1000 Meter. Während man Rehe oft sieht, können Hirsche fast nie in freier Wildbahn beobachtet werden.

Immer auf der Hut: Murmeltiere

Nagetiere

Das weit verbreitete Murmeltier ist der bekannteste Nager. Man kann die scheuen Tiere nur mit etwas Glück beobachten, doch ihr schriller Warnpfiff ist häufig zu hören. Das Murmeltier lebt in Höhenlagen zwischen 2000 und 3000 Meter, das »Murmeltierparlament« findet sich im Naturpark Fanes-Sennes-Prags *(siehe S. 170–173)*. Weitere Nagetiere in den Dolomiten sind der im Winter weiße, im Sommer graue Schneehase, das in den Wäldern weit verbreitete Eichhörnchen und zahlreiche Mäusearten.

Raubtiere

Der Braunbär war früher der unumstrittene Herrscher der Dolomitenwälder. Meister Petz war in der Region jedoch fast ausgestorben, bis vor einigen Jahren im Rahmen eines Wiederansiedelungsprogramms Braunbären aus Slowenien in der Brentagruppe und den Ampezzaner Dolomiten eine neue Heimat fanden. Als ausgerottet galt auch der Luchs, bis vor kurzem einige Spuren gesichtet wurden. In den Wäldern des Pustertals leben zahlreiche Füchse, die v. a. nachts aktiv sind. Weitere Waldbewohner sind Wiesel und Hermelin.

Ein Fuchs auf der Jagd

VÖGEL

Steinadler

GREIFVÖGEL

Der Steinadler gilt nicht umsonst als Symbol des Muts und der Kraft – wer das Glück hat, diesen majestätischen Vogel zu sichten, wird sicher beeindruckt sein. Der König der Lüfte ist jedoch nur im Hochgebirge anzutreffen, wo er nistet und auf die Jagd geht. Adlerhorste wurden in den Dolomiten in den Conturines, im Naturpark Fanes-Sennes-Prags, an der Südflanke der Geislerspitzen und im Naturpark Sextener Dolomiten im Val di Landro gesehen. Weitere Raubvögel der Dolomiten sind Eule, Habicht, Sperber, Turmfalke, Mäusebussard und Wanderfalke.

HÜHNERVÖGEL

Zu den am weitesten verbreiteten Hühnervögeln in den Hochgebirgslagen der Dolomiten zählen der Auerhahn und das Schneehuhn. Sie sind in allen hiesigen Naturparks anzutreffen. Die Dolomiten sind zudem Lebensraum für Birkhuhn und Steinhuhn.

WEITERE VOGELARTEN

Besonders in den felsigen Karen des Hochgebirges leben in großer Zahl Alpendohlen – nicht zu verwechseln mit dem sehr viel selteneren Raben. Außerdem tummeln sich in den Wäldern der Dolomiten u. a. Tannenhäher, Goldhähnchen, Tannenmeise, Mauerläufer und Alpensegler.

REPTILIEN, AMPHIBIEN UND FISCHE

Die scheue Kreuzotter flieht in der Regel vor Menschen

REPTILIEN

Die einzige für den Menschen möglicherweise gefährliche Schlangenart ist die Kreuzotter. Diese giftige Viper lebt in abgeschiedenen Gebieten in den mittleren und hohen Gebirgslagen bis zu 2600 Meter. Schlangenbisse kommen nur sehr selten vor, da sich die Reptilien in der Regel beim geringsten Geräusch verstecken. In den »gefährlichen« Gebieten empfiehlt es sich trotzdem, die Strümpfe über die Waden hochzuziehen. Sollte dennoch eine Schlange zubeißen, gilt es vor allem, Ruhe zu bewahren. Steuern Sie unverzüglich, jedoch ohne zu rennen (damit der Puls nicht zu rasen beginnt) den nächsten Ort an, wo Sie Hilfe oder sogar ein Gegengift erhalten können.

AMPHIBIEN UND FISCHE

Die häufigsten Amphibien in den seltenen Feuchtgebieten sind verschiedene Froscharten, Kröten und Salamander. Die kleinen Seen und Bäche sind dagegen das Reich der Forelle. Sie ist der häufigste Fisch in den Gebirgsgewässern, gefolgt vom Saibling.

TIERE BEOBACHTEN

Obwohl die teilweise großen Populationen in einer geschützten, sicheren Umwelt leben, lassen sich die Wildtiere der Dolomiten dennoch nicht leicht beobachten. Bessere Chancen hat, wer ein gutes Fernglas sein Eigen nennt und sich an ein paar einfache Verhaltensregeln hält:

- *Weniger benutzte Wege wählen;*
- *In kleinen Gruppen und am besten still wandern;*
- *Sich früh morgens oder kurz vor Sonnenuntergang auf den Weg machen;*
- *Keine Kleidung in auffälligen Farben;*
- *Nicht hektisch sein, sondern geduldig der Dinge harren.*

Die höchsten Gipfel

Blick vom Val Venegia auf die imposante Palagruppe

Die Dolomiten sind keine Bergkette, sondern bestehen aus einer Reihe von Berggruppen. Diese imposanten Felsmassive überragen als einzelne mächtige Stöcke die zahlreichen Täler der Region und weisen einen typischen geologischen Aufbau auf *(siehe S. 14f)*. Der höchste Gipfel der Dolomiten ist die 3343 Meter hohe Punta Penia (Sommergipfel) in der Marmoladagruppe. Damit können die Dolomitengipfel zwar nicht mit den Viertausendern der Westalpen konkurrieren, doch sind die markanten, jäh aufragenden Massive nicht nur unglaublich imposant, sondern wirken auch viel höher, als sie in Wirklichkeit sind.

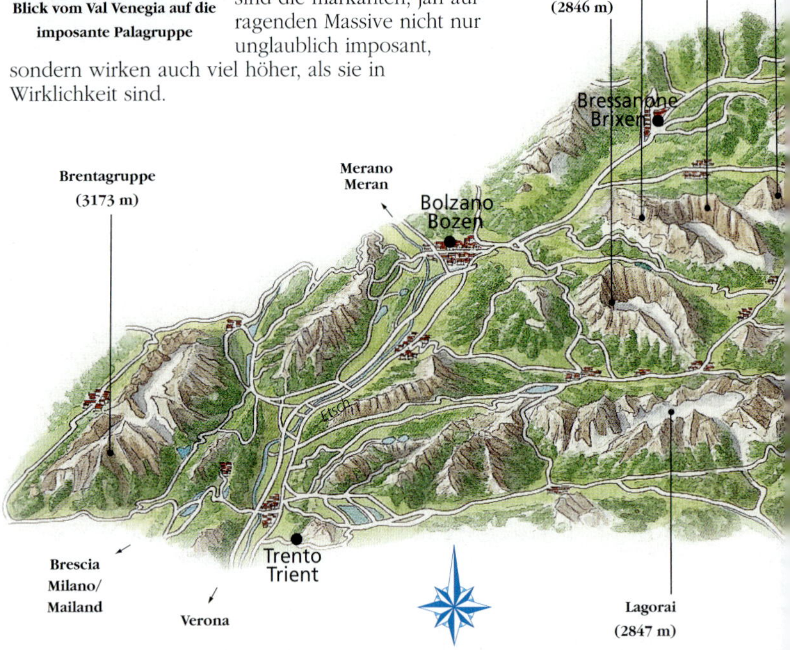

Panoramablick (360°)

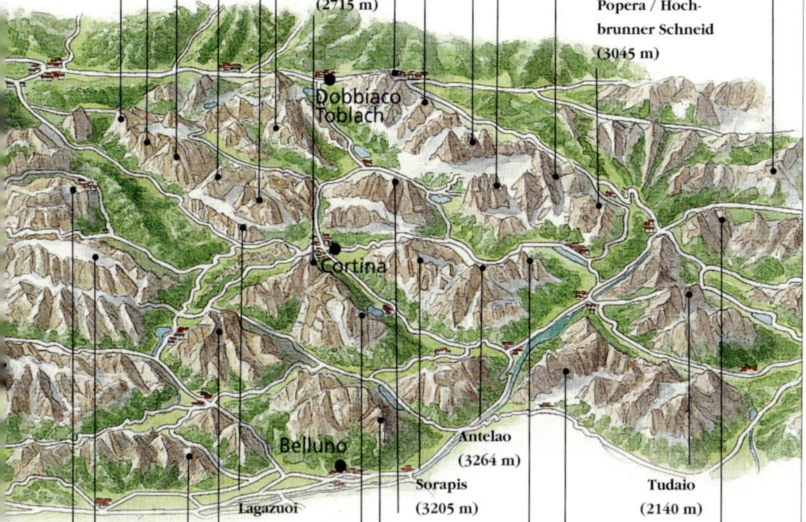

Auf dem 2778 Meter hohen Gipfel des Piccolo Lagazuoi eröffnet sich ein spektakulärer Panoramablick. Bei entsprechender Fernsicht kann man von hier aus alle bedeutenden Berggruppen der Zentraldolomiten leicht erkennen.

Die Dolomitenhöhenwege

Höhenweg (AV) Nr. 1

Markierungen mit einer Zahl in einem Dreieck zeigen, dass man sich auf einem der zehn Dolomitenhöhenwege befindet. Bei den einige Tage dauernden Touren durch die grandiose Natur der Alpen übernachtet man auf Hütten (Schlafplätze reservieren!), allzu viel Proviant muss man also nicht mitschleppen. Der hier vorgestellte Höhenweg (Alta Via) Nr. 1 ist nicht nur ein Klassiker, sondern auch der älteste und einfachste Höhenweg. Dennoch sollte man auch hier eine gute Kondition aufweisen, schwindelfrei, trittsicher und selbstverständlich gut ausgerüstet sein.

Routeninfos AV 1

Start: *Pragser Wildsee (1494 m)*
Ziel: *Belluno (389 m)*
Länge: *150 km*
Durchschnittliche Dauer: *13 Tage*
Durchschnittl. (max.) Dauer pro Etappe: *2:15 h (6:00 h)*
Maximale Höhe: *2750 m*
Maximale Schwierigkeit: *II (nur im letzten Abschnitt)*
Zahl der Etappen: *22*

Pragser Wildsee
Den grünen Bergsee überragt der imposante Seekofel. Hier beginnt der Höhenweg Nr. 1.

Fanesalm
Die Heimat des legendären Fanesvolks aus den von Karl Felix Wolff *(siehe S. 34)* gesammelten ladinischen Sagen.

0 Kilometer 15

Nuvolau
In diesem Abschnitt dominieren die Gipfel der Cinque Torri und der Croda da Lago

Piccolo Lagazuoi
Von diesem Gipfel aus kann man einen der schönsten Panoramablicke auf die Zentraldolomiten (Tofane, Pelmo, Civetta und Marmolada) genießen.

Zwischen Monte Pelmo und Monte Civetta verläuft eine der faszinierendsten Routen der Dolomiten. Besonders eindrucksvoll ist die Strecke nordwestlich des Monte Civetta *(siehe S. 129)*.

Im Südabschnitt des Höhenwegs Nr. 1 sind die Gipfel weniger berühmt, dafür findet sich im Gebiet von Pramper rund um Monte Tamer, Talvena und die Schiaragruppe eine beeindruckende, unberührte Naturlandschaft.

Legende

- Hauptstraße
- Nebenstraße
- Sonstige Straße
- Routenempfehlung

Höhenweg (Alta Via) Nr. 1

Der »Klassiker« unter den Höhenwegen durchquert die östlichen Dolomiten in Nord-Süd-Richtung. Abgesehen vom letzten, etwas schwierigeren, aber vermeidbaren Abschnitt in der Schiaragruppe ist diese Tour auch für Anfänger gut geeignet.

Etappe	Gebiet	Start / Ziel	Dauer in Stunden
1	Pragser Dolomiten	Pragser Wildsee / Rif. Croda di Becco	3:30/4:00
2	Pragser Dolomiten	Rif. Croda di Becco / Rif. Sennes	1:00
3	Pragser Dolomiten	Rif. Sennes / Rif. Fodara Vedla	0:30/0:45
4	Pragser Dolomiten	Rif. Fodara Vedla / Rif. Pederù	1:00
5	Fanesgruppe	Rif. Pederù / Rif. Fanes	1:30/2:00
6	Fanesgruppe und Fanes	Rif. Fanes / Rif. Lagazuoi	4:30/6:00
7	Fanesgruppe und Nuvolau	Rif. Lagazuoi / Rif. Nuvolau	2:30/3:00
8	Nuvolau	Rif. Nuvolau / Rif. Cinque Torri	0:45/1:00
9	Nuvolau und Croda da Lago	Rif. Cinque Torri / Rif. Palmieri	2:30/3:00
10	Croda da Lago, Rocchetta	Rif. Palmieri / Rif. Città di Fiume	2:00/2:30
11	Pelmo	Rif. Città di Fiume / Passo Staulanza	1:30
12	Civetta	Passo Staulanza / Rif. Coldai	2:30/2:45
13	Civetta	Rif. Coldai / Rif. Tissi	1:30/2:00
14	Civetta	Rif. Tissi / Rif. Vazzolèr	1:30/2:00
15	Moiazza	Rif. Vazzolèr / Rif. Carestiato	4:00/4:30
16	Moiazza	Rif. Carestiato / Passo Duran	0:45/1:00
17	Pramper	Passo Duran / Rif. Pramperèt	4:00/5:00
18	Pramper	Rif. Pramperet / Biv. Renzo Dal Mas	2:45/3:00
19	Pramper und Schiara	Biv. Renzo Dal Mas / Biv. Marmol	3:30/4:00
20	Schiara	Biv. Marmol / Rif. 7° Alpini	2:00/2:30
21	Schiara	Rif. 7° Alpini / Bolzano Bellunese	3:00/3:30
22	Schiara	Bolzano Bellunese / Belluno	5 km Bus

Weitere Höhenwege

Nummer/ Name	Start/ Ziel	Länge	Dauer	Dauer (max.) pro Etappe	Max. Höhe	Schwierigkeitsgrad
AV 2: Weg der Legenden	Brixen (561 m)/ Feltre (325)	185 km	15 Tage	2:45 h (6:00 h)	2910 m	II
AV 3: Weg der Gämsen	Toblach (1209 m)/ Niederdorf (1154 m), Longarone (474 m)	120 km	10 Tage	3:45 h (6:30 h)	2670 m	II
AV 4: Grohmann-Höhenweg	Innichen (1173 m)/ Pieve di Cadore (880 m)	90 km	8 Tage	3:00 h (6:30 h)	2584 m	II
AV 5: Tizian-Höhenweg	Sexten (1317 m)/ Pieve di Cadore (880 m)	100 km	10 Tage	2:30 h (6:30 h)	2650 m	II
AV 6: Höhenweg der Stille	Sappada (1218 m)/ Vitt. Veneto (139 m)	190 km	14 Tage	5:00 h (10:00 h)	2450 m	III
AV 7: I. Teil: Auf den Spuren von Lothar Patera	Pieve d'Alpago (691 m)/ Belluno (389 m)	35 km	6 Tage	6:00 h (8:30 h)	2251 m	II
II. Teil: Herbstwanderung in den Voralpen des Veneto	Belluno (389 m)/ Segusino (230 m)	75 km	5 Tage	2:30 h (4:30 h)	1763 m	Einfach
AV 8: Panorama-Höhenweg	Brixen (561 m)/ Salurn (224 m)	160 km	13 Tage	2:15 h (6:30 h)	2791 m	II
AV 9: Traversale	Bozen (266 m)/ Santo Stefano di Cadore (907 m)	180 km	14 Tage	2:15 h (4:00 h)	3152 m	II
AV 10: Höhenweg »delle Giudicarie«	Bozen (266 m)/ Gardone Riviera (85 m)	200 km	18 Tage	2:45 h (8:30 h)	2859 m	II

In den Bergen unterwegs

Wegweiser

Ob man klettert, hohe Gipfel bezwingt oder einfach wandert: Die Erfordernisse an Kondition und technisches Knowhow sind vorab einzuschätzen und in die Urlaubsplanung einzubeziehen. Die Berge bieten immer eine Herausforderung, da hier auch bei eigentlich ungefährlichen Unternehmungen extreme Wetter- und Geländebedingungen herrschen können. Geeignete Ausrüstung ist deshalb ein Muss!

Auf dem Gletscher beim Rifugio Alimonta in der Brentagruppe

Bergwandern

Als ein Mekka für Wanderer wurden die Dolomiten bereits im 19. Jahrhundert entdeckt. Pionierarbeit leisteten dabei hauptsächlich britische Bergbegeisterte, die auf ihren Erkundungstouren Pässe und Täler auf der Suche nach den besten Aufstiegen zu den Gipfeln erforschten. Auf diese Weise legten sie den Grundstein für ein Netz von Wanderwegen.

Doch die Entdeckerleidenschaft hatte nicht nur Herren – und Damen! – aus den englischen Metropolen gepackt, die in Stadtkleidung die Höhen erklommen. Sie vertrauten bei ihren Expeditionen auf die Erfahrung von Einheimischen aus den kleinen Bergdörfern der Region. Diese waren die Begründer eines Berufsstands, der heute weit verbreitet ist: professioneller Bergführer.

Im Lauf des 20. Jahrhunderts leisteten sich immer mehr Menschen Urlaub, und zu den »Berufsbergsteigern« gesellten sich zunehmend Freizeitwanderer, die nicht nur in den schönen Tälern herumspazierten, sondern auch den Ehrgeiz entwickelten, die höher gelegenen Schutzhütten zu erreichen. Heute ist das Bergwandern in den Dolomiten ein Massenvergnügen – die Berge sind inzwischen für alle erreichbar geworden.

Dies darf jedoch nicht darüber hinwegtäuschen, dass das Gebirge eine extreme Naturlandschaft ist, in der Leichtsinn gefährliche Folgen haben kann. Deshalb gilt stets und für jeden: Nie ohne geeignete und v. a. wetterfeste Ausrüstung auf Tour gehen! Informieren Sie sich vor einer längeren Wanderung gründlich über den Wetterbericht und hinterlassen Sie zudem immer etwa im Hotel oder auf der zuletzt besuchten Hütte, welche Tour Sie sich vorgenommen haben.

Grundausstattung

Bergschuhe
Sie müssen eine Gummisohle mit Profil haben, damit man auch im unebenen Gelände Halt findet.

Rucksack
Sollte bequem und geräumig sein, praktisch sind die Modelle mit abnehmbaren Taschen. Beim Kauf Expertenrat einholen!

Kleidung
Temperaturschwankungen sind im Gebirge oft enorm. Deshalb ist eine für alle Wetter passende und leicht zu wechselnde Kleidung wichtig. Die Grundausrüstung besteht aus vier Schichten: Baumwollunterhemd, langärmeliger Baumwollpullover, Woll- oder Fleecepullover, Wind- und Regenjacke.

Höchste Konzentration: Ein Kletterer meistert den sechsten Grad in den Drei Zinnen

Der sechste Grad

Nicht nur der berühmte Bergsteiger Reinhold Messner kennt den geheimnisvollen »sechsten Grad«, der schon so manchem Bergsteiger Schauer der Erregung über den Rücken gejagt hat. Der höchste Schwierigkeitsgrad des traditionellen Felskletterns bestimmte ab den 1920er Jahren auch die Geschichte der Dolomiten *(siehe S. 44)*: Immer wieder stellten sich zunächst überwiegend nicht-italienische Bergsteiger, wie beispielsweise der Bayer Emil Solleder, dieser Herausforderung. Doch bald folgten auch die italienischen Pioniere des sechsten Grades, darunter Emilio Comici, die Gebrüder Giuseppe und Angelo Dimai, Attilio Tissi und die von Riccardo Cassin geführte junge und besonders risikofreudige Schule von Lecco. Sie waren es auch, die neue Wege an der Nordwand der Großen Zinne und der Westwand der Civetta erschlossen.

Alpinsport

Zwar wurden viele Alpengipfel schon vorher bezwungen, dennoch schlug die symbolische Geburtsstunde des Alpinismus am 8. August 1786 um 8.30 Uhr, als der französische Arzt Michel-Gabriel Paccard aus Chamonix und sein Führer Auguste Balmat den 4810 Meter hohen Gipfel des Montblanc erreichten. Zu dieser Besteigung hatte sie der Genfer Naturforscher Horace-Benedict Saussure angeregt, der ein Jahr später auch den Gipfel erklomm.

Seit damals hat der Bergsport seinen Siegeszug um die Welt angetreten. Heute besteigen jährlich Tausende die großen Alpengipfel – im Sommer tummeln sich allein auf dem Montblanc jede Woche über 1500 Menschen. Zum modernen Alpinismus gehören extrem schwierige Gipfelbesteigungen, die nur trainierten, erfahrenen Sportlern möglich sind, ebenso wie Bergtouren verschiedenster Schwierigkeitsgrade, die eigentlich jeder schafft, der gesund und gut in Form ist. Dennoch: Im Hochgebirge ist immer mit Risiken und Gefahren zu rechnen. Die Kenntnis der eigenen Fähigkeiten und Grenzen sowie ein gerütteltes Maß an gesundem Menschenverstand sind daher unerlässlich. Besser noch bereitet man sich durch Kurse vor und nimmt gegebenenfalls die Dienste eines erfahrenen Bergführers in Anspruch.

Denkmal für den Bergpionier Angelo Dibona aus Cortina d'Ampezzo

Gratwanderung auf der Marmolada, im Hintergrund der Langkofel

Ausrüstung

Im Gepäck eines gut ausgerüsteten Wanderers dürfen keinesfalls fehlen: Wasserflasche, topografische Karte und Kompass.

Kleidung für Bergsteiger

Für den Gipfelstürmer sind zudem notwendig: Handschuhe, Kopfbedeckung, Gletscherbrille, dicke Hosen, Übersocken und Bergschuhe.

Ausrüstung für Alpinisten

Steigeisen, die man an der Sohle der Bergschuhe befestigt, Pickel (von denen es Dutzende von Modellen gibt), Gurt sowie Seile, die den Normen der UIAA (Union Internationale des Associations d'Alpinisme) entsprechen. Zudem können Karabiner-, Fels- und Eishaken notwendig sein. Da häufig bereits vor Sonnenaufgang mit dem Aufstieg begonnen wird, ist eine Stirnlampe erforderlich, die den Bergsteiger nicht behindert, weil er die Hände frei behält.

Natur- und Nationalparks

Grünes Naturparkschild

GRÜN HEISST DIE DEVISE – schon die vorwiegend grünen Schilder der Natur- und Nationalparks zeigen, dass hier die Natur der Dolomiten und der ambitionierte Naturschutz an erster Stelle stehen. Ein Nationalpark, neun Naturparks und zudem 150 000 Hektar unter Naturschutz gestellte Gebiete sind überzeugende Beispiele dafür, wie der Umweltschutz auch mit den Anforderungen des Fremdenverkehrs und der Wirtschaft vereinbart werden kann. Als Folge einer weitsichtigen Politik wächst in den Schutzregionen die per se außergewöhnliche Tier- und Pflanzenwelt ständig an. Dabei sind sich die Verantwortlichen für den Schutz dieser einzigartigen Naturlandschaft durchaus bewusst, dass auf lange Sicht der Erhalt dieses Bergparadieses allen Betroffenen Vorteile bringt.

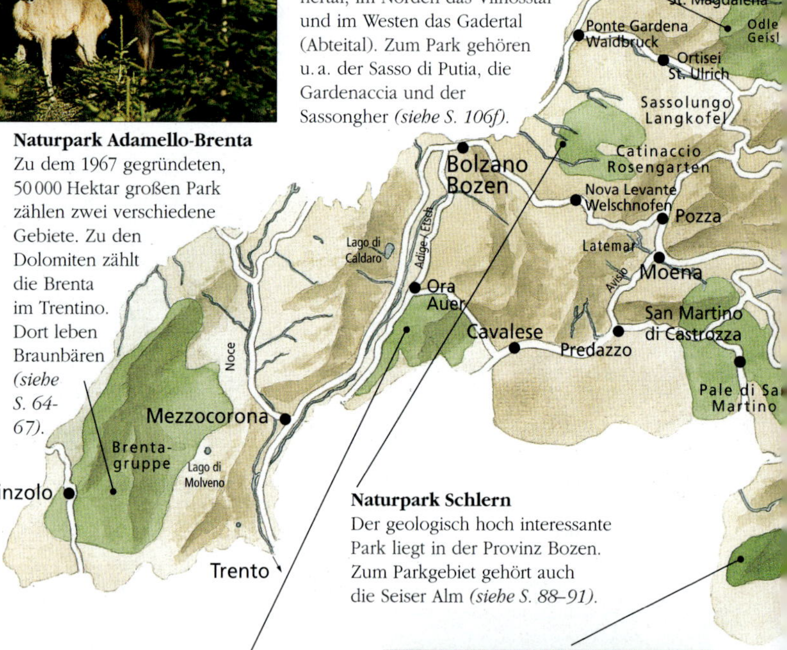

Naturpark Puez-Geisler
Den 9400 Hektar großen Park umgrenzt im Süden das Grödnertal, im Norden das Vilnösstal und im Westen das Gadertal (Abteital). Zum Park gehören u. a. der Sasso di Putia, die Gardenaccia und der Sassongher *(siehe S. 106f)*.

Naturpark Adamello-Brenta
Zu dem 1967 gegründeten, 50 000 Hektar großen Park zählen zwei verschiedene Gebiete. Zu den Dolomiten zählt die Brenta im Trentino. Dort leben Braunbären *(siehe S. 64-67)*.

Naturpark Schlern
Der geologisch hoch interessante Park liegt in der Provinz Bozen. Zum Parkgebiet gehört auch die Seiser Alm *(siehe S. 88–91)*.

Naturpark Trudner Horn
Der 6600 Hektar große Naturpark ist fast ganz mit Wald bedeckt. Dank seiner vielfältigen Habitate und Mikroklimata kann er die meisten Tier- und Pflanzenarten vorweisen *(siehe S. 80)*.

Nationalpark Belluneser Dolomiten
In der unberührten Natur des 1990 gegründeten Parks gedeiht auf 32 000 Hektar ein Viertel der Pflanzenarten Italiens und leben zahlreiche Gämsen, Rehe und Mufflons *(siehe S. 124f)*.

LEGENDE

- Naturpark
- Nationalpark

Naturpark Fanes-Sennes-Prags
In dem riesigen Park (26 680 Hektar) ist die Landschaft äußerst vielfältig. Zu dem Gebiet gehört auch das »Murmeltierparlament« auf der Fanesalm *(siehe S. 170–73)*.

Naturpark Sextener Dolomiten
In dem besonders für Bergsteiger reizvollen Park im Hochpustertal ragen legendäre Gipfel auf. Berühmt-berüchtigt ist etwa die Nordwand der Drei Zinnen *(siehe S. 176–179)*.

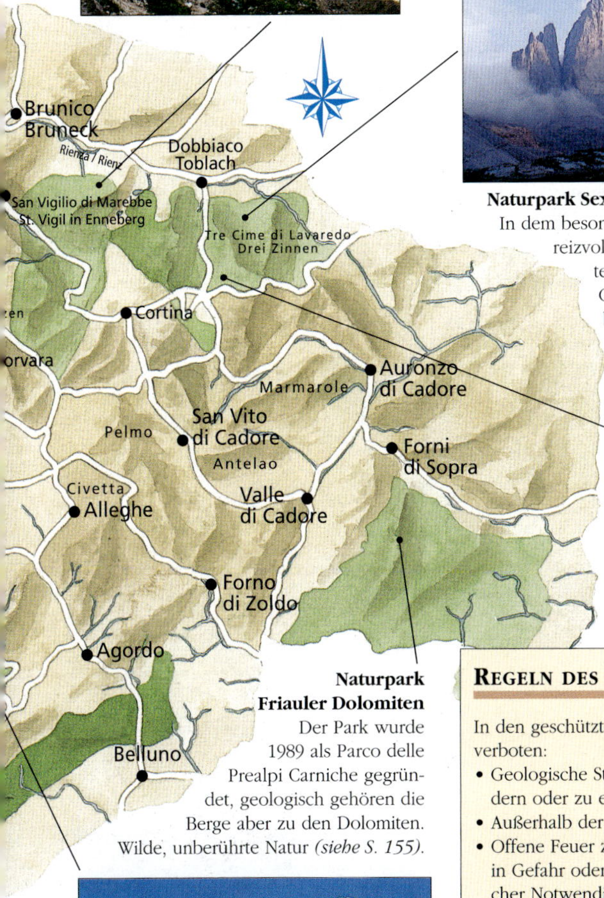

Naturpark Ampezzaner Dolomiten
Der Park bietet eine besonders reiche Flora – mit etwas Glück erspäht man einen der seltenen Steinböcke *(siehe S. 144f)*.

Naturpark Friauler Dolomiten
Der Park wurde 1989 als Parco delle Prealpi Carniche gegründet, geologisch gehören die Berge aber zu den Dolomiten. Wilde, unberührte Natur *(siehe S. 155)*.

Naturpark Paneveggio-Palagruppe
In dem 19 000 Hektar großen Park zwischen Lagorai und Pala-Gruppe liegt der größte Staatsforst der Dolomiten *(siehe S. 116f)*.

Regeln des Naturschutzes

In den geschützten Gebieten ist es verboten:

- Geologische Strukturen zu verändern oder zu entfernen;
- Außerhalb der Biwake zu campen;
- Offene Feuer zu entzünden, außer in Gefahr oder aus landwirtschaftlicher Notwendigkeit;
- Außer auf diesbezüglich markierten Wegen motorisierte Fahrzeuge zu benutzen;
- Müll zurückzulassen. Abfälle müssen wieder mitgenommen werden;
- Unnötigen Lärm zu verursachen;
- Blumen und Pilze zu pflücken;
- Auf irgendeine Weise den Lebensraum von Tieren zu verändern;
- Mineralien und Steine zu sammeln, außer man hat eine Genehmigung vom Umweltamt der jeweiligen Provinz.

Sport und Aktivurlaub

Logo des Golfclubs Carezza

NICHT NUR BERGSTEIGER finden in den Dolomiten ihr Mekka. Die hiesigen Sportmöglichkeiten sind unglaublich breit gefächert: Spazieren gehen, Fahrrad fahren, reiten, schwimmen, Tennis oder Golf spielen – hier kommt jeder auf seine Kosten. Und wer das Abenteuer liebt, kann zum Drachen- oder Gleitschirmflug abheben oder aber mit dem Kanu oder Schlauchboot den Fluss hinunterschießen.

Fahrradrennen am Borca di Cadore

FAHRRAD UND MOUNTAINBIKE

NUR SEHR TRAINIERTE Radsportler können es mit den berühmt-berüchtigten Dolomitenpässen aufnehmen und etwa den Anstieg zum Pordoi- oder Sellajoch bewältigen. Ein Klassiker und eine sportliche Herausforderung ist der Giro dei Quattro Passi rund um das Sellamassiv *(siehe S. 100f)*. Die beste Zeit für Fahrradausflüge sind die Monate Juni bis September, wenn weniger Autos unterwegs sind. Da Mountainbiken inzwischen sehr populär geworden ist, bieten fast alle Täler für Radfahrer reservierte Wege.

Neben den anspruchsvolleren Strecken gibt es zahlreiche Alternativen mit minimalen Höhenunterschieden, bei denen die Einkehr in einer der vielen bewirtschafteten Almen fest eingeplant ist. Leichte Touren führen etwa auf die Seiser Alm, rund um Deutschnofen, in das Pustertal, das Val di Landro oder entlang der alten Zugstrecke von Toblach nach Cortina. Auch Familien mit Kindern kommen hier auf ihre Kosten. Bisweilen kann man Räder sogar in die Seilbahn mitnehmen und so frisch und erholt auf dem Gipfel ankommen. Mühevoller sind die Strecken durch das Val Rendena, das Gadertal (Abteital) und Grödnertal.

In den Dolomiten finden zudem wichtige Rennen wie etwa der Gardena Starbike International (62 Kilometer für 1850 Meter Höhenunterschied) oder der Rampilonga della Val di Fassa (35 Kilometer für 750 Meter Höhenunterschied) statt.

Das Fahrrad ist zwar ein umweltfreundliches Fortbewegungsmittel, doch auch für Drahtesel gelten Vorschriften: So darf man nur die für Fahrräder ausgewiesenen Wege nutzen, um weder Wanderer zu gefährden noch das empfindliche Ökosystem des Hochgebirges zu belasten.

Viele Hotels stellen für Gäste Räder günstig oder kostenlos zur Verfügung. Ansonsten kann man sich in vielen Läden Räder leihen. In Südtirol gibt es zudem ausgewiesene Bikes Hotels, die besonders auf die Ansprüche von Radfahrern eingehen.

GOLF

DAS BEKANNTESTE Green (9-Loch-Platz, 1700 Meter) ist der Golfplatz von Corvara. Er liegt im Alta Badia an der Straße zum Passo di Campolongo. Im Golf Club Lago di Carezza (9-Loch-Platz) schlägt man die Bälle ebenfalls auf 1700 Meter Höhe vor dem umwerfenden Panorama des Rosengartens. Eine größere Herausforderung ist für den versierten Sportler der 18-Loch-Platz des Golf Club Petersberg in Petersberg (Deutschnofen). Am Fuß der Brenta erstreckt sich bei Madonna di Campiglio der 9-Loch-Platz des Golf Club Campo Carlo Magno. Der Circolo Golf Miramonti in Cortina verfügt über einen 6-Loch-Platz.

Ausritt in den Wäldern bei Cortina d'Ampezzo

Reiten

Viele Wege und Forststraßen sind für den Reitsport ideal, sollten aber nur von erfahrenen Reitern benutzt werden. Für Interessierte mit weniger Erfahrung bieten sich Ausritte mit ausgebildeten Lehrern an, die etwa rund um Agordo, Cortina oder im Valle di San Pellegrino organisiert werden. Spektakulär sind Trekkingtouren zu Pferd, die durch die Naturreservate führen: Von Sexten etwa kann man das Fischleintal hinauf in den Naturpark der Sextener Dolomiten reiten; von St. Vigil oder von St. Kassian aus gelangt man auf dem Rücken von Isländern zu den Almen und Bergseen des Naturparks Fanes-Sennes-Prags. Anfänger können zudem in Reitschulen Stunden nehmen und das »Glück der Erde« kennen lernen: u.a. in Cortina, Vigo di Fassa, St. Vigil, Bruneck, St. Ulrich, Wolkenstein, Moéna, auf der Seiser Alm oder am Karerpass.

Tennis am Fuß des Cadore-Massivs

Tennis, Schwimmen und Windsurfen

In allen grösseren Urlaubszentren gibt es Tennisplätze, und oft bieten Hotels ihren Gästen einen eigenen Court. Viele Gästehäuser sind zudem mit Pool oder Hallenbad ausgestattet. Öffentliche Hallenbäder gibt es fast überall. Freibäder finden sich etwa in Klausen und Brixen. Sand in Taufers wartet sogar mit einem Naturschwimmbad auf. Der Pragser Wildsee und der Dürren-See sind auch bei Windsurfern beliebt.

Rafting und Kanufahren

Wer es wild mag, kann sich – am besten zwischen Mai und Oktober – in reißenden Wildbächen im Kanu- oder Kajakfahren, Rafting oder Hydrospeed versuchen. Kanu und Kajak erfordern Erfahrung und eine gute Technik, beim Rafting muss man nur schwimmen können. Im Pustertal und Eisacktal wird Rafting auf der Ahrn (ab Luttach) angeboten, ferner auf der Rienz (von Kniepdass nach Mühlbach oder von Mühlbach nach Brixen) und auf dem Eisack (von Freienfeld nach Mittewald). In Cadore bietet sich der Boite zum Rafting an, und in Anaunia fährt man auf einer herrlichen Strecke den Noce hinunter. Noch Abenteuerlustigere steigern mit Hydrospeed den Adrenalinspiegel: Dabei rast man im Neoprenanzug mit einem »Hydrospeed« genannten Kunststoffboard im Wildwasser.

Wildwasserkanute bei Cortina

Extremsport

Durch die steten Aufwinde aus den Tälern sind die Dolomiten ein exzellentes Revier für Drachen- und Gleitschirmflieger. Wer strenge Sicherheitsvorschriften einhält, die Technik beherrscht und sich gründlich mit den atmosphärischen Bedingungen auseinander setzt, kann diese spektakulären Sportarten relativ sicher ausüben. Kurse werden auf der Seiser Alm, in Cortina, Madonna di Campiglio, im Fleimstal, Gadertal (Abteital), Grödner Tal und Pustertal angeboten. Die bekanntesten Startpunkte im Fassatal sind der Col dei Rossi bei Canazei und der Col Rodella bei Campitello. Anfänger können das unvergessliche Erlebnis bei einem Tandemflug mit einem Lehrer genießen.

In den Dolomiten werden mehrere Gebirgslaufrennen organisiert: Der 18 Kilometer lange Gardena Extreme Marathon startet in Wolkenstein und führt über den Plan de Gralba hinauf zum Monte Pana (1122 Meter Höhenunterschied), das Dolomites Skyrace führt von Canazei zum Piz Boé, dem höchsten Gipfel der Sellagruppe. Bei diesem 20 Kilometer langen Extremrennen werden 1450 Meter Höhenunterschied überwunden.

Gleitschirmfliegen – ein immer beliebterer Sport

Kunst und Architektur

Ein »Marterl« im Grödnertal

Fern von den großen Kunst- und Architekturschulen der Metropolen können die Dolomiten dennoch mit herrlichen Kunstschätzen, aber auch mit einer ausdrucksstarken Volkskunst aufwarten. An Wegen und Kreuzungen stehen Kapellen und Kreuze, Kirchen schmücken fantastische, mit Gemälden, Intarsien und Schnitzereien verzierte Holzaltäre, und viele Hausfassaden verschönern besonders an Türen und Fenstern originelle Malereien. Eine spezifische Kunstform dieser Region sind die naiven Fresken der Bergkapellen.

Mit Fresken ausgemalter Kreuzgang des Brixener Doms

Romanik

Da hier der lombardische Einfluss sehr stark war, gibt es in den Dolomiten nur wenige Zeugnisse romanischer Sakralkunst. Beispiele sind die Stiftskirche in Innichen und die Michaelskapelle in Neustift. Romanischen Ursprungs sind jedoch die über 300 Burgen und Schlösser der Region, von denen viele später umgestaltet wurden. Hinzu kommen die vielen Skulpturen und Wandmalereien in den zahllosen Kirchen, wie etwa die Kuppelfresken der Stiftskirche von Innichen.

Gotik

Auf Kunst und Architektur der Dolomiten übte die Gotik den größten Einfluss aus – in einigen Tälern blieb sie bis weit in das 16. Jahrhundert lebendig.

Der eher mit der Kultur nördlich der Alpen verbundene Stil ist an und in Burgen, Häusern und Kirchen v. a. in Bruneck und Brixen erkennbar. Auch die Malerei aus jener Epoche orientiert sich stark an der deutschen Gotik. Beeindruckend zeigen dies etwa die bedeutenden Fresken des Domkreuzgangs von Brixen.

Etwa zeitgleich erreichte in den Dolomiten die Holzschnitzkunst v. a. in den Flügelaltären höchste Virtuosität. Bereits am Übergang zur Renaissance steht der einheimische Maler und Holzschnitzer Michael Pacher. Von ihm und seinem Schüler Friedrich Pacher sind Schnitzwerke im Kloster Neustift und im Stadtmuseum Bruneck zu sehen.

Renaissance

Der starke Renaissance-Einfluss in den Tälern des Trento, wo Kirchen, Burgen und Schlösser reich mit Fresken geschmückt sind, nimmt gen Norden kontinuierlich ab. Renaissance-Elemente finden sich aber etwa an den Palazzi della Magnifica Comunità in Cavalese und Pieve di Cadore, an den Burgen von Cles und Stenico und den Loggien der Brixener Hofburg.

Der größte Künstler der Dolomiten ist zweifellos der Renaissancemaler Tizian (1477–1576). In der Region kann man seine Marienbildnisse in Santa Anna von Zoppè und in der Familienkapelle der Pfarrkirche von Pieve di Cadore bewundern. Die enge Bindung des Künstlers an seine Heimat zeigt sich u. a. an einem liebevollen Detail auf dem Gemälde *Tempelgang Mariä*: Die Berge im Hintergrund sind wahrscheinlich den Marmarole nachempfunden.

Doch auch die Werke anderer Mitglieder aus Tizians Familie Vecellio sind in der Region zu bewundern, in der zudem eine andere Sippe wirkte: die wandernde Künstlerfamilie lombardischen Ursprungs Baschenis. Zu den Werken

Tizian, *Tempelgang Mariä*, Venedig, Gallerie dell'Accademia

Gemälde im Museo della Magnifica Comunità in Cavalese

ihres berühmtesten Sohns, Simone Baschenis, zählt das Totentanz-Fresko von St. Vigilius in Pinzolo.

Barock und Rokoko

Der Barock mit seiner Lust an üppigen Verzierungen tritt hauptsächlich in Südtirols Kirchen und im Trentino in Erscheinung. Eindrucksvolle Barockkunst in den Dolomiten bieten die Stiftskirche in Neustift und der Dom in Brixen mit Fresken und Gemälden von Paul Troger (1698-1762) aus Welsberg, der auch im Kloster Melk tätig war. Das Rokoko präsentiert sich in der Bibliothek des Klosters Neustift. Im Fleimstal entwickelte sich im 17. und 18. Jahrhundert sogar eine lokale Kunstschule. Ihre wichtigsten Vertreter waren Cristoforo (1732–1798) und Michelangelo (1695–1758) Unterberger, dessen Werke u. a. im Vatikan und im Museum der Magnifica Comunità in Cavalese zu bewundern sind. Giovanni Paolo Gamba (1723–1802), Bildhauer und Schnitzer aus Zoldo, schuf den Chor von Santa Giustina in Auronzo und drückte zudem San Floriano in Zoldo seinen künstlerischen Stempel auf.

Bildnis von Giuseppe Ghedina

19. und 20. Jahrhundert

Herausragender Künstler der Region war im 19. Jahrhundert Giuseppe Ghedina (1825–1896). Der Maler aus Cortina d'Ampezzo zog freiwillig für Venedig ins Gefecht und kämpfte 1849 für Garibaldi in Rom. Sehenswert sind seine Fresken in der Pfarrkirche von Cortina, die von ihm und seinen Brüdern bemalte Fassade der *Ciasa de i Pupe* und seine Gemälde in Cortinas Cassa Rurale e Artigiana.

In den 1930er und 1940er Jahren machte sich Franz Lenhart als Grafiker einen Namen – viele Werbeplakate für Cortina stammen von ihm. Im Fassatal arbeitet der Holzbildhauer Toni Gross (*1932). Er schuf die 147 Skulpturen des Kreuzwegs in Baselga di Pinè und das Medaillon mit der Geschichte des Königs Laurin. Riccardo Schweizers (*1925) Wandbild in Siror aus dem Jahr 1993 erzählt vom Leben und über die Legenden im Primiero.

Traditionelle Architektur

In den Dolomiten blieb die – von Tal zu Tal unterschiedliche – traditionelle Architektur weitgehend erhalten. Je nach Verfügbarkeit des Baumaterials und anderen äußeren Einflüssen wird dabei mehr mit Holz oder Stein gearbeitet. Bei den typischen Südtiroler Bauernhöfen ist das Hauptgebäude aus Stein, der einzeln stehende Heuschober aus Holz. Im Comelico und in Sappada sind beide Gebäude aus Holz, nur der Stall ist untermauert. Große, zusammenhängende Höfe finden sich dagegen im Cadore sowie in der Gegend von Zoldo und Agordo: Dort bestehen Wohnhaus und Stall unten aus Stein, der obere Wohnbereich ist aus Stein oder Holz. Hölzern sind zudem Schober, Balkone und Treppen. Bei den Höfen in der Gegend von Cortina d'Ampezzo findet sich im einzigen Gebäude der Wohnbereich im vorderen Teil. Der typisch ladinische Hof dagegen ist aus Stein gebaut. Wohnhaus und Stall liegen nebeneinander, der obere Heuschober ist aus Holz. Häufig zieren die Fenster der Steinhäuser geometrische Muster und die Fassaden Schriften und Malereien. An vielen Häusern im Primiero prangen religiöse Fresken, die z. T. aus dem 16. Jahrhundert stammen. Wandmalereien lassen sich auch in Kastelruth, im Grödner Tal und im Cadore bewundern, wo sie oft das Thema »Emigration« behandeln.

Wandmalereien in Cibiana di Cadore

Hof im Gadertal (Abteital)

Literatur und Film

Kampf zwischen Ritter und Drache (T. Rungger)

OFFENBAR HAT DIE einzigartige Gebirgslandschaft mit ihren Zinnen, Zacken und Nadeln, Felsen und Alpenglühen die Fantasie der Menschen schon immer in ganz besonderem Maße angeregt. Von alters her bevölkern die reiche Sagenwelt der Dolomiten geheimnisvolle Märchenwesen, Elfen, Ritter und schöne Prinzessinnen, deren Erlebnisse und Abenteuer über Generationen hinweg überliefert wurden. Nicht ganz so lang ist es her, dass Schriftsteller und Regisseure sich von den Dolomiten inspirieren ließen. Den Reisenden und Bergsteigern des 19. Jahrhunderts verdanken wir dagegen spannende Reiseberichte und Erzählungen über waghalsige Abenteuer in Fels und Eis.

ALTE SAGEN

DIE MYTHEN UND MÄRCHEN der Dolomiten haben ihren Ursprung in den alten Sagen der keltisch-rätischen Bevölkerung, die hier vor langer Zeit lebte. Diese geheimnisvolle Sagenwelt kennt eine bunte Vielfalt mythischer Wesen. Hier tummeln sich etwa die Aguana, schöne Wasserfrauen, oder die Salvans, sympathische, den Menschen wohlgesinnte Waldbewohner, aber auch die gemeinen und hinterhältigen Guana. Doch auch Ritter, Feen und Hexen spielen eine wichtige Rolle in den unzähligen fantastischen Geschichten, in denen sich auf faszinierende Weise Bewunderung für und Furcht vor den Bergen mischen.

Jahrhundertelang wurden die Sagen mündlich von Generation zu Generation weitergegeben – zum ersten Mal aufgeschrieben hat sie Karl Felix Wolff (1879–1966). Er hatte es sich zur Lebensaufgabe gemacht, den alten Dolomitenbewohnern zu lauschen und ihren Sagenschatz in dem 1905 publizierten Band *Die bleichen Berge* zu sammeln. Wunderschön sind die Legenden von König Laurin oder der schönen Dolasilla *(siehe S. 87)*. Die große Königin des mythischen Fanesreichs wird auf dem Kronplatz gekrönt und nach einer ruhmreichen Regentschaft mitsamt ihrem Gnomenvolk von Feinden erobert.

Liebliche Aguana (Druck, 19. Jahrhundert)

Wandbild mit Dolasilla, der großen Königin der Zwerge

LITERATUR

IN DER LITERATUR treten die Dolomiten erst im 19. Jahrhundert in Erscheinung. Im Jahr 1837 werden die »Dolomite mountains« erstmals in einem Buch erwähnt, dem *Handbook for Travellers in Southern Germany* des britischen Verlags Murray. *The Dolomite Mountains* heißt denn auch George Cheetam Churchills und Josiah Gilberts Reisebericht, den sie nach ihrer Rückkehr von der Besteigung der Palagruppe 1864 publizieren. Die Dolomiten werden durch dieses Buch in ganz Europa zu einem Begriff.

Danach folgten zahlreiche weitere Titel, darunter auch die Bücher des Dolomitenpioniers Paul Grohmann. Zu diesen zählten beispielsweise im Jahr 1877 seine *Wanderungen in den Dolomiten*. Bereits 1873 eroberte dagegen *Untrodden Peaks and Unfrequented Valleys* der bergbegeisterten Britin Amelia B. Edwards die Leserherzen im Sturm.

Mit diesen und anderen Büchern ergatterte sich die Alpinliteratur einen festen Platz im Kanon der Reiseliteratur, die sich in jener Zeit glänzend verkaufte. Im Lauf der folgenden Jahre und Jahrzehnte wurden unzählige weitere Bücher zum Thema »Wandern und Bergsteigen« verfasst. Zu den bekannteren modernen Titeln zählt *Die Freiheit, aufzubrechen wohin ich will* von Reinhold Messner. In diesem Buch schreibt der berühmte Alpinist aus dem Vilnösstal zum großen Teil über Erlebnisse in den Bergen seiner Heimat.

Italienische Ausgabe von Grohmanns *Wanderungen*

1837 erschienen: Amelia B. Edwards' Dolomitenbuch

Die Schrecken des Ersten Weltkriegs, die auch unauslöschlich mit den Dolomiten verbunden sind, finden in einer Vielzahl von Büchern ihren Niederschlag. Bekannteste Beispiele sind *Zona di Guerra* von Giorgio Tosato oder Ernest Hemingways *In einem anderen Land*.

Bereits vor Hemingway hatten jedoch schon zwei berühmte Vertreter der europäischen Literatur die Dolomiten als Schauplatz für ihre Werke gewählt. So lässt die Krimikönigin Agatha Christie ihre treue Hauptfigur, den belgischen Detektiv Hercule Poirot, in *Die großen Vier* die Lösung eines verzwickten Falles im Felsenlabyrinth des Latemar finden. Schauplatz von Arthur Schnitzlers Anfang des 20. Jahrhunderts erschienener tragischer Erzählung *Fräulein Else* ist ein Hotel in San Martino di Castrozza.

Der bedeutende moderne Chronist der Dolomiten ist der in San Pellegrino bei Belluno geborene Schriftsteller Dino Buzzati (1906–1972). Seine Artikel und Essays über die Vorgänge in seiner geliebten Bergwelt sind in dem Sammelband *Montagne di Vetro* zusammengefasst. Er enthält nicht nur äußerst eindrucksvolle Porträts von allen Großen des Dolomitenalpinismus, sondern auch viele narrative und sogar lyrische Passagen, die dem Leser ein lebendiges Bild der Faszination dieser Berge und ihrer Menschen vermitteln.

Schon viele Fotografen haben sich von dem Zauber des Lichts und der Farbenspiele in den »bleichen Bergen« in den Bann ziehen lassen. Das Ergebnis ist eine schier unübersehbare Zahl von Bildbänden, die in jedem Buchladen bestaunt werden können. Wer seine Kenntnisse über die Dolomiten und ihre Bewohner wirklich gründlich vertiefen möchte, dem wird die von Franco de Battaglia und Luciano Marisaldi herausgegebene *Enciclopedia delle Dolomiti* von unschätzbarem Nutzen sein.

Bedeutender Chronist der Dolomiten: Dino Buzzati

Kino

Es wundert nicht, dass Regisseure und Filmprofis die beeindruckende Szenerie der Dolomitengipfel auch für ihr Medium entdeckten und sensationell in Szene setzten. Als Erste reisten die Deutschen mit ihren Filmcrews in die Dolomiten. Bereits in den 20er Jahren des 20. Jahrhunderts wurde hier, d. h. hauptsächlich in der Umgebung von Cortina d'Ampezzo, eine Reihe von Filmen gedreht. So leistete beispielsweise Leni Riefenstahl mit *Das blaue Licht* ihre erste Regiearbeit. Der Film, in dem sie auch als Hauptdarstellerin agierte, gilt als ein Klassiker der Filmgeschichte. Weitere bekannte Filme, die in den Dolomiten entstanden, sind Arnold Fanks *Der Berg des Schicksals* und Luis Trenkers *Flucht in die Berge* (nach einem Drehbuch von Pier Paolo Pasolini).

Als in den 1950er Jahren die italienische Komödie ihren Siegeszug antrat, wurde Cortina zu einem der Lieblingsschauplätze von bekannten Regisseuren wie Camillo Mastrocinque und Giorgio Bianchi. In den 1980er Jahren nahmen die Gebrüder Vanzina diese Tradition wieder auf. Sie drehten hier die in Italien erfolgreiche Serie *Vacanze di Natale*. Ebenfalls in der Umgebung von Cortina, am Passo Tre Croci, siedelt Ermanno Olmi Dino Buzzatis fantastischen Roman *Das Geheimnis des Alten Waldes (Il segreto del bosco vecchio)* bei seiner Verfilmung an. Die Hauptrolle spielte Paolo Villaggio, ebenso wie Buzzati Wahlcortinese.

In neuerer Zeit sind zudem zwei internationale Kassenknüller in den Dolomiten entstanden. Jean-Jacques Annauds *Der Bär* erzählt vor eindrucksvoller Kulisse die Geschichte eines kleinen Grizzlybären. Der 1993 in den Bergen rund um Cortina gedrehte Film *Cliffhanger* mit Sylvester Stallone ist Action pur.

Am Set von *Cliffhanger*, Monte Cristallo

Spezialitäten und Weine

Speck und Löwenzahn

Die Küche der Dolomiten basiert auf für die Alpen typischen einheimischen Zutaten – Gemüse, Gerste und Buchweizen, Maismehl, Butter, Schweinefleisch, Äpfel – und ist in den verschiedenen Tälern sehr ähnlich. Die scheinbar unerschöpfliche Auswahl der Brotsorten reicht von der Brezel zu den mit Anis, Fenchel und Kümmel gewürzten Roggenfladen oder dem auch *puccia* genannten luftgetrockneten Schüttelbrot. Weit über die Grenzen der Dolomiten berühmt ist der meist über Wacholderholz geräucherte Speck, typisch sind auch die »Kaminwurzen«, unseren Landjägern ähnliche Hartwürste.

Warme Vorspeisen

Das Hauptgericht der Dolomiten ist die aus Maismehl zubereitete Polenta, die in unendlichen Variationen gereicht wird: mit Buchweizen vermischt (v. a. im Nonstal und im Val di Sole), mit zerlassener Butter, Sardellen, Pilzen oder *luganega* genannter Wurst. *Smacafam alla trentina* heißt eine überbackene Spezialität aus Polenta, Speck und Wurst.

Weit verbreitet sind deftige Suppen mit Gemüse, Graupen, Rollgerste, Hülsenfrüchten und Fleisch als Einlage. Sehr beliebt sind die vielen Knödelsorten. Der Teig aus altbackenem Weißbrot, Eiern und Milch kann mit Käse, Speck, Kartoffeln, Spinat, Roter Bete oder Leber verfeinert werden. Knödel werden in Brühe oder als Beilage gereicht. Am bekanntesten sind die Tiroler Speckknödel, sehr schmackhaft Serviettenknödel, die aus altbackenem Brot, Eiern, Mehl, Milch, Butter, Petersilie und Muskatnuss zubereitet werden.

Spinatnocken

Beliebte warme Vorspeisen sind zudem grüne Spinatnocken oder Nocken (*gnocchi*) mit Ricotta oder Quark, der in den Dolomiten »Topfen« heißt. Eine besonders gehaltvolle Variante sind die *strangolapreti* (»Priesterwürger«) genannten Spinatnocken, die oft mit zerlassener Butter und Käse serviert werden. Sehr beliebt sind die verschiedenen Sorten von Teigtaschen, die mit Spinat, Kraut, Käse, Fleisch, Quark oder Kartoffeln gefüllt und etwa mit Tomatensoße oder zerlassener Butter und Käse gereicht werden. Zu diesen bekannten Spezialitäten zählen die aus dem Pustertal stammenden Schlutzkrapfen, die nicht, wie der Name vermuten lässt, im Fett ausgebacken, sondern im Wasser gekocht werden. Im Ampezzo heißen die leckeren Teigtaschen *casonziei*. In Fett ausgebraten werden dagegen die Tirteln, die in der ladinischen Küche *tutres* heißen.

Käseknödel

Lammschulter und Lammkarree

Fleisch und Fisch

Wildgerichte (Reh, Hirsch, Gämse und Hase) aller Art sind sehr populär. Dazu werden Preiselbeeren gereicht. Ein Klassiker ist das Rindsgulasch, beliebt sind auch Bratwürste (aus Schweinefleisch) und Würstel mit Sauerkraut. Bauernschmaus heißt ein Gericht aus verschiedenen Fleisch- und Wurstsorten, Kartoffeln und Rotkohl. Das Tiroler Gröstel ist eine Spezialität aus gekochtem, in Würfel geschnittenem Rindfleisch, gekochten Kartoffeln und Zwiebeln. Das Ganze wird zusammen mit verquirltem Ei in der Pfanne geröstet und mit Krautsalat als Beilage serviert.

Eine sehr deftige Angelegenheit ist die »Elefantenplatte« aus Brixen mit verschiedenen Fleischsorten (Schwein, Huhn, Rind, Kalb), Leberwürsten, Würstchen, Reis, Kraut, Kartoffeln, Erbsen und Rotkohl.

Zur Dolomitenküche zählen aber auch Fischgerichte, allen voran frische Forellen in verschiedenen Variationen oder Saibling. Weitere Fischspezialitäten sind Aal auf Trientiner Art und Stockfisch.

Käse und Pilze

Naturrein sind die auf traditionelle Art produzierten zahlreichen Almkäsesorten. In der Pfanne gebraten und mit Polenta serviert wird die Tosella aus San

Die Käsespezialität *mosa*

Martino di Castrozza. Im Cadore genießt man frische Ricotta aus Ziegen- oder Kuhmilch, ferner den mit aromatischen Bergkräutern verfeinerten Sigher, den kaum geronnenen Spess und die Puina, eine geräucherte Ricotta. Eine Spezialiät aus Pieve di Cadore ist der in der Pfanne zubereitete Casatello aus verschiedenen Käsesorten.

Pilze werden in Soßen, als Füllung oder Beilage, für Suppen oder Hauptgerichte verwendet.

Die ladinische Küche

Typisch ladinische Speisen können in den Dolomiten in vielen Lokalen bestellt werden. Diese Bergbauernküche basiert v. a. auf traditionellen einheimischen Zutaten wie Milchprodukten, Gemüse, Saubohnen und Maismehl, einen Pfeiler bildet die Gerstensuppe. Der Fremdenverkehrsverein Alta Badia organisiert vor Ort Kochkurse, in denen man die Zubereitung einiger Traditionsgerichte erlernen kann. Typische Gerichte sind:

- Panicia (Gerstensuppe)
- Tu(r)tres (gebackene Teigtaschen mit Topfen, Spinat oder Kraut, oft zu *panicia*)
- Cajincí t'ega (Schlutzkrapfen mit Spinat und Topfen, Mohn und Butter)
- Schweinshaxe mit Polenta
- Apfelküchlein und Buchweizentorte

Spinatkuchen

Nachspeisen

Die bekannteste Nachspeise ist der Apfelstrudel, der neben Äpfeln auch Rahm und Rosinen enthält. Ein Klassiker ist die Buchweizentorte. Diese Spezialität wird mit Mandeln, Butter und Eiern zubereitet und mit Preiselbeermarmelade gefüllt. Nicht weniger köstlich ist die Pinza aus dem Trentino mit Äpfeln, Ricotta oder Kastanien. Die Pinza di Carnevale aus Buchweizen enthält dagegen Wurst und Speck. »Zelten« heißt ein typisches Tiroler Weihnachtsgebäck, ein Früchtebrot aus getrockeneten Feigen, Datteln, Pinienkernen, Sultaninen, Nüssen, Rum, Weinbrand und Zimt, das mit Roggenmehl gebacken wird. In den ganzen Dolomiten berühmt sind die Leckereien aus der Alta Badia, besonders die vielfältigen Obstkuchen und das Blätterteiggebäck. In Cortina isst man die köstlichen *galani* oder *carofoi*, die im Schmalz gebacken und mit Puderzucker bestäubt werden.

An Obstkuchen herrscht reiche Auswahl

Wein

Im DOC-Gebiet Eisacktal gedeihen bis 800 Meter Höhe Reben, aus denen hochwertiger Weißwein gekeltert wird. Der weit verbreitete Sylvaner ist ein fruchtiger Weißwein, der sehr gut zu Fischgerichten und Meeresfrüchten passt. Der berühmteste Sylvaner kommt aus den Weinbergen des Klosters Neustift. In der Gegend von Klausen und Brixen werden auch Pinot Grigio, Müller-Thurgau, Traminer und Veltliner angebaut. Zu den deftigen Gerichten der lokalen Küche passen allerdings besser die Rotweine, die in der Gegend von Bozen, auf den Hügeln des Überetsch (Eppan, Kaltern, Tramin) und im Val Lagarina wachsen.

Sylvaner

Getränke

Klassische Digestifs sind der Tresterschnaps Grappa, der Kranebitter aus Wacholder, der Enzian oder Obstwasser aus Birnen, Aprikosen oder Zwetschgen. Wer Obst lieber ohne Alkohol mag, kann eigentlich überall Trauben- oder Apfelsaft bestellen. Eine Spezialität ist der aus Waldmeisterblüten, Vanille, Schokolade, trockenem Weißwein, Zucker und Orangenessenz zubereitete Maitrank. Manchmal werden auch noch Brombeerblätter, Melisse, Minze und Erdbeeren hinzugefügt.

Das Törggelen

Beliebtes »Herbstritual« im Eisack- und Pustertal ist das Törggelen: Nach einem Spaziergang in den Weinbergen kehrt man mit Kind und Kegel bei einem Weinbauern ein, um den neuen Wein zu probieren. Dazu werden geröstete Kastanien (Maroni), Speck, Kaminwurzen, verschiedene Käsesorten und Schmalzgebäck gereicht. Die Törggelensaison beginnt Mitte Oktober und dauert bis Anfang Dezember.

NA · VRSVLA · CVM · SOCIABVS · SVIS · VENIVNT · RO

DIE GESCHICHTE DER DOLOMITEN

DIE VON ABWEISENDEN *Gipfeln getrennten, langen Dolomitentäler waren schon vor Urzeiten der Lebensraum von Menschen. Bereits bevor in dieser Bergregion die ersten dauerhaften Siedlungen entstanden, durchquerten frühe Bewohner des Gebiets das Etschtal, das durch den Rückzug des Eises vor etwa 9000 Jahren passierbar geworden war.*

Die Passage durch das Etschtal war ein Meilenstein für die Kommunikation im Alpenraum, entstand doch auf diese Weise ein Verbindungsweg, der sich mit der Zeit zu einer der wichtigsten Straßen ganz Norditaliens entwickeln sollte. Über sie konnten das Donaugebiet und die Wälder des Nordens mit den italienischen Küsten, die Völker Mitteleuropas mit den Etruskern und Italikern in Kontakt treten.

Etwa im 2. und 3. Jahrtausend v. Chr. entstanden die ersten Dörfer an den Seeufern und begannen Hirten mit der Almwirtschaft. Im Lauf der folgenden Jahrhunderte gewannen die Mittelmeervölker in den Alpentälern zunehmend an Gewicht – der Handel wurde wichtig. Von der Ostsee wurde kostbarer Bernstein durch Germanien in das heutige Tirol und weiter zu den Häfen der Adria transportiert. In die Gegenrichtung reisten zunächst auf dem alten Weg, später auf der gepflasterten Römerstraße Via Claudia Augusta nicht nur wertvolle Waren, sondern marschierten auch Truppen. Kultureller Austausch fand zunehmend statt: So gelangte das estruskische Alphabet auf verschlungenen Wegen entlang der Bernsteinstraße in Richtung Norden zu den skandinavischen Völkern, die ihre Runen danach gestalteten.

Wie andere Regionen der Ostalpen hatten die Dolomiten bereits vor Ankunft der römischen Legionen wegen ihres Reichtums an Edelmetallen große Bedeutung erlangt. Vielerorts finden sich unter den sanft bis zu den Felswänden ansteigenden Wiesen Spuren der Illyrer und anderer Völker, die um 2000 v. Chr. nach heiß begehrtem Kupfer gruben, das für Waffen benötigt wurde.

Die Axt von Ötzi, dem Mann von Similaun (3000 v. Chr.)

Die erste in den Dolomiten entstandene Kultur war die für ihre Keramiken bekannte Luco-Kultur, deren Träger besonders in der Gegend des Schlern siedelten. Sie übte großen Einfluss auf die ganze Region aus und überlebte sogar im 5. Jahrhundert v. Chr. die Invasionen der Kelten, die durch das Etschtal hinunter immer weiter gen Süden zogen und selbst Rom bedrohten.

Der Schlern oberhalb von Bozen – ein bedeutender prähistorischer Kultort

Szene aus einem Freskenzyklus über das Leben der hl. Ursula, Sant'Orsola, Vigo di Cadore

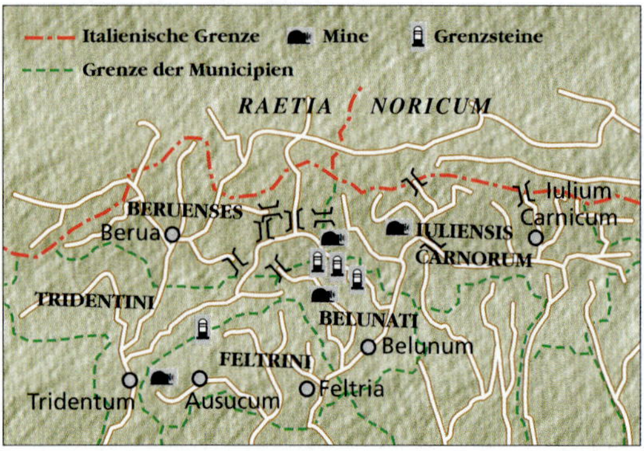

Römische Municipien in den Dolomiten

und Verona dem Herzogtum Bayern und somit dem Hl. Römischen Reich zu. Die Geschicke des Kaiserreichs und seiner Fürstentümer bestimmten in den folgenden Jahrhunderten die Geschichte der Dolomiten, einer Grenzregion, in der der deutsche und italienische Kultur- und Sprachraum zusammentreffen.

Die Römerzeit

Im 2. Jahrhundert v. Chr. unterstand das Trentino Roms Einfluss, bis 102 v.Chr. die Invasion der Zimbern aus dem Norden die Region erschütterte. Ein Jahrhundert später eroberte Claudius Drusus den gesamten Dolomitenraum. Die römischen Herrscher gründeten Städte (etwa Bozen), bauten das Straßen- und Brückennetz aus und teilten die Region den Provinzen Raetia, Noricum sowie Venetia et Histria zu. Das Christentum verbreitete sich gegen Ende des Römischen Reichs nur langsam in der schwer zugänglichen Region. Bedeutende Missionare in den Ostalpen waren die hl. Vigilius, Fortunatus und Kassian, der 550 Kloster Säben gründete. Zudem litt das Gebiet unter den Folgen der Völkerwanderung, die mit dem Zerfall des Römischen Reichs und dem so entstehenden Machtvakuum einherging. In den Raum drangen ab dem 5. Jahrhundert Hunnen, Franken, Langobarden und Baiern vor.

Unter Kaisern

Karl der Große eroberte das von den germanischen Langobarden gegründete Herzogtum Trient und gliederte es im frühen 9. Jahrhundert dem Karolingerreich an. Unter Otto I. fielen Mitte des 10. Jahrhunderts die Marken Trient

Die Fürstbischöfe

Bei den Kämpfen um die Kontrolle des Etschtals spielten die Fürstbischöfe von Brixen und Trient eine entscheidende Rolle. Diese geistlichen Würdenträger waren zugleich Feudalherren mit politischen Interessen, deren Lehen nach ihrem Tod an den weltlichen Herrscher zurückfielen. Zwischen Papst und Reich entbrannte daher der Investiturstreit über das Recht zur Ernennung der Bischöfe. Klerus und Volk widersetzten sich manchen königlichen Ernennungen (z. B. von Heinrich IV.), es entstanden autonome Gemeinden. Die Fürstbischöfe regierten mithilfe des Adels, z. B. dem durch Silberhandel reich gewordenen Grafen von Tirol. 1363 gab Margarete Maultasch die Grafschaft Tirol an Rudolf IV. von Habsburg ab. Die Fürstbischöfe hatten damit ihre Macht an Österreich verloren.

Holzbrücke an der alten Römerstraße über den Boite

Das Konzil von Trient (1554–1563)

Habsburg und Venedig

Nach Aufständen gegen die Trentiner Bischöfe Anfang des 15. Jahrhunderts wurde Trient für kurze Zeit Republik. Während sich im nördlichen Teil der Region die Habsburger Herrschaft festigte, erweiterte im Süden Venedig seinen Einflussbereich bis in die Region von Ampezzo und ins Cadore. Nach kriegerischen Auseinandersetzungen trat Venedig 1518 das Ampezzo mit dem Vertrag von Noyon an Österreich ab. Mit der Ernennung von Bernhard Cles zum Bischof von Trient im Jahr 1514 begann für die Stadt eine Glanzzeit. Ein Höhepunkt in ihrer Geschichte war das Konzil von Trient, (1545–1563), auf dem die katholische Gegenreformation eingeläutet wurde.

Grenzstein zwischen Toblach und Auronzo

Europäische Kriege

Nach dem Konzil von Trient gewannen die Dolomiten strategische Bedeutung: Zu den Schrecken der Religionskriege brachten Landsknechte aus dem Norden 1630 auch noch die Pest – sie forderte über 16 000 Opfer. Erst unter der Kaiserin Maria Theresia zogen Wohlstand und Reformen ein – dennoch hörten die Kriege nicht auf. Diese entbrannten im 18. Jahrhundert etwa über den Besitz der fruchtbarsten Ländereien. Von den Auseinandersetzungen zwischen Toblach und Auronzo zeugen z. B. noch Grenzsteine von 1753.

Das 19. Jahrhundert

In den Napoleonischen Kriegen fiel die Region zuerst an Österreich (1797) und wurde dann zwischen den Königreichen Italien und Bayern (1805) aufgeteilt. Die bayerischen Machthaber schafften den Feudalismus ab und setzten Reformen in Gang, provozierten jedoch durch ihr hartes Vorgehen und v. a. ihre antiklerikale Haltung Widerstand. Dieser entlud sich etwa in den von der Ladinerin Caterina Lanz oder Andreas Hofer geführten Aufständen.

Nach der Niederlage Napoleons sprach der Wiener Kongress (1815) Tirol und somit die Dolomiten Österreich zu. Die Habsburger Restauration löste mit ihren Germanisierungsabsichten Revolten der italienischsprachigen Bevölkerung in der Region aus. Schließlich gewann 1866 das Königreich Italien im Dritten Unabhängigkeitskrieg die Belluneser Dolomiten und den Cadore – das heutige Gebiet von Trentino-Südtirol blieb bei Österreich. Bei der Aufteilung des Territoriums wurden die Grenzen so gezogen, dass die strategisch wichtigsten Gipfel beim habsburgischen Reich verblieben – eine Tatsache, die im Ersten Weltkriegs entscheidende Bedeutung gewinnen sollte.

Andreas Hofer in der Schlacht am Berg Isel

Der Erste Weltkrieg

Nach langem Zögern gab Italien im Mai 1915 seine Neutralität auf und nahm an der Seite von Frankreich und Großbritannien den Krieg gegen den ehemaligen Verbündeten Österreich-Ungarn auf. Die Front verlief in den Dolomiten. Entgegen allen Erwartungen scheiterte das durch einen Überraschungseffekt erhoffte schnelle Vordringen der italienischen Truppen nach Österreich (auch weil die Österreicher strategische Positionen besetzt hielten). In der Folge entwickelte sich ein langer, grausamer Stellungskrieg, in dem die Kontrahenten auch gegen die Berge um ihr Überleben kämpfen mussten.

Fortbewegung
Das Vorankommen war natürlich durch das Gelände eingeschränkt. Die Soldaten mussten alle nur denkbaren Fortbewegungsmittel nutzen. Wo im Krieg Lastenschwebebahnen Waffen, Lebensmittel und Munition transportierten, fahren heute oft moderne Seilbahnen zu den Gipfeln.

Eroberung der »Terre irredente«
Italien wollte die zu Österreich-Ungarn gehörigen italienischsprachigen Gebiete *(terre irredente)* eingliedern. Mit der Aussicht auf territoriale Zugewinne erklärte Italien deshalb am 25. Mai 1915 dem K.-u.-k.-Reich den Krieg. Die italienischen Truppen führte Generalstabschef Luigi Cadorna.

Die Dolomitenfront
Von Stilfs bis zu den Sextener Dolomiten (im Bild Reste von Laufgräben auf dem Gsellknoten, im Hintergrund die Drei Zinnen) wurde die Front von der Ersten italienischen Armee verteidigt. Sie musste als Hauptaufgabe den Truppen an der wichtigeren Isonzofront den Rücken freihalten.

Österreichisch-italienische Front
Ein großer Teil der Dolomiten war im Ersten Weltkrieg Frontgebiet. Die westliche Alpenfront verlief auf dem Adamello westlich der Brentagruppe und im Süden bis Riva del Garda (das damals auf österreichischem Territorium lag). Auf der nördlichen Frontlinie lagen einige der noch heute berühmtesten Landmarken der Dolomiten: Rollepass, Passo San Pellegrino, Marmolada, Col di Lana, Monte Piana und die Drei Zinnen.

Der Kriegsausbruch
Italiens Heer war schlecht ausgerüstet und ausgebildet. 800 000 Soldaten waren auf vier Armeen, 14 Armeecorps, 35 Infanterie-, eine Bersaglieri-, vier Kavalleriedivisionen und zwei Alpini-Einheiten verteilt. Das Foto zeigt das Denkmal für die Gefallenen von 1915–18 in Pocol bei Cortina *(oben)*.

Armando Diaz
Diaz löste Cadorna am 9. November 1917 als Generalstabschef ab. Die Lage erschien aussichtslos, doch gelang es Diaz, den Soldaten wieder Mut zu geben und die Piave-Linie zu konsolidieren, bis die Offensive von 1918 den italienischen Sieg brachte.

Legende
- *Italienische Isonzo-Offensive 1915/1917*
- *Deutsch-österreichischer Vormarsch 1917*
- *Alliierte Offensive Oktober 1918*
- *Frontlinie im September 1917*
- *Frontlinie Dezember 1917 bis Oktober 1918*
- *Waffenstillstandslinie November 1918*

Hauptschlachten
- *1915*
- *1917*
- *1918*

lakat für die Rundfahrt

Mit den Skiern zu den Schützengräben

Seit 1999 verläuft eine Skirundfahrt entlang der Dolomitenfront rund um den Col di Lana. An der Strecke liegen zahlreiche Stellungen, Tunnel und Schießscharten aus dem Ersten Weltkrieg. Im Kontrast zu den erschütternden Zeugnissen des Alpenkriegs bietet die Rundfahrt auch einen herrlichen Blick auf Civetta, Pelmo, Tofana, Cinque Torri, Lagazuoi, Conturines, Marmolada und Sella. Die Strecke ist von allen Orten der Region erreichbar (Dörfer im Alta Badia, Arabba, Alleghe, Zoldo Alto, Selva di Cadore und Cortina) und erfordert den Skipass Dolomiti Superski.

Alpinismus in den Dolomiten

WANN GENAU DER Alpinismus in den Dolomiten begann, ist heute nicht mehr nachzuvollziehen. In den Dörfern der Region erzählt man, dass viele Gipfel vor den »Erstbesteigungen« durch moderne Alpinisten bereits von einheimischen Jägern bezwungen worden waren – beweisen kann dies heute niemand mehr. So gebührt die Ehre der ersten dokumentierten Erstbesteigung eines Dolomitengipfels dem Briten John Ball, der 1857 die Welt vom Gipfel des Monte Pelmo betrachten konnte. Das Jahr gilt als Startschuss des Alpinismus in den Dolomiten, dem bald weitere spektakuläre Erstbesteigungen folgten: 1862 bezwang der 1838 in Wien geborene Paul Grohmann die Punta di Rocca (»Wintergipfel«), 1864 die Punta Penia der Marmolada, 1865 den Monte Cristallo und 1869 den Langkofel und die Große Zinne. 1864 erforschten die Briten Freshfield und Tuckett die Brenta- und Palagruppe. Den höchsten Brentagipfel, die Cima Tosa, bezwang der Trentiner Giuseppe Loss. Er begründete eine einheimische Alpinisschule, die zur Gründung der Dolomitensektionen des Club Alpino Italiano (CAI) und der Società Alpinisti Tridentini (SAT) führte. Dadurch kamen die traditionellen Bergführer auf, die ausländische Bergsteiger begleiteten oder aber selbst Erstbesteigungen unternahmen. Größte Bekanntheit erlangte dabei der Sextener Sepp Innerkofler, der 1881 die Kleine Zinne erstieg. Ende des 19. Jahrhunderts entwickelte sich jedoch im Alpinismus eine v. a. von den Brüdern Emil und Otto Zsigmondy und von Georg Winkler begründete »führerlose« Gegenströmung. 1887 gelang dem damals 17-jährigen Winkler die Erstbesteigung des später nach ihm benannten Vajoletturms. Anfang des 20. Jahrhunderts begann die klassische Ära des Alpinismus in den Dolomiten mit den bedeutenden Besteigungen italienischer Bergführer wie Antonio Dimai, Tita Piaz und Angelo Dibona und den Aufsehen erregenden Expeditionen ausländischer Bergsteiger. Zu diesen zählte der Österreicher Paul Preuß, der für manche Experten beste Kletterer aller Zeiten. Preuß kletterte stets ohne Haken und andere technische Hilfsmittel. Doch gerade der Haken ermöglichte nach dem Ersten Weltkrieg die Bezwingung des legendären sechsten Grades – wem dieses Kunststück zuerst gelang, ist nicht sicher. Ein Meilenstein war 1925 Emil Solleders Erstbesteigung der Civetta durch die Nordwestwand. Wie der Österreicher fanden bald auch Italiener neue, sensationelle Routen: Luigi Micheluzzi 1929 in der Marmolada-Südwand, die Brüder Angelo und Giuseppe Dimai mit Emilio Comici 1933 in der Nordwand der Großen Zinne und 1935 Riccardo Cassin und Vittorio Ratti in der Nordwand der Westlichen Zinne. Damals genoss der Alpinismus höchste Popularität, in Zeitungen und Illustrierten verfolgte man atemlos die gefährlichen Expeditionen an der Grenze des Machbaren. Nach dem Zweiten Weltkrieg ermöglichten immer ausgeklügeltere Hilfsmittel immer direktere und schwierigere Routen, gleichzeitig machte sich jedoch besonders ab den 1960er Jahren eine wachsende Abneigung gegen den hoch technisierten Alpinismus breit. Ein Protagonist dieser Gegenbewegung, die den geringstmöglichen Gebrauch technischer Mittel propagierte, war Reinhold Messner. Seit etwa 1990 sind topmoderne Modelle von Kletterutensilien im Alpinismus jedoch erneut in Mode gekommen.

John Ball

Emil Solleder

Angelo Dibona

Georg Winkler

Emilio Comici

Die drei Sprachräume

In den Dolomitentälern werden drei Sprachen gesprochen. In den Zentraldolomiten dominiert das Ladinische, das von etwa 80 Prozent der Bevölkerung gesprochen und in den ladinischen Tälern zusammen mit Italienisch und Deutsch in der Schule gelehrt wird. Diese rätoromanische Sprache entwickelte sich in den Jahrhunderten nach Christi Geburt im Zuge der Romanisierung der rätischen und keltischen Bevölkerung in den Alpentälern. Während der römischen Kaiserzeit erstreckte sich das rätoromanische Sprachgebiet von Graubünden bis zur Adria. Diese Einheit zerbrach durch die Invasion der germanischen Baiern. Aufgrund der isolierten Lage der Dolomitentäler konnte sich das mit dem Bündnerromanischen (Rumantsch) in Graubünden und dem friaulischen Friuli verwandte Ladinisch bis heute erhalten.

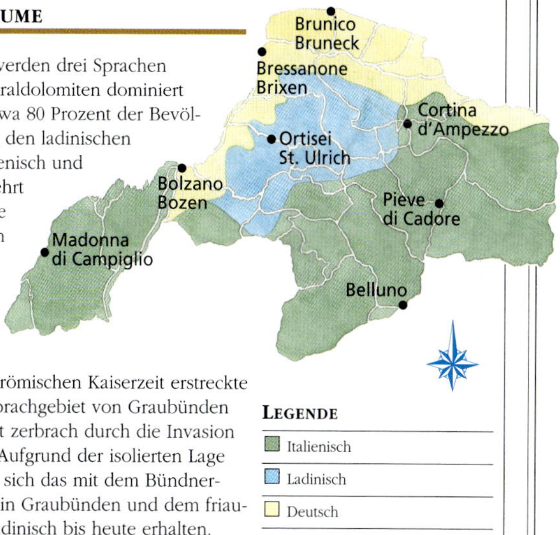

Moderne Zeiten

Nach dem Ersten Weltkrieg erhielt Italien die österreichischen Gebiete Ampezzano und das heutige Trentino-Südtirol. Unter Mussolini entzündete sich dort der Konflikt zwischen der deutsch- und italienischsprachigen Bevölkerung. Die rigorose Italianisierungspolitik der Faschisten wurde durch eine gezielte Umsiedlung von Italienern aus anderen Landesteilen nach Südtirol unterstützt. Flur-, Orts- und sogar Familiennamen wurden konsequent ins Italienische übersetzt. Nach der Annexion Österreichs durch Deutschland 1938 schlossen Italien und Deutschland 1939 ein Umsiedlungsabkommen; für die Südtiroler ergab sich die berühmt-berüchtigte »Option«: Sie konnten zwischen deutscher oder italienischer Staatsbürgerschaft wählen und für ihre Umsiedlung in das Deutsche Reich optieren. Über 70 000 verließen in der Folge ihre Heimat.

Wie hier der Lagazuoi sind viele Dolomitengipfel mit der Seilbahn erreichbar

Nachdem am 4. Mai 1945 alliierte Truppen in Trento einmarschiert waren, war der Zweite Weltkrieg für die nach und nach von Deutschland okkupierte Region beendet. Mit dem am 5. September 1945 ratifizierten De Gasperi-Gruber-Abkommen wurde die nördliche Grenze Italiens zu Österreich am Brenner festgelegt. Südtirol blieb bei Italien, jedoch mit der Garantie einer gewissen Verwaltungs- und Kulturautonomie. Diese wurde von der Verfassungsgebenden Versammlung 1948 bestätigt. 1972 wurde das so genannte Paket verabschiedet, das der Region eine sehr viel weiter reichende Autonomie zubilligte.

Ab den 1960er Jahren wies der Fremdenverkehr in Südtirol, dem Trentino und den zum Veneto zugehörigen Gebieten immer größere Zuwachsraten auf und die Region stieg dadurch zu einer der am besten entwickelten in ganz Italien auf. Doch besonders in den letzten Jahren spielen nicht mehr nur ökonomische Überlegungen, sondern auch ökologische Bedenken und Kritikpunkte eine Rolle. Denn in den Dolomiten gilt wie im gesamten Alpenraum: Das empfindliche ökologische Gleichgewicht der Berge kann nur durch einen verstärkten Umweltschutz erhalten werden.

Das Jahr in den Dolomiten

Sowohl im Winter wie auch im Sommer gilt: In den Dolomiten herrscht immer beste Reisezeit. Von Dezember bis April gehören die Berge und traumhaften Pisten den Skifahrern. Von Juni bis Oktober bieten Hütten, Seilbahnen und gut markierte Wege eine exzellente Infrastruktur für eine Vielzahl von spektakulären Wanderungen. Nur im Mai und November sind die meisten Hotels kurz vor der nächsten Sommer- bzw. Wintersaison geschlossen – ideale Reisezeit für diejenigen, die die Ruhe in den Bergen lockt. Am schönsten sind die Übergangszeiten, wenn im April und Mai der Schnee den blumenbedeckten Wiesen weicht oder im September und Oktober sich die Natur in die warmen Farben des Herbstes hüllt.

Festlich in der typischen Tracht von Cortina

Frühjahr

In den Bergtälern weicht die Schneedecke nach und nach der Farbenpracht der Blumenwiesen. Nach Ostern schließen die Lifte, und die Nebensaison beginnt. Ende April bietet die rosa Apfelblüte einen reizvollen Kontrast zu den weißen Gipfeln. Nun sind schon Spaziergänge in den Wäldern und zu den Burgen der tiefer gelegenen Täler möglich. Die Wandersaison in den Höhenlagen fängt erst im Juni an, doch zeigen sich die Berge in diesem Monat, wenn Alpenrose und Enzian blühen, von ihrer schönsten Seite. Zudem sind um diese Zeit nur wenige Wanderer unterwegs.

Habsburger Karneval, Madonna di Campiglio, Tn *(Anfang März)*. Karneval mit Kostümen aus der Zeit von Sisi und Franz Joseph.
Festa di re Laurino, Carezza, Bz *(Anfang März)*. Ein Wochenende lang werden König Laurin und das Ende des Winters gefeiert.
Historisches Schlittenfest, Gadertal, Bz *(März)*. Umzug mit Haflingern und historischen Schlitten.
Snow Carneval, Grödnertal *(März)*. Karneval.
Eisacktaler Kost, Eisacktal *(März)*. Spezialitätenwoche mit einheimischer Kost wie Weinsuppe, Spinatnocken und Gämsenschinken.
Schneefest, Speikboden/Sand in Taufers, Bz *(Mitte März)*.
Fiemme Ski Jazz, Fleimstal, Tn *(dritte Märzwoche)*. Großes Jazzfestival im Fleimstal mit Konzerten von Jazzgrößen und Sessions an verschiedenen Orten.

Liebevoll wird der historische Schlitten aus dem 18. Jahrhundert restauriert (Alta Badia)

Snow Countdown, Grödnertal, Bz *(Ende März)*. Mit einem großen Fest wird das Winterende gefeiert.
Hüttenfest, Kronplatz, Bz *(Ende März)*. Ausgelassene Stimmung auf den Hütten mit einheimischen Gerichten und Musik.
Cross Country Ski, Pinzolo, Tn *(Ende März)*. Eine ganze Woche lang stehen Telemark und Skilanglauf im Mittelpunkt.
Gardenissima, Carezza, Bz *(Ende März)*. Riesenslalom mit Ski-Champions.
Pizzolada delle Dolomiti, Moena Passo San Pellegrino, Tn *(Anfang Apr)*. Alpinskirennen.
Brunecker Ostermarkt, Bruneck, Bz *(Apr)*. Kunsthandwerk, Osterschmuck und traditionelle Osterküche auch in den Restaurants.
Oswald-von-Wolkenstein-Ritt, Völs am Schlern, Bz *(1. Juni)*. Reiterturnier mit Turnierspielen um die Standarte Oswalds von Wolkenstein, mit schönen Pferden und Kostümen.

Volkstanzgruppe im Grödnertal

Lagoraid, Cavalese, Tn *(Juni)*. Pferdetrekking durch die Bergwelt der Lagorai-Kette im Fleimstal.

Sommer

Auf den Höhenwegen und in den Hütten tummeln sich die Wanderer, Bergsteiger, Kletterer und Naturliebhaber. Für weitere Unterhaltung sorgen Kulturveranstaltungen und geführte Ausflüge zu den Naturschönheiten der Region. Der Trubel flaut ab Anfang September kontinuierlich ab, und langsam kehrt wieder friedliche Ruhe ein. In dieser Zeit nehmen die Radfahrer verstärkt die Alpenpässe in Angriff.

Musicastello, Südtirol *(Juni bis Sep)*. In rund zwanzig Südtiroler Schlössern und Burgen finden Konzerte mit Kammer- und mittelalterlicher Musik, Lesungen, Symposien und kulinarische Abende statt.

Kulturwoche, Schlern, Bz *(dritte Woche im Juni)*. Kirchen- und Bauernhofführungen sowie abendliche Konzerte.

Festival der Chöre, Hochpustertal, Bz *(Ende Juni bis Anfang Juli)*. Chöre aus ganz Italien geben Konzerte u.a. mit geistlichen, weltlichen und Volksliedern, aber auch Opernarien.

Festlich geschmückte Kuh beim Almabtrieb im Pustertal

Palio dei Sestieri, Cortina, Bl *(erster So im Juli)*. Sportwettkämpfe.

I Suoni delle Dolomiti, Hütten im Trentino *(Juli, Aug)*. »Dolomitenklänge« – Musik auf den Berghütten.

Westernshow, Predazzo, Tn *(Juli)*. Internationales Turnier mit Rodeo und Leistungsschau.

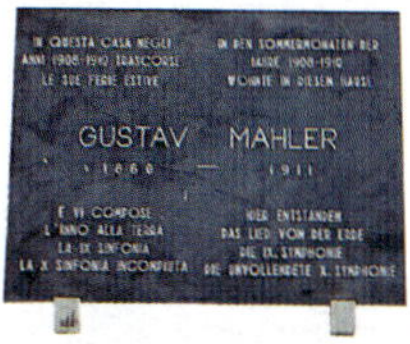

Gedenktafel am Haus von Gustav Mahler

Hexennächte, Schlern, Bz *(erste zwei Wochen im Juli)*. Legenden und Aufführungen zu den berühmten Schlernhexen.

Sandart, Sand in Taufers, Tn *(Juli)*. Künstler präsentieren auf öffentlichen Plätzen im Freien ihre Werke.

Grödner Musikwochen, Grödnertal, Bz *(Juli bis Sep)*. Konzert von international renommierten Kammerorchestern.

Sexten Kultur, Sexten, Bz *(Juli, Aug)*. Ausstellungen und Veranstaltungen zur Kultur im alpinen Raum.

Kunst unter Sternen, Mühlbach, Bz *(Juli)*. Ausstellungen im Freien.

Sommerkonzerte, Bruneck, Bz *(Juli bis Sep)*. Konzerte mit weltberühmten Musikern.

Gustav-Mahler-Musikwoche, Toblach, Bz *(dritte Woche im Juli)*. Konzerte, Ausstellungen und Symposien in memoriam Gustav Mahler.

Palio di Feltre, Feltre, Bl *(erster So im Aug)*. Wettspiele in mittelalterlichen Kostümen im historischen Altstadtkern.

Incontri letterari, Cortina, Bl *(Aug)*. Lesungen von internationalen Autoren.

Ferragosto ampezzano, Cortina, Bl *(15. Aug)*. Nächtliche Lagerfeuer und organisierte Picknicks.

Zu Großvaters Zeiten, Bocenago im Val Rendena, Tn, *(15. Aug)*. Vorführung von alten Handwerken.

Folk ladino, Wolkenstein im Grödnertal, Bz *(erster So im Aug)*. Trachtenumzug, Tänze, Gesänge und Kunsthandwerk.

Festa ladino, Hochabteital, Bz *(erster So im Aug)*. Umzug, Tänze, Tiroler Picknick im Wald von Corvara.

Gran Festa d'Istà, Canazei, Tn *(Ende Aug)*. Aufführungen und Konzerte von Folkloregruppen.

Almabtrieb, ganz Südtirol *(24. Aug)*. Am Tag des hl. Bartholomäus wird das Vieh festlich geschmückt von den Almen ins Tal getrieben.

Internationale Kammermusikwoche, Kastelruth, Bz *(Ende Aug bis Anfang Sep)*. Konzerte mit renommierten Künstlern.

Unika–Grödner Skulpturmesse, St. Ulrich, Bz *(Anfang Sep)*. Veranstaltung der Holzschnitzer aus dem Grödnertal.

Rallye Touring delle Dolomiti *(Anfang Sep)*. Internationales Treffen für die Liebhaber des Motorradsports.

Tägliche Sonnenstunden

Monat	*Stunden (Durchschnitt)*
Januar	2
Februar	4
März	5
April	6
Mai	6
Juni	6
Juli	7
August	6
September	6
Oktober	5
November	3
Dezember	2

Herbst

Die Laubwälder verfärben sich bunt, die Lärchen strahlen golden vor dem tiefblauen Himmel, und die Wiesen werden allmählich bräunlich. Langsam fallen die Temperaturen. Zwar sind bis Anfang November Wanderungen in den Bergen möglich, doch die meisten Berghütten schließen Mitte Oktober. Gleiches gilt für die Lifte, Seilbahnen und Hotels. In den tiefer gelegenen Tälern bricht jetzt die Zeit der Weinlese, der Apfel- und der Kastanienernte an. In der Regel enden Ausflüge in dieser Jahreszeit auf malerischen Weinhöfen,wo man den neuen Wein zusammen mit Speck und gerösteten Kastanien verkostet – im Eisacktal und im Pustertal hat das Törggelen begonnen. Wenn Ende November der erste Schnee fällt, schmücken sich die Dörfer und Städte mit traditonellem Weihnachtsschmuck, und auf den Christkindlmärkten werden die Buden geöffnet. Schon Anfang Dezember beginnt der Betrieb der Skilifte, und die Pisten erstrahlen im jungfräulichen, frisch gefallenen (zur Not mit Schneekanonen künstlich hergestellten) Schnee.

Im bunten Kleid des Herbstlaubs schmücken sich die Wälder im Val Rendena

Apfelwoche, Natz-Schabs, Bz *(Okt)*. Spezialitätenwoche rund um den Apfel, Apfelkönigin, Festumzug und Bauernmarkt.

Coppa d'oro delle Dolomiti, Cortina, Bl *(Sep)*. Oldtimer-Autorennen mit langer Tradition.

Segra Sagun, St. Jakob bei St. Ulrich im Grödnertal, Bz *(Anfang Okt)*. Kirchweihfest mit allem, was das Herz begehrt: Marktstände, Musik und Gastronomie.

Feierlichkeiten zur Tragödie von Vajont, Longarone, Bl *(9. Okt)*. Gottesdienst, Umzug und kulturelle Veranstaltungen zum Gedenken an den katastrophalen Erdrutsch, dem am 9. Oktober 1963 über 2000 Menschen zum Opfer fielen.

Oltre le vette. Metafore, uomini, luoghi della montagna, Belluno *(zweite Hälfte im Okt)*. Symposium über die Berge und ihre Bewohner, mit Filmvorführungen und Autorenlesungen.

Expo Dolomiti, Longarone Fiere, Bl *(Mitte Okt)*. Sport- und Freizeitmesse.

Stegener Markt, Bruneck, Bz *(Ende Okt)*. Jahrhunderte alter historischer Markt mit Marktständen, Karussells und Buden mit leckeren Spezereien sowie traditionellen Tiroler Produkten.

Festa di San Martino, Belluno *(Ende Okt bis Mitte Nov)*. Ausstellungen, Konferenzen und ein kleiner Antiquitätenmarkt.

Mostra internazionale del gelato, Longarone Fiere, Bl *(Ende Nov bis Anfang Dez)*. Internationale Speiseeismesse – durchaus kein unangenehmer Termin mit langer Tradition.

Durchschnittliche Temperaturen (°C)

Monat	*3000 Meter*	*1200 Meter*
Januar	- 9,8	- 0,5
Februar	-9,4	+ 0,5
März	-11,2	+ 2,5
April	- 8	+ 4,5
Mai	-3,2	+ 8,2
Juni	- 0,3	+ 11,55
Juli	+ 1,8	+ 14,05
August	+ 2,6	+ 13,8
September	+ 0,9	+ 11,2
Oktober	- 1,85	+ 7,2
November	- 7,8	+ 2,2
Dezember	- 9,3	- 0,8

Die zum Gedenken der Opfer von Vajont erbaute Kirche

Krampus, Brixen, Bz *(5. Dez)*. Die Schrecken verbreitende Begleitfigur des hl. Nikolaus treibt in den Straßen ihr Unwesen.

Nikolaus, Brixen, Bz *(6. Dez)*. An diesem Tag kommt der Nikolaus mit Geschenken für die Kinder.

Skiweltcup, Grödnertal und Alta Badia, Bz *(Mitte Dez)*. Abfahrt und Riesenslalomrennen für Damen und Herren. Die Weltcuprennen sind stets ein großer Festtag für die ausführenden Gemeinden.

Campionato delle famiglie, Andalo – Fai della Paganella, Tn *(Dez)*. Skiwettkämpfe der etwas anderen Art – als reine Familienangelegenheit!

MONATLICHE NIEDERSCHLÄGE (MM)	
Monat	*Niederschläge*
Januar	54
Februar	49
März	41
April	52
Mai	73
Juni	110
Juli	134
August	108
September	81
Oktober	67
November	53
Dezember	46

Beim Gran Fondo Internazionale

WINTER

DAS GANZE LAND ist mit einer glitzernden Schneedecke überzogen, in den Wintersportorten herrscht Hochbetrieb. Die Dolomiten sind in der kalten Jahreszeit jedoch nicht nur für Skifahrer interessant. Auf den Rennstrecken finden Skiwettkämpfe der internationalen Spitzenklasse statt, zudem wird ein reiches Kulturangebot gepflegt. Wer Winterwanderungen liebt, kann auf den zahlreichen geräumten Wegen durch die Wälder oder quer durch die »Wildnis« auf Schneeschuhen seinen ureigensten Wintertraum erleben. Oder man lässt sich den Wind auf dem Rodel- oder Pferdeschlitten äußerst vergnüglich um die Nase wehen.

Sternsingen und Besuch der hl. Drei Könige, Campitelle im Fassatal, Tn *(Woche vor Weihnachten)*. Gruppen von Kindern wandern als Sternsinger von Haus zu Haus.
Lebende Krippenbilder im Nonstal, Romeno, Tn *(Heiligabend)*. In dem im Oberen Nonstal gelegenen Ort stellen am Heiligabend 120 Akteure ein lebendes Krippenbild dar.
Christkindlmärkte, Brixen und Bruneck, Bz *(Dez)*. Kunsthandwerk, Weihnachtsschmuck, Plätzchen, Süßigkeiten, Leckereien und Aufführungen.
Krippen in den Höfen, Tesero im Fleimstal, Tn *(Dez)*. Malerische Holzkrippen werden auf den Plätzen aufgestellt.
Ciaspolada di Tret, Fondo im Nonstal, Tn *(Anfang Januar)*. Internationaler Marathon mit Schneeschuhen, die im Nonstal *ciaspole* genannt werden.
Lavazèhiito, Passo Lavazè im Fleimstal, Tn *(6. Jan)*. Skilanglaufrennen über 25 Kilometer.
Internationales Festival der Schneeskulpturen, Innichen und St. Vigil, Bz *(Mitte Jan)*. Bildhauer aus der ganzen Welt schaffen eisige Kunstwerke.

Pustertaler Skimarathon, Toblach, Bz *(Mitte Jan)*. Der Marathon findet auf einem 40 und einem 55 Kilometer langen Kurs statt.
Bauernhochzeit, Kastelruth, Bz *(9.–16. Jan)*. Aufführung einer Bauernhochzeit und Spezialitätenwoche mit Hochzeitsgerichten.
Millegrobbe, Lavarone, Tn *(um den 20. Jan)*. Internationaler nordischer Skiwettkampf auf den Hochplateaus von Vezzene und Lavarone.
Ladinischer Karneval, Fassatal, Tn *(dritte Woche im Jan)*. Umzüge mit typischen ladinischen Trachten.
Carnevale del re Orso, Sappada, Bl *(letzte Woche im Jan)*. Faschingsanfang mit Umzügen Maskierter zu Ehren der Legendenfigur Rollate, die der Sage zufolge halb Mensch, halb Tier ist.
Ski Legends, Andalo, Tn *(Ende Jan)*. Auf der Paganella treffen sich die ehemaligen Ski-Champions.
Marcialonga di Fiemme e Fassa, Moèna, Tn *(Ende Jan)*. Ein Klassiker für die Freunde des Skilanglaufs.

Die Bauernhochzeit von Kastelruth

Gran Fondo Internazionale, Toblach, Bz *(Anfang Feb)*. Das Rennen startet in Toblach und verläuft entlang der alten Eisenbahntrasse nach Cortina.
Sella Ronda Ski Marathon, Canazei, Tn *(Ende Feb)*. Abends ausgetragenes Alpinskirennen um die Sella Ronda.
A cena con re Laurino, Moèna, Tn *(Feb)*. Am »Tisch von König Laurin« kann man eine Woche lang alle Spezialitäten der ladinischen Küche probieren.

DURCHSCHNITTLICHER SCHNEEFALL (CM)		
Monat	*2000 Meter*	*1200 Meter*
Dezember	69,2	43
Januar	81	16,2
Februar	99,2	18
März	108,2	22,2
April	122,4	26,5

Die Regionen der Dolomiten

Die Dolomiten im Überblick

Die hier vorgestellten Regionen stellen außer der Brentagruppe keine fest umrissenen Einheiten dar, sondern weisen fließende Grenzen und vielfältige geografische, historische, kulturelle und sprachliche Verbindungen auf. Zusammen bilden sie einen charakteristischen Raum, in dessen Zentrum sich die gewaltigen Gebirgsstöcke der Marmolada und der Sella erheben. Nahe diesen mächtigen Massiven erstrecken sich die ladinischen Täler (Grödner, Fassa, Gader, Enneberger und Buchenstein). Das ganze Gebiet umgrenzen im Nordwesten das Eisacktal, im Süden das Fleimstal und die Palagruppe; im Osten das Val d'Ampezzo und das Cadore und im Norden das Pustertal.

Die Brentagruppe gehört zum Naturpark Adamello-Brenta. Die Berggruppe zählt zu den Dolomiten, ist jedoch durch das Etschtal klar abgegrenzt. Hauptorte der Brenta sind Madonna di Campiglio am westlichen Fuß des Massivs und Molveno mit dem berühmten See an der Ostseite.

Legende

- Brentagruppe
- Zentraldolomiten
- Marmolada, Palagruppe, Belluneser Dolomiten
- Cortina und das Cadore
- Eisacktal und Pustertal

Die Sellagruppe und der Langkofel liegen im Zentrum der Dolomiten. Sie werden vom Gadertal (Abteital), Grödnertal und Fassatal umgrenzt. Nördlich der Sella erheben sich die Puez-Spitzen, westlich die Seiser Alm, südwestlich die berühmten Massive Latemar und Rosengarten.

◁ **Alpenglühen auf dem Gipfel des Monte Pelmo**

Das Vilnösstal wird von den Geislerspitzen dominiert. Das bildschöne Tal verläuft vom Eisacktal nach Osten. Im Norden markiert das Pustertal die Grenze der Dolomiten. Von dort gelangt man in das Gadertal (Abteital), das Enneberger Tal und zu den Naturparks Fanes-Sennes-Prags und Sextener Dolomiten.

Cortina d'Ampezzo liegt unterhalb der Tofane sowie des Monte Cristallo *(oben)* und ist der berühmteste Ort der Dolomiten. Südöstlich des mondänen Städtchens erstreckt sich das Cadore, überragt von den Spitzen der Marmarole; noch weiter östlich liegen die Friauler Dolomiten.

Die Marmolada ist die »Königin der Dolomiten«. Den höchsten Gipfel der Dolomiten bedeckt ewiges Eis. Das gigantische Massiv bietet eine der schönsten Panorama-Ansichten der Region. Die Talausläufer der Marmolada reichen bis zu den Belluneser Dolomiten, wo ein großer Nationalpark die alpine Natur schützt.

Brentagruppe

Die Brentagruppe ist *von den anderen Gebirgsmassiven der Dolomiten klar abgegrenzt und liegt als einzige Berggruppe westlich des Etschtals. Geologisch und geomorphologisch gehört sie jedoch eindeutig zu den Dolomiten – einige charakteristische Merkmale sind hier an manchen Stellen sogar besonders deutlich ausgeprägt.*

Beim ersten Blick auf die Karte wirkt die Brentagruppe fast wie ein Anhängsel der Hauptdolomiten. Das Massiv, das sich über 40 Kilometer nach Südwesten zieht, bietet jedoch eine bemerkenswerte kulturelle und landschaftliche Vielfalt. Am besten lernt man die mit Spitzen und Türmen charakteristisch geformten Berge vom Val Rendena aus kennen, wo der Fremdenverkehr mittlerweile die Landflucht aufgehalten hat. Bekannteste Orte der Brentagruppe sind Pinzolo und das bei Sommer- und Wintersportlern berühmte Madonna di Campiglio. Mit seinen Wiesen, Wäldern und Seitentälern reicht das Val Rendena bis zum Passo Campo Carlo Magno. Der nach Karl dem Großen benannte Pass führt in das Val Meledrio.

Von Madonna di Campiglio aus gelangt man nach dem Skiort Folgarida bei Dimaro in das Val di Sole, das sich nach Nordosten bis zu seinem Hauptort Malé zieht. Dem Lauf des Noce folgend erreicht man dann das Nonstal und dort Cles, Andalo oder Molveno am gleichnamigen See. Das vor dem kalten Nordwind geschützte Nonstal wirkt mit seinen Terrassen wie eine Hochebene, die von zahlreichen Burgen bewacht wird. Der bekannteste Sakralbau ist hier der Santuario di San Romedio. Vom Nonstal aus erreicht man auch den Lago di Tovel, dessen Wasser sich noch in den 1960er Jahren im Sommer rot verfärbte. Die Brentagruppe ist Teil des Naturparks Adamello-Brenta; ihre wild zerklüfteten Formen kann man u.a. auf dem bekanntesten und beliebtesten Klettersteig der Dolomiten bestaunen, dem Sentiero delle Bocchette.

Der kleine Lago di Tovel, früher berühmt wegen seiner sommerlichen Rotfärbung

Zu Eis erstarrte Wasserfälle in Vallesinella oberhalb von Madonna di Campiglio

Überblick: Brenta

DIE GRENZEN der imposanten Brentagruppe werden von Wasserläufen deutlich abgesteckt: Im Norden und im Osten zieht sich das Noce-Tal, im Westen fließen der Meledrio und die Sarca, die das Massiv auch im Süden begrenzt. Die Brentagruppe zeigt sich an ihrer Westflanke deutlich massiver als an ihrer zerklüfteteren Ostseite. Die Täler der Region weisen charakteristische Merkmale auf: Während etwa im Nonstal Burgen thronen, schmiegen sich kleine Dörfchen in den Talgrund des Val Rendena, das in Richtung des Talkessels von Madonna di Campiglio immer schmaler und alpiner wird. Das gesamte Brentagebiet gehört zur Autonomen Provinz Trento.

Das mächtige Massiv der Cima Brenta

Die Sarca-Schluchten in der Nähe des Lago di Toblino

SEHENSWÜRDIGKEITEN AUF EINEN BLICK

1. Val Rendena
2. Val di Campiglio *(siehe S. 60–63)*
3. Naturpark Adamello-Brenta *(siehe S. 64–67)*
4. Berggipfel *(siehe S. 68–71)*
5. Malé und Val di Sole
6. Cles und Lago di Santa Giustina
7. Santuario di San Romedio
8. Andalo
9. Molveno

Legende

- Autobahn
- Hauptstraße
- Nebenstraße
- Sonstige Straße

Blick von der Cima Sassara auf die Nordkette der Brenta

Junge Rehe

In der Brentagruppe unterwegs

Die gesamte Brentaregion kann leicht mit dem Auto umrundet werden. Die Tore zu dem eindrucksvollen Gebirge sind Pinzolo und Madonna di Campiglio im Westen sowie Andalo und Molveno im Osten. Das Val Rendena beginnt bei Tione, wo die SS237 (nach Brescia) und SS239 zusammentreffen. Von Trento aus nimmt man die SS45 bis Sarche, biegt dort auf die SS237 ab und folgt dieser Richtung Westen bis Tione an der SS239. Auf diesem Weg kann man u. a. das romantische Wasserschloss Castel Toblino bewundern. Zum Val di Sole und zum Nonstal gelangt man über den Passo del Tonale (SS42), oder man verlässt die Autobahn A22 bei San Michele all'Adige-Mezzocorona und folgt über Mezzolombardo der SS43. Wer ohne Auto unterwegs ist, kann die östliche und nördliche Brentaregion mit der Eisenbahnlinie Trento–Malé ereichen. Zwischen den Hauptzentren verkehren zudem Autobusse.

Val Rendena ❶

DER NAME DES BEREITS in der Bronzezeit besiedelten, legendenumwobenen Tals leitet sich von dem deutschen Wort »Rand« ab. Das rund 20 Kilometer lange Val Rendena liegt sehr schön zwischen Adamello- und Brentagruppe, wartet mit Nadelwäldern, Wiesen und mehreren Seitentälern auf (Val di San Valentino, Val di Borzago, Val di Genova, Val Nambrone im Westen, Val d'Agola und Val Brenta im Osten). Seit dem späten 20. Jahrhundert haben veränderte wirtschaftliche Bedingungen die zuvor stete Landflucht der Bewohner des Tals aufhalten können. Im Val Rendena erlebte der Trentiner Bischof St. Vigilius im Jahr 405 sein Martyrium bei Spiazzo Rendena. Heute stehen hier eine Wallfahrtsstätte und die Pfarrkirche von Rendena (Pieve di Rendena).

Der Lago d'Agola liegt in dem Seitental Val d'Agola

Blick von Sant'Antonio di Mavignola

Museo della Guerra Adamellina
Spiazzo, Ortsteil Fisto, bei der Scuola Media.
+FAX *0465 801 760.*
bis 12/2003.

Das südliche Tal

Südlich von Villa Rendena finden sich Richtung Pinzolo und Madonna di Campiglio zahlreiche Dörfer wie etwa Darè und Vigo. In **Pelugo** am Taleingang zum Valle di Borzago zieren die südliche und westliche Mauer der Kirche Sant'Antonio Fresken von Dionisio Baschenis (1493). In **Spiazzo** kann das Museo della Guerra Adamellina besichtigt werden. Zu den typischen Dörfern der Region mit gepflasterten Straßen, Steinbrunnen und bemalten Häusern zählt etwa **Strembo**, der Hauptsitz des Naturparks Adamello-Brenta *(siehe S. 64–67)*. In **Bocenago** öffnet sich an der Kirche Santa Margherita ein herrlicher Blick auf das Tal, sehenswert sind **Caderzone** und schließlich in **Giustino** die Kirche Santa Lucia sowie **Massimeno**. Die dortige Kirche San Giovanni Battista hat Simone Baschenis von 1534 bis 1535 mit Fresken ausgemalt.

Pinzolo

M *770.* *3050.*
APT, *piazzale Ciclamino 36.*
0465 501 007. FAX *0465 502 778.*
@ *apt.pinzolo@trentino.to*

Im Herzen des Val Rendena liegt Pinzolo in einem grünen Tal am Zusammenfluss der Sarca di Genova und des Campiglio. Zwar spielt seit Ende des 19. Jahrhunderts der Fremdenverkehr hier eine Rolle – dennoch mussten früher viele Bewohner das arme Tal verlassen, um etwa als wandernde Scherenschleifer ein Auskommen zu finden. An die vielen Emigranten erinnert in Pinozolo ein Bronzedenkmal. Die kleine Friedhofskapelle **San Vigilio** wurde vor dem Jahr 1000 gegründet und im 16. Jahrhundert umgebaut; von dem Originalbauwerk ist der steinerne Glockenturm verblieben. An der Außenwand der Kirche prangt Simone Baschenis' berühmtes allegorisches Totentanzfresko von 1539. Auf 21 Metern hat der Künstler hier 40 Figuren und Texte zum Triumph des Todes verewigt. Ebenfalls von Baschenis stammen an derselben Wand die Fresken zu den sieben Todsünden und zur Auferstehung Christi sowie im Innenraum die Malereien über das Leben des hl. Vigilius.

In Pinzolo wirkte zudem wohl erstmals im Trentino die karitative, streng spirituelle Laienbruderschaft Confraternita dei Battuti. In dem Städtchen wurde 1952 aber auch die erste italienische Bergwacht installiert.

UMGEBUNG: Auf der Seite der Adamellogruppe führt ein wunderschöner Ausflug zu den Laghi San Giuliano. Man verlässt Pinzolo mit dem Auto Richtung Süden und folgt ab Caderzone der Beschilderung zu den Seen von San Giuliano und der Mala Diaga (Diaga-Alm,

Detail des Totentanzfreskos von Simone Baschenis, San Vigilio in Pinzolo

Das Kirchlein Santo Stefano am Eingang zum Val di Genova

1413 m). Dort parkt man das Fahrzeug und steigt auf dem Weg Nr. 230 Richtung Campo-Alm und San-Giuliano-Alm (1969 m) auf. An den Ufern des **Lago di San Giuliano** (1938 m) wachen eine Kapelle aus dem 13. Jahrhundert und die Kirche von **Garzoné** (1942 m). Auf dem Weg zurück legt man eine wohlverdiente Pause im Rifugio San Giuliano ein. Von der Hütte steigt man in einer Stunde über den Weg Nr. 221 zur Bocchetta dell'Acqua Fredda (2184 m) auf. Dort bietet sich ein schöner Blick über die Brenta.

Dauer: *4–5 Stunden.*
Schwierigkeit: *einfach.*

Rifugio San Giuliano
0465 804 636, 804 291, 804 321. *Sommer.*

In der Brenta fährt von Pinzolo aus eine Seilbahn auf den **Prà Rodont** (1530 m). Von dort führt der Weg Nr. 307 zur Alm Bregn de l'Ors (1630 m, 2 Stunden). Oder man steigt von der Seilbahnstation aus zum **Doss del Sabion** (2101 m) auf, läuft von dort aus weiter zur Alm (Wege Nr. 357 und 307) und wieder zum Prà Rodont hinunter. Dabei passiert man am Lago d'Agola den Aussichtspunkt **La Madonnina** (1848 m).

Dauer: *2–3 Stunden.*
Schwierigkeit: *einfach.*

Carisolo

M *824.* *905.*
Pro Loco, *Via Campiglio 9a.*
0465 501 392.

Das mit seinen Granitbrunnen, Portalen und Wandmalereien für das Val Rendana typische Dorf Carisolo liegt am Eingang zum Val di Genova. Beherrschendes Bauwerk des Örtchens ist die im 18. Jahrhundert umgebaute Kirche **San Nicola** – weitaus interessanter ist jedoch die Friedhofskapelle **Santo Stefano** mit dem Kreuzweg. Der ursprünglich romanisch-gotische Bau wurde mehrmals umgebaut und ist v. a. wegen der Fresken von Simone Baschenis sehenswert (1519 und 1534). Die Malereien, darunter ein Totentanz und Bilder zum Leben des hl. Stefan, zieren die Südseite des Kirchleins. Im Inneren findet sich ein Fresko, auf dem Karl der Große zu sehen ist. Es nimmt Bezug auf die Legende, der zufolge der Kaiser bei einer Reise durch das Val Camónica und das Trentino im Jahr 775 nach Carisolo gekommen sei.

Umgebung: Von Carisolo aus führen Touren in das **Val di Genova** mit den Wasserfällen, die Presanella- und die Adamellogruppe. Die mautpflichtige Talstraße ist nur im Sommer für Autos und Kleinbusse geöffnet. Sie beginnt kurz hinter Prisa und führt bis zum Rifugio Bedole (1641 m). Vom Parkplatz aus gelangt man zu Fuß in etwa 30 Minuten zum **Nardis-Wasserfall**. Vom Rifugio Bedole aus führt der Weg Nr. 212 zum Rifugio Mandron »Città di Trento« gegenüber dem Adamello-Gletscher (2449 m), dem größten Gletscher Italiens. Der erste Teil des Aufstiegs (2:30 Stunden) ist anstrengender, der zweite verläuft auf der Höhe und ist in einem Abschnitt mit einem Seil gesichert. Kurz vor dem Ziel passiert man das Centro Studi Adamello Julius Payer in einer Hütte von 1878.

Infobox

Provinz Trento. **Straßenkarte** A4. *A22 (Ausfahrt Trento Centro), A4 (Ausfahrt Brescia Est).* FS *Trento oder Brescia (dann Bus).* *Trento, Mailand, Brescia (täglich).*
APT Madonna di Campiglio Pinzolo Val Rendena *Via Pradalago 4, Madonna di Campiglio.*
0465 442 000.
FAX *0465 440 404.*
W *www.campiglio.net*

Rifugio Bedole
0465 501 405, 502 325.
Sommer.

Rifugio Mandron
0465 501 193. *Sommer; Ende März–Mitte Mai nur für Skiwanderer.*

Centro Studi Adamello
Rifugio Mandron oder Sitz des Naturparks Adamello-Brenta (siehe S. 64f). *Sommer.*

Von Carisolo aus fährt man Richtung Sant'Antonio di Mavignola und biegt nach rechts in das Val Brenta ab. An der Abzweigung nimmt man die rechte Straße zum Val d'Agola und zum Parkplatz. Der Weg 324 führt zum **Lago d'Agola** (1595 m).

Dauer: *2–3 Stunden.*
Schwierigkeit: *einfach.*

Der Nardis-Wasserfall

Rund um das Val di Campiglio ❷

Der Bär – Symboltier von Madonna di Campiglio

Die moderne Geschichte von Madonna di Campiglio beginnt 1868. In diesem Jahr erwarb Giovan Battista Righi das Grundstück, auf dem seit dem 12. Jahrhundert ein Pilgerhospiz stand. Righi baute ein Hotel und die Verbindungsstraße nach Pinzolo. Das Dorf entwickelte sich in kurzer Zeit zu einem Ferienort der oberen Zehntausend Mitteleuropas – sogar das österreichische Kaiserpaar Elisabeth und Franz Joseph gab sich die Ehre. In diese Zeit fallen auch die ersten Besteigungen durch die – meist deutschen oder britischen – Pioniere des Bergsports, die oft von einheimischen Gämsenjägern begleitet wurden. Nach dem Zweiten Weltkrieg nahm der Fremdenverkehr aufgrund der intensiven Verbesserung der regionalen Infrastruktur in ungeahntem Maße zu.

Doss del Sabion (2101 m)
Der Aussichtsberg ist von Pinzolo *(siehe S. 58f)* zu erreichen. Von dort reicht der Blick bis Brenta- und Adamellogruppe.

Nube d'Argento und Nube d'Oro
Wo heute moderne Sesselbahnen auf den Monte Spinale (2093 m) fahren, stand 1935 der erste Lift der Region und fanden 1937 die ersten Skirennen statt.

Madonna di Campiglio *(siehe S. 62)*

INFOBOX

Provinz Trento. **Straßenkarte** A4.
A22 Trento, Mezzocorona und Bozen. FS *Trento, Mezzocorona und Bozen.* *Trento, Mezzocorona, Bozen und Brescia.*
APT Madonna di Campiglio Pinzolo Val Rendena,
Via Pradalago 4, Madonna di Campiglio. *0465 442 000.*
FAX *0465 440 404.*
www.campiglio.net
info@campiglio.net

AUTOTUNNEL
Durch den neuen, fast zwei Kilometer langen Tunnel können Autofahrer Madonna di Campiglio umgehen und müssen nicht mehr durch das Städtchen fahren – eine weitere Verbesserung für den Ferienort mit dem fröhlich-eleganten Flair.

MALGA RITORTO (1747 m)
Vom Gipfel des Aussichtsberges hat man freie Sicht auf die ganze Brentagruppe.

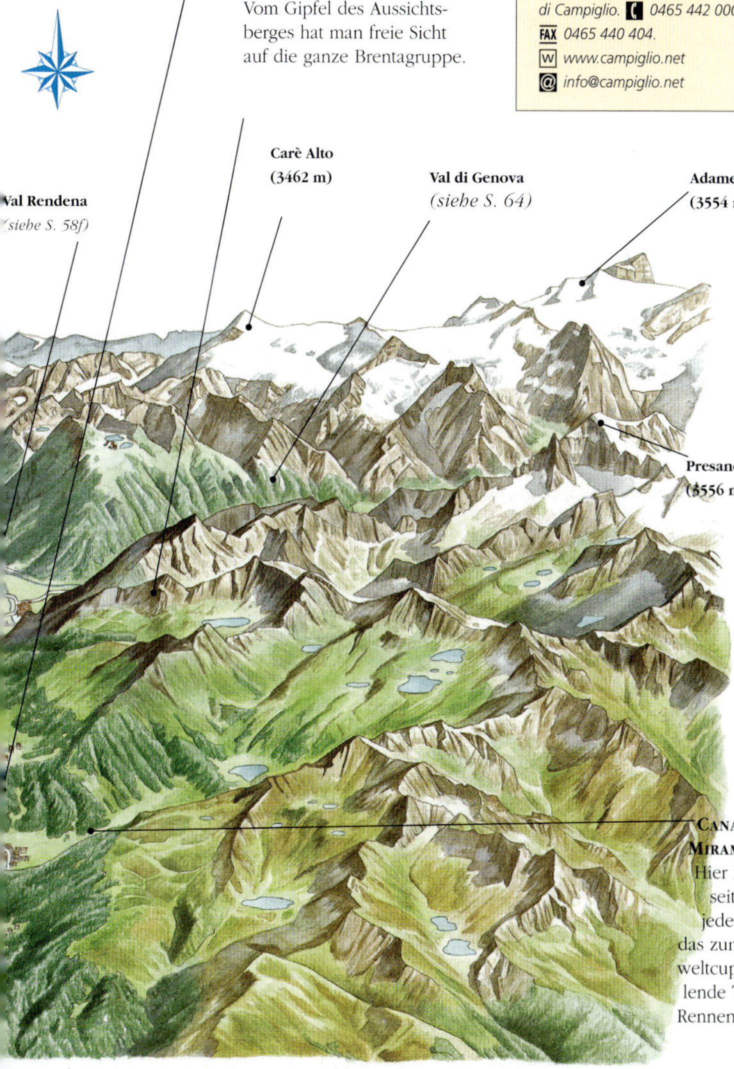

CANALONE MIRAMONTI
Hier findet seit 1957 jedes Jahr das zum Skiweltcup zählende Tre-3-Rennen statt.

PASSO CAMPO CARLO MAGNO (1682 m)
In großartiger Lage zwischen Sarca di Campiglio und Meledrio liegt ein Neun-Loch-Golfplatz. 1924 wurde er als zweites Green Italiens eingeweiht. Beim Golf Hotel schlägt man hier die Bälle mit Blick auf die berühmtesten Gipfel der Brentagruppe.

Touren um Madonna di Campiglio

DIESE REGION KANN auf unzähligen Touren erkundet werden. Nach Westen führen sie in die Adamello-Presanella-Gruppe mit den vielen Seen und herrlichen Panoramablicken auf die Brenta, nach Osten in die Brenta selbst, wo zahlreiche Seilbahnen in die Höhen schweben. Einen ersten Eindruck von dem Gebiet erhält man auf einem etwa fünf Kilometer langen Spaziergang rund um Madonna di Campiglio. Auf den folgenden Seiten werden zuerst Madonna und einige leichtere Wanderungen in der Umgebung vorgestellt, danach einige anspruchsvollere Gipfeltouren *(siehe S. 70f)*.

Die Brenta auf der Ostseite des Campiglio-Tals

Madonna di Campiglio

siehe S. 60f.
Madonna bietet neben den Wiesen und Tannenwäldern der Umgebung auch einige künstlerische Sehenswürdigkeiten. So kann man in der Kirche **Santa Maria Antica** (1895) ein Triptychon des Meisters Narciso aus der zweiten Hälfte des 15. Jahrhunderts und ein Kreuz aus dem 12. Jahrhundert bewundern. Ein weiteres »Muss« ist die **Piazzetta Righi**, wo das mondäne Herz Madonnas schlägt. Besonders abends verströmen hier schicke Geschäfte und Restaurants mit einheimischen Spezialitäten ein elegantes Flair. Der berühmte Ferienort ist schon lange ein bevorzugtes Urlaubsziel – nicht minder berühmte Zeugen hierfür sind die Hotels rund um die Piazza.

Das Hotel Des Alpes wurde von Giovan Battista Righi an der Stelle des alten Hospizes erbaut, das Hotel Posta errichtete 1899 ein unehelicher Spross von Kaiser Franz Joseph, der bezeichnenderweise Franz Joseph Oesterreicher hieß. Auch heute lockt Madonna di Campiglio Berühmtheiten aus Politik und Unterhaltung an, kann man bei zahlreichen internationalen Events wie etwa dem alljährlichen Weltcup-Skirennen 3-Tre, dem Winter-Marathon und anderen großen Sportereignissen Stars, Sternchen und VIPs begegnen.

Fünf-Seen-Runde

Der berühmte und sehr reizvolle *Giro dei Cinque Laghi* verläuft an der Westseite des Tals am Fuß der Predanellagruppe. Ausgangspunkt ist der Rifugio Pancugolo (2123 m), den man entweder mit der Funivia 5 Laghi oder zu Fuß vom Patascoss (1737 m) aus erreicht. An der Hütte beginnt der Rundweg im Uhrzeigersinn.

Der Weg Nr. 237 führt zuerst zum **Lago Ritorto** (2055 m), den im Hintergrund malerisch die Pala della Fanculotta und der Monte Nambrone überragen. Die zweite Etappe verläuft über den Passo Ritorto und bis zum **Lago Lambin** (2324 m). Die dritte Teilstrecke führt erst durch einen felsigen Abschnitt und endet am **Lago Serodoli** (2370 m). Auf jeden Fall einen kurzen Abstecher wert ist linker Hand der nicht weit entfernte **Lago Gelato** (2393 m). Zurück auf dem Hauptweg Nr. 217 passiert man danach beim Abstieg nach Madonna di Campiglio den **Lago Nero** (2236 m) und den **Lago Nambino** (1768 m), wo der gleichnamige Rifugio zur gemütlichen Rast einlädt. Von dort gelangt man entweder auf dem Weg Nr. 261 (über Patascoss), dem Weg Nr. 262 (entlang der Sarca di Nambino) oder dem Weg Nr. 263 (über die Nambino-Alm) zurück ins Tal.

Dauer: *5 Stunden.*
Schwierigkeit: *einfach.*

Rifugio Lago di Nambino
0465 441 621, 0465 801 485.
Sommer.

Mondän mit lässiger Eleganz: Madonna di Campiglio

Gli Orti della Regina

Die Tour zu den »Gärten der Königin« beginnt an der Bergstation der Schwebebahn Campo Carlo Magno-Grosté in 2442 Metern Höhe. Von dort folgt man dem Weg Nr. 301 bis zum Rifugio Graffer (2261 m). Auf dieser Berghütte werden u. a. im Sommer Kurse für Bergsteiger und Kletterer veranstaltet. Vom Rifugio aus folgt man etwa eine Stunde lang dem Weg Nr. 336 Richtung Pietra Grande, bis man zu den beiden Orti della Regina (2472 m) genannten, sehr schönen Talmulden gelangt. Die »Gärten der Königin« bezaubern nicht nur durch eine äußerst artenreiche Pflanzenwelt – man wandert hier auch auf den vornehmen Spuren der mitteleuropäischen Aristokratie. Selbst Kaiserin Sisi zollte der lieblichen Landschaft ihre Bewunderung. Zurück in den Niederungen des gemeinen Volkes, kehrt man auf dem Rückweg je nach Lust und Laune erst im Rifugio Graffer ein, bevor man auf dem Weg Nr. 301 zu Fuß ins Tal absteigt oder mit der Telecabina del Grosté (Mittelstation) bequem hinabschwebt.

Dauer: *2–4 Stunden.*

Schwierigkeit: *mittel.*

Rifugio Graffer

0465 441 358, 0465 440 539.

20. Juni–20. Sep und Winter.

Pradalago–Lago delle Malghette

Diese Wanderung beginnt zwar auch am Campo Carlo Magno, führt jedoch auf die Westseite des Tals zur Zeledria-Alm (1767 m). Von dort führt der Weg Nr. 265 zum Rifugio Viviani Pradalago (2085 m) nahe dem gleichnamigen See. (Die Hütte ist im Übrigen auch in wenigen Minuten mit der Seilbahn direkt von Madonna di Campiglio aus zu erreichen.) An der Hütte genießt man erst den großartigen Panoramablick auf die gesamte Brenta, bevor man – immer auf der Höhe bleibend – dem Weg Nr. 265 weiter bis zum Rifugio Malghette (1890 m) folgt. Von dort nimmt man auf dem Weg Nr. 201 den Abstieg zum Campo Carlo Magno über die Vigo-Alm (1800 m) und durch den Wald Palù della Fava in Angriff.

Dauer: *3–4 Stunden.*

Schwierigkeit: *einfach.*

Rifugio Pradalago

0465 441 200,

0465 321 771.

Sommer; Winter.

Sommer.

Rifugio Malghette

0465 440 814,

0465 442 750.

Sommer.

Die Wasserfälle von Vallesinella

Von Madonna di Campiglio aus erreicht man mit dem Auto über die Via Vallesinella im Palù den nicht weit entfernten Rifugio Vallesinella (1513 m). Die Schutzhütte liegt südlich des Ortes in der Brenta. Man parkt am Anfang des Weges Nr. 382, der zu den **Cascate Alte** genannten Wasserfällen führt. Danach verläuft die Route weiter zur Alm Vallesinella di Sopra (1681 m). Von dort folgt man dem Weg Nr. 317bis zum Rifugio Casinei (1826 m). Die Hütte steht auf dem Höhenrücken, der die Vallesinella und das Val Brenta trennt. Vom Rifugio Casinei kehrt man nun wieder auf dem Weg Nr. 317 zum Ausgangspunkt der Wanderung zurück. Ein schöner Abstecher beginnt am Rifugio Vallesinella. Von dort erreicht man in 30 Minuten den Wasserfall **Cascate di Mezzo** und den gleichnamigen Rifugio (1400 m). Auf dem Weg ist der Wasserfall weit zu hören.

Streng geschützt: die Türkenbund-Lilie

Der Wanderweg Nr. 317 passiert die schönen Vallesinella-Fälle

Die gesamte Wasserfall-Tour (4–5 Stunden) kann auch zu Fuß von Madonna di Campiglio aus unternommen werden. Dazu folgt man dem »Sentiero dell'Orso« im Palù und passiert in der Folge die Alm Vallesinella di Sopra, die Cascate Alte, den Rifugio Vallesinella und die Cascate di Mezzo. Der Rückweg führt über den »Sentiero delle Cascate di Mezzo«.

Dauer: *2–3 Stunden.*

Schwierigkeit: *einfach.*

Rifugio Vallesinella

0465 442 883, 441 357.

Sommer.

Rifugio Cascate di Mezzo

0465 440 228, 0349 457 73 57.

20. Juli–20. Sep.

Rifugio Casinei

0465 442 708, 322 821.

Sommer.

Die imposante Pietra Grande, im Vordergrund die Almen des Spinale

Naturpark Adamello-Brenta ❸

Parklogo mit Bär

DIE IN DEN 1920er Jahren geborene Idee, dieses Gebiet unter Naturschutz zu stellen, wurde 1967 umgesetzt. Das 1987 erweiterte, größte Schutzgebiet des Trentino umfasst zwei geologisch und morphologisch unterschiedliche Regionen: die Brenta, ein Kalkmassiv mit Dolomit- und Karstvorkommen, sowie die granitene Adamello-Presanella-Gruppe. Sie ist vulkanischen Ursprungs, wasserreich mit vielen Gletschern, Seen (51 im Park) und Wasserfällen. Informationen erhält man in Strembo ganzjährig, im Sommer in zahlreichen Orten. Im Folgenden werden die Brenta und die östlichen Täler der Adamello-Presanella-Gruppe vorgestellt.

Val d'Agola
Der Name des Tales *(siehe S. 58f)* ist eine Verballhornung von *aquila*, »Adler«.

Val Nambrone
Das wasser- und waldreiche Tal kann mit dem Auto bis zum Rifugio Cornisello (2120 m) angefahren werden. Es wird in den höheren Lagen zunehmend rauer. Karger ist auch das Val d'Amola mit der dem Trentiner Segantini gewidmeten Hütte (2373 m).

Val di Genova
Das Tal ist für seine Wasserfälle berühmt, die über von Gletschern geschaffene »Treppen« rauschen.

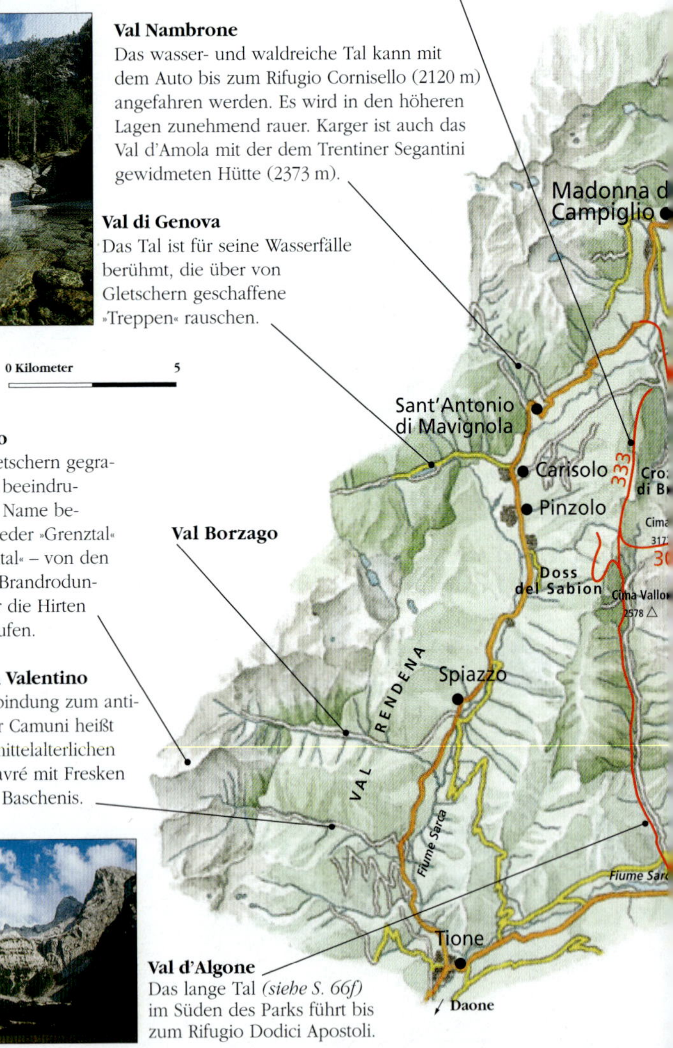

Val di Fumo
Das von Gletschern gegrabene Tal ist beeindruckend. Sein Name bedeutet entweder »Grenztal« oder »Rauchtal« – von den Feuern der Brandrodungen, mit der die Hirten Weiden schufen.

Val Borzago

Valle di San Valentino
Die alte Verbindung zum antiken Volk der Camuni heißt nach einer mittelalterlichen Kirche bei Javré mit Fresken von Simone Baschenis.

Val d'Algone
Das lange Tal *(siehe S. 66f)* im Süden des Parks führt bis zum Rifugio Dodici Apostoli.

Nördliche Brentagruppe
Die unbekannteste Region des Parks bietet fantastische Rundblicke und einsame Wanderwege. Im Bild rechts ragt im Hintergrund der Sasso Rosso (2645 m) auf.

INFOBOX

Provinz Trento. **Straßenkarte** A4. **Fläche:** *618 km²*.
Via Nazionale 12, Strembo.
0465 804 637.
FAX *0465 804 649.*
w *www.parcoadamellobrenta.tin.it*
@ *info@parcoadamellobrenta.tin.it*
Museo sulla fauna del Parco Adamello-Brenta (Naturkundemuseum) Daone (Trento).
0465 674 989. *Juli–Sep: tägl. 9–12, 14–19 Uhr; Okt–Juni nur für Schulklassen.*

Tuenno
Im Sommer findet hier die Ausstellung »Nonstal« statt.

Valle di Tovel *(siehe S. 66)*

Vallesinella
Das Tal *(siehe S. 63)* bietet neben Wasserfällen eine reiche Tierwelt. Zu den vielen Arten zählen auch Rehe.

Spormaggiore
Hier erstreckt sich eines der Bärenschutzgebiete (das andere liegt in der Nähe von San Romedio).

Valle delle Seghe
Von den früher zahlreichen Sägewerken *(segherie)* ist nur das von Molveno verblieben (um 1500). Es kann im Sommer besichtigt werden *(siehe S. 75)*.

Stenico
Im Sommer kann hier der interessante botanische Garten »Rio Bianco« erkundet werden.

LEGENDE

- Hauptstraße
- Nebenstraße
- Sonstige Straße
- Routenempfehlung

Die Brentagruppe
Die einzige Berggruppe der Dolomiten westlich des Etschtals *(siehe S. 68–71)* ist das Herzstück des Parks. Im Bild *(oben)* sind die letzten Meter zum höchsten Gipfel der Brentagruppe, der Cima Tosa (3173 m), zu sehen.

Touren im Naturpark Adamello-Brenta

Blumen aus dem Park

DER FACETTENREICHE NATURPARK wartet mit einer bunten Pflanzenwelt auf, lockt mit Wäldern und Blumen (teilweise endemische Arten) und in großen Höhen oberhalb der Wiesenmatten mit Alpenrosen und Latschen. Die häufigste Baumart ist die Rottanne. Nicht weniger mannigfaltig ist die Fauna. Im Park leben Braunbären, kleine Raubtiere und Nager, aber auch Rehe, Hirsche, zahlreiche Gämsen. Seit 1995 ist hier zudem wieder der Steinbock heimisch. Vielfalt herrscht auch in den Lüften: 86 Vogelarten nisten hier, mit etwas Glück erspäht man sogar einen Bartgeier. Die im Folgenden vorgestellten Touren sind einfach und lohnend. Sie nehmen in der Regel einen ganzen Tag in Anspruch.

Valle di Tovel

Das längste Tal des Parks (17 km) erreicht man von Tuenno über die Landstraße 14. Diese führt zum Lago di Tovel, wo man das Auto parken kann (im Sommer fahren Pendelbusse von Tuenno aus). Bereits auf dem Hinweg erkennt man die landschaftliche Vielfalt des von der Kirche **Sant'Emerenziana** (16. Jahrhundert) bewachten Tales, das sich entlang dem von der Tresenga gegrabenen Flussbett erst bis zu einer steinigen Hochebene mit spärlicher Vegetation und dann durch einen Wald bis zum Lago di Tovel zieht. Das Wasser des Sees wurde bis 1964 durch eine bestimmte Algenart *(Glenodinium sanguineum)* rot gefärbt. Der Legende zufolge wurden hier die ragolesische Königin Tresinga, die die Region unterwerfen wollte, und ihre Soldaten von den Bewohnern von Tuenno getötet und in den See geworfen.

Der einfachste Weg führt rund um den See und beginnt am Besucherzentrum. Er führt auch an einer Lärche vorbei, deren Alter auf rund 800 Jahre geschätzt wird – wahrscheinlich ist sie der älteste Baum in der Region des Trentino.

Den Lago di Tovel überragt malerisch die Brentagruppe

Besucherzentrum
0463 451 033. Sommer.

Val d'Algone

Das in der etwas weniger bekannten südlichen Region der Brenta gelegene Val d'Algone bietet unberührte Landschaften und einsames Naturerleben. Man erreicht es über die Landstraße 34, wo man bei Stenico der Beschilderung nach Ràgoli folgt. An der Brücke von Lisagn biegt man rechts ab und folgt dem Lauf des Algone. Entlang der sich langsam in die Höhe schraubenden Straße wird die Landschaft immer bewaldeter. Nach einigen Felsnadeln auf der rechten Seite (Cima della Rocca) erreicht man schließlich den Rifugio Ghedina (1116 m). Dort beginnen zahlreiche Wanderungen. Die Forststraße führt weiter durch die Wiesen bis zur Alm Movlina (1806 m). Dort kann man parken und den **Doss del Sabion** (2101 m) erklimmen. Auf diesem Aussichtsberg öffnet sich ein Panoramablick auf die Brenta und die Adamello-Presanella-Gruppe (rechnen Sie für den Hin- und Rückweg insgesamt zwei bis drei Stunden; folgen Sie dem Weg

Aus dem Fels gehauene Kapelle des Rifugio Dodici Apostoli

Nr. 354 bis zum Passo Bregn de l'Ors und anschließend dem Weg 357). Man kann aber auch beim Passo Bregn de l'Ors (1848 m) den nach rechts führenden Weg Nr. 307 nehmen. Dieser führt durch das Val Nardis bis zum Rifugio Dodici Apostoli. Die Hütte heißt nach den zwölf Aposteln, weil in ihrer Umgebung zwölf Felsformationen aufragen (2487 m; Hin- und Rückweg etwa 5 Stunden). In der nur wenige Minuten entfernten Kapelle der **Madonna Ausiliatrice** wird am letzten Julisonntag eine Messe für die in den Bergen Gefallenen zelebriert. Auch das grüne **Val d'Agola** ist leicht zu erreichen. Man folgt dem Weg Nr. 307 bis zur Kreuzung mit Weg Nr. 324. Dieser führt linkerhand in einer Stunde zum Lago Ponte Pià.

Rifugio Ghedina
0465 321 808, 0464 433 373. Sommer; Apr–Mai: auf Nachfrage.

Rifugio Dodici Apostoli
0465 501 309, 0465 501 321. Sommer.

Panoramablick: Crozzon di Brenta

Val Brenta

Das im Herzen der Brenta gelegene Tal gehört zweifellos zu den landschaftlich schönsten Gebieten des Naturparks. Es wird von majestätischen Bergen überragt, unter denen sich einige der berühmtesten Gipfel der gesamten Brentagruppe scharen.

Man erreicht das Tal mit dem Auto über die Staatsstraße 239. Dieser folgt man in Richtung Madonna di Campiglio bis kurz hinter Sant'Antonio di Mavignola. Dort biegt man nach rechts ab und folgt der Beschilderung bis Vivaio Forestale (1156 m). Hier, am Talanfang, kann man das Auto parken. Zu Fuß geht es weiter auf dem Weg Nr. 323. Die untere Teilstrecke passiert die **Alm Brenta Bassa** (1265 m); diese Etappe ist leicht zu gehen und führt durch eine reiche Vegetation. Weiter oben gelangt man zu hoch aufragenden Felswänden – dort laufen zudem fünf kleine Gletscher zusammen. An einem dieser Gletscher, der Vedretta dei Camosci, entspringt die **Sarca di Brenta**. Dieser Bach durchfließt das gesamte Tal. Die **Scala di Brenta** ist eine durch Gletscher geschaffene Stufe, die den oberen und unteren Abschnitt des Tales unterteilt. Schöne Matten reichen bis zur **Alm Brenta Alta** (1687 m), wo man einen herrlichen Blick auf den Crozzon di Brenta genießen kann. An der Alm beginnt die zweite Etappe des Aufstiegs *(siehe S. 70f)*.

Bartgeier

Val d'Ambiez

Das wie das Val d'Algone im Süden der Berggruppe gelegene Val d'Ambiez ist für Naturfreunde besonders lohnend. Hier finden sich viele der im Park heimischen Tier- und Pflanzenarten, darunter auch der seltene Bartgeier.

Mit dem Auto fährt man über Baesa an. Von dort sind es etwa drei Kilometer zum Talanfang bei San Lorenzo in Banale. Nun folgt man auf Schusters Rappen dem Weg Nr. 325 (später der »Adriano Dallago«). Er führt in etwa 4 1/2 Stunden zum Rifugio Agostini (2405 m).

Wer einen Geländewagen zur Verfügung hat, kann den Rifugio Al Cacciatore (1820 m) äußerst zeitsparend auch mit dem Auto erreichen. Von dieser Schutzhütte öffnet sich ein fantastischer Panoramablick.

Die Straße führt durch abwechslungsreiche Landschaften, deren Vielfalt von den Schluchten beim **Pont de Broca** bis zu den Almwiesen von **Prato di Sopra**, von den mit Latschen bewachsenen Hängen zu den Geröllfeldern am Zielpunkt der Wanderung reicht. Vom Rifugio Agostini führen zahlreiche Wege zu den anderen wichtigen Schutzhütten der zentral-südlichen Brenta.

Rifugio Al Cacciatore
☎ *0465 734 141, 0465 734 648.*
◯ *Sommer; Mai und Okt: Sa, So.*

Rifugio Agostini
☎ *0465 734 138, 0465 734 104.*
◯ *Sommer.*

Der Rifugio Agostini (2405 m)

Der Braunbär

Der durch die Jagd fast ausgerottete Braunbär *(Ursus arctos)* steht in Italien seit 1939 unter Naturschutz. In den Alpen lebt er heute nur noch im Nordosten der Brenta sowie im österreichisch-slowenischen Grenzgebiet. Da sich Meister Petz im Trentino seit 1988 nicht fortpflanzte, wurde 1999 das Projekt Life-Ursus ins Leben gerufen, in dessen Verlauf neun slowenische Bären im Park ausgesetzt wurden. Zu bewundern sind Braunbären in zwei Gehegen beim Santuario di San Romedio und in Spormaggiore.

Area Faunistica dell'Orso
Spormaggiore, Ortsteil Albaré – Plan della Fontana.

Museo sull'orso bruno
Besucherzentrum Spormaggiore. ☎ *0461 653 622.*

Braunbär

Gipfel der Brentagruppe ❹

Das Logo der SAT

Die Bocca di Brenta teilt die Hauptkette in zwei Gruppen mit der Brenta Alta und den Sfulmini im Norden. Die erste Durchquerung der Brentagruppe über die Bocca di Brenta gelang dem Briten John Ball am 22. Juli 1864 – seitdem erlagen unzählige Wanderer und Kletterkünstler der Faszination dieser Berggruppe mit ihrer unglaublichen »Naturarchitektur« aus jäh in den Himmel aufragenden, scheinbar unbezwingbaren Spitzen, Nadeln und Türmen. Die Brentagruppe durchzieht ein Netz von Höhenwegen und Klettersteigen, die seit den 1930er Jahren kontinuierlich angelegt wurden.

Campanile Basso (2877 m)
»Den schönsten Campanile der Welt« bezwangen erstmals 1899 die Innsbrucker Otto Ampferer und Karl Berger. Zwei Jahre zuvor war knapp unterhalb des Gipfels die Erstbesteigung von Garbari, Pooli und Tavernaro gescheitert. Tita Piaz war 1901 der erste Italiener auf dem »Glockenturm«.

Die Ostseite
Im Osten ist Molveno wichtigstes Tor zur Brentagruppe.

Cima Brenta Alta (2962 m)

Bocca di Brenta (2552 m)
Bei der Bocca di Brenta wurde 1881 am Standort des heutigen Rifugio Tosa die erste Hütte der SAT errichtet.

Cima Brenta Bassa (2803 m)

Cima Margherita (2838 m)

Crozzon di Brenta (3135 m)

Cima Tosa (3173 m)
Der höchste Gipfel der Gruppe wurde am 20. Juli 1865 von einer Siebener-Seilschaft unter der Führung von Giuseppe Loss di Primiero bestiegen – nur wenige Tage vor den Briten Ball und Forster. Alpingeschichte schrieben auch Pioniere wie Tuckett, Freshfield und Compton, die später die anderen Hauptgipfel der Brentagruppe bezwangen.

Infobox

Società Alpinisti Tridentini (SAT) *Via Manci 57, Trento.* ☎ *0461 980 211.* FAX *0461 986 462.* @ *sat@sat.tn.it*

Die »Stadtführer«

Die ersten Bergführer, die Fremde – hauptsächlich Briten und Deutsche – auf ihren wagemutigen Klettertouren begleiteten, waren einheimische Hirten und Jäger. Merkwürdigerweise wurden jedoch im Lauf der Zeit v. a. jene Bergführer bekannt, die ursprünglich aus der Stadt stammten. Zu ihnen zählt etwa der große Bruno Detassis aus Trento, der das Schmiedehandwerk an den Nagel hängte und sein Leben ganz den Bergen widmete. Ab 1949 war er der Hüttenwirt des Rifugio Brentei, von wo aus er sage und schreibe 183 Mal den Campanile Basso bestieg. Bei seiner hundertsten Besteigung im selben Jahr traf er einen anderen »Stadtführer«, der diesen Gipfel zum ersten Mal bezwang: die »Spinne der Dolomiten«, Cesare Maestri.

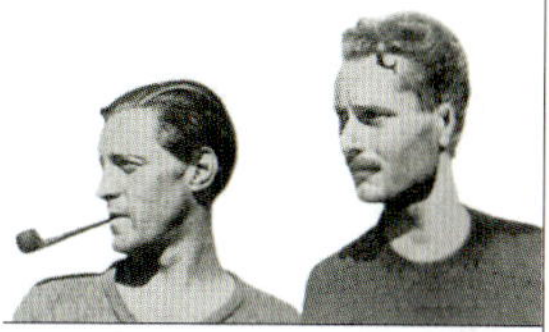

Bruno Detassis und Ettore Castiglioni

Die Westseite
Die Schönheit dieser Berge zieht einen auf dem Weg von Pinzolo nach Madonna in den Bann und kann von Aussichtspunkten in der Presanella bewundert werden. Die westliche Brentagruppe kann man auf vielen Wanderwegen und sogar mit der Grosté-Seilbahn erkunden. Der Hauptzugang führt durch das Val Brenta.

Touren auf die Gipfel der Brenta

Die am 2. September 1872 in Madonna di Campiglio gegründete Società Alpinisti Tridentini (SAT) versuchte auch durch den Bau von Schutzhütten die Erkundung der Brentagruppe voranzutreiben. Die SAT stand dabei in Konkurrenz mit dem deutsch-österreichischen Alpenverein, manchmal wurden – wie etwa beim Rifugio Tosa oder Rifugio Sella – benachbarte Hütten errichtet. Nach dem Ersten Weltkrieg gingen alle in den Besitz der SAT über. Heute sind diese Hütten unabdingbare Standpunkte für Wanderungen in der Brenta.

Rifugi Sella und Tuckett (2272 m)
Die Hütten unterhalb des Castelletto Inferiore (2501 m, *siehe oben)* erreicht man über den Weg Nr. 317 von Vallesinella (ca. 2 Stunden) und vom Rifugio Casinei (ca. 1 Stunde). An der Hütte beginnt der zu den Bocchette zählende Sosat-Weg zum Rifugio Alimonta.

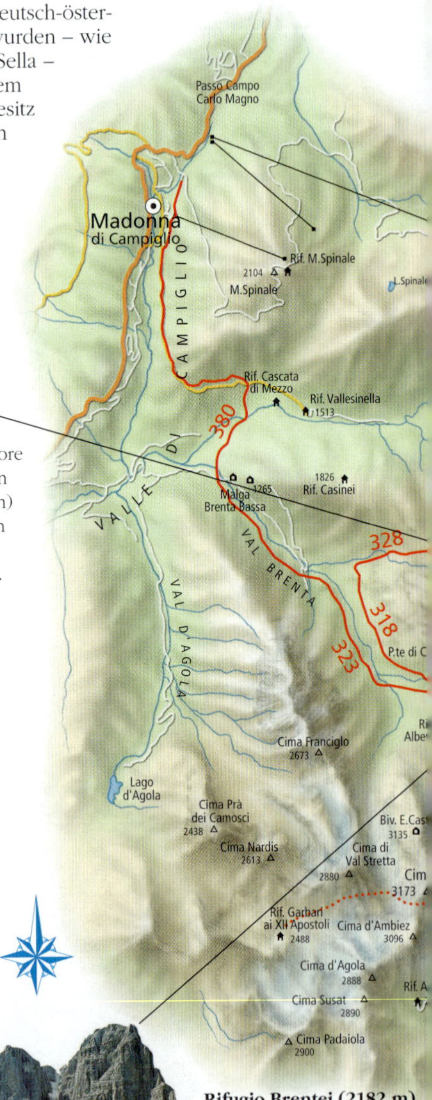

Routenempfehlung

Von Madonna di Campiglio aus nimmt man den Weg zum Campo Carlo Magno und die Schwebebahn zum Passo Grosté (2442 m). Von dort führt der Weg Nr. 316 unterhalb des Torrione di Vallesinella und dem Castelletto Inferiore in etwa 90 Minuten zum ersten Etappenpunkt, den Hütten Tuckett und Sella. Von dort folgt man dem Weg Nr. 328 bis zur Sella del Fridolin (2143 m) und der Gabelung mit dem Bogani-Weg (Nr. 318), der nach links und zum Rifugio Brentei führt. Auch für diesen Abschnitt sollte man mit etwa 90 Minuten rechnen. Man hat nun die Möglichkeit, auf demselben Weg zurückzukehren oder vom Rifugio Brentei aus das ganze Val Brenta zu erwandern (Weg Nr. 323). In diesem Fall schwenkt man kurz hinter der Alm Brenta Bassa auf den Weg Nr. 380, der wieder nach Madonna di Campiglio führt.

Dauer: *1 Tag.*
Schwierigkeit: *mittel.*

Rifugio Brentei (2182 m)
Zur Hütte unterhalb von Cro zon di Brenta und Cima Tos führt der Weg Nr. 323 *(siehe S. 67)* oder vom Rifugio Casinei aus der Weg Nr. 318 in etwa 90 Minuten. In einer Stunde erreicht man die Hütten Pedrotti und Tosa.

Bocca di Tuckett (2648 m)
Von hier führt die Via delle Bocchette Alte zur Vedretta degli Sfulmini und zum Benini-dal-Grosté-Weg über sehr schwierige Klettersteige, die eine geeignete Ausrüstung erfordern.

Infobox

Rifugi Tosa und Tommaso Pedrotti
0461 948 115, 0461 586 042.
Sommer.

Rifugi F.F. Tuckett und Q. Sella
0465 441 226, 0465 507 287.
Sommer.

Rifugio Alimonta
0465 440 366, 0465 801 500.
Sommer.

Rifugio Maria und Alberto ai Brentei
0465 441 244, 0465 440 033.
Sommer.

Legende

— Routenempfehlung
••• Bocchette-Weg
— Lift/Seilbahn

Rifugio Alimonta (2580 m)
Die nach einer Bergführerfamilie benannte Hütte liegt unterhalb der Vedretta degli Sfulmini *(links)* am Weg zur Via delle Bocchette Centrali und ist stark frequentiert. Von dort gelangt man in etwas mehr als einer Stunde zum Rifugio Brentei (Weg Nr. 323).

Rifugi Tosa (2439 m) und Pedrotti (2491 m)
In Sichtweite der Brenta Bassa (2803 m) und der Cima Margherita (2838 m) *(rechts)* gabeln sich die Bocchette Centrali und der Klettersteig Osvaldo Orsi. Dieser führt an der Ostseite der Gruppe bis zur Bocca di Tuckett.

Der Bocchette-Weg

Der berühmteste Höhenweg der Dolomiten erfordert auf seiner ganzen Länge eine geeignete Ausrüstung (Helm, Klettergurt, Karabiner, Seil). Aufgrund seiner Beschaffenheit ist er nur trittsicheren, schwindelfreien und erfahrenen Bergsteigern zu empfehlen. Der Bocchette-Weg durchquert die ganze Brentagruppe vom Passo del Grosté bis zum Rifugio Dodici Apostoli. Der zentrale Abschnitt führt zwischen Bocca di Brenta und Bocca degli Armi vorbei an den berühmtesten Gipfeln: Brenta Alta, Campanile Alto, Campanile Basso, Sfulmini. Die Idee für diesen Weg hatten 1932 Arturo Castelli und Giovanni Strobele.

Malerisches Val di Sole

Malé und Val di Sole ❺

Provinz Trento. **Straßenkarte** A3. **M** *738.* *2053.* **FS** *Trento, dann Elektrobahn Trento–Malé.* *von Trento.* *A22 San Michele all'Adige, A4 Brescia Est.* **APT Valli di Sole, Pejo e Rabbi**, *Viale Marconi 7, Malé.* *0463 901 280, 0463 901 563.* *www.valdisole.net* *info@valdisole.net*

MALÉ, der Hauptort des Val di Sole, liegt im unteren Teil des Tals nahe dem Talanfang des Val di Rabbi. Die Seen dieses Tals speisen den Bergfluss Rabbies. Zwischen weiten Wiesen, Obstgärten und Wäldern durchfließt der Noce das Tal, um dann in seinem weiteren Verlauf in das Nonstal abzubiegen.

Das bereits in römischer Zeit gegründete Malé war im Mittelalter ein wichtiges Handelszentrum, in dem u.a. das in der Region abgebaute Eisen umgeschlagen wurde. Obwohl er vor rund hundert Jahren weitgehend umgebaut wurde, bietet der Ort noch immer einige charakteristische Sehenswürdigkeiten. Kunstliebhaber lockt beispielsweise die Pfarrkirche **Mariä Himmelfahrt** mit ihrer Renaissance-Vorhalle, dem lombardischen Portal aus dem 15. Jahrhundert und im Inneren den Barockaltären, der Holzkanzel von G. Bezzi (1670) und einer *Mariä Geburt* aus dem 17. Jahrhundert. Neben der Kirche steht die Kapelle San Valentino, in der in Zeiten der Pest die Messe zelebriert wurde. Im Gebäude des Amtsgerichts residiert dagegen das **Museo della Civiltà Solandra**, eine volkskundliche Sammlung, die auch historisches Alltagsleben der Talbewohner zeigt. Hier kann man etwa ein Schlafzimmer mit Ofen und Truhe bewundern.

Malé ist von Trento aus mit dem Zug zu erreichen. Die erste elektrische Bahnlinie Italiens wurde 1909 eröffnet. Dank des mit dem Rad gut zu befahrenden Wegs entlang dem Noce eignet sich das Val di Sole hervorragend für Radtouren. Auf dieser Strecke kann man von Mostizzolo (594 m) nach Fucine (982 m) und sogar noch weiter Richtung Val di Peio oder Val Vermiglio fahren.

UMGEBUNG: Einige Kilometer weiter Richtung Cles liegt hinter Terzolas **Caldés** (682 m) mit seiner mehrmals umgebauten Burg aus dem 13. Jahrhundert. Nach einer Legende, die auf einer wahren Begebenheit aus dem 17. Jahrhundert basiert, verstarb hier die edle Olinda. Sie wurde von ihrem Vater Rodemondo di Caldés eingesperrt, der ihre Liebe zu einem Spielmann nicht akzeptieren wollte. Verlässt man Malé dagegen Richtung **Bolentina** (1161 m), öffnet sich dort auf der Terrasse der Valentinskirche (15. Jahrhundert) ein wunderbarer Blick auf das Tal.

Folgt man der Staatsstraße 42 in Richtung Süden, gelangt man nach **Dimaro** (767 m), wo der Meledrio in den Noce stürzt. Hier beginnt das gleichnamige Tal mit dem in den 1960er Jahren ausgebauten Fremdenverkehrszentrum **Folgarida** (1270 m). Malé ist aber auch das Tor zum **Val di Rabbi**, das zum Nationalpark Stilfser Joch führt. Das für seine Thermalquellen berühmte Tal bietet zahlreiche Wandermöglichkeiten.

Museo della Civiltà Solandra
Via Marconi 1, Malé. *0463 901 272.* *Juli–Sep, Weihnachten und Ostern: tägl. 10–12 und 16–19 Uhr; Okt–Mai nur nach Voranmeldung.*
Consorzio Parco Nazionale dello Stelvio – Settore Trentino
Via Ugo Silvestri 16, Malé. *0463 903 046.* FAX *0463 903 047.* *parcostelvio.tn.comitato@valdisole.net* *www.stelviopark.it*
Besucherzentrum des Val di Rabbi
0463 985 190.

Cles und Lago di Santa Giustina ❻

Provinz Trento. **Straßenkarte** B3. **M** *658.* *6314.* **FS** *Trento, dann Elektrobahn Trento–Malé.* *von Trento.* *A22 San Michele all'Adige.* **Pro Loco Cles**, *Corso Dante 30.* *0463 421 376.* FAX *0463 830 161.* **APT Valle di Non Fondo**, *Via Romazi.* *0463 830 133.* FAX *0463 830 161.* **APT Valle di Non Coredo**, *Piazza Cigni 1.* +FAX *0463 536 499.* *info@valledinon.tn.it*

DAS NONSTAL ist in Italien wegen der Renetten bekannt, die zwar aus Kanada stammen, aber in dem Tal angebaut werden.

Hauptzentrum des Tales, in dem ein dem Ladinischen

Waldlichtung im Val di Sole

Obstplantagen im Nonstal

ähnlicher Dialekt gesprochen wird, ist **Cles**. In diesem Ort wurde Bernardo Clesio geboren, der 1514 bis 1539 als Fürstbischof regierte und sich der protestantischen Reformation widersetzte. Er war zudem ein großer Mäzen. Von Bedeutung ist auch die 1869 aufgefundene Tavola Clesiana. Auf der Bronzetafel aus dem Jahr 46 n. Chr. findet sich der Text, in dem Kaiser Claudius den Bewohnern des Nonstals das römische Bürgerrecht verleiht. Eine Kopie der Tafel ist an der Fassade des Palazzo Assessorile angebracht. In dem aus einem Turmhaus errichteten Gebäude ist heute die Gemeindeverwaltung untergebracht. An der nahen Piazza Navarrino steht die im 16. Jahrhundert im Stil der Cleser Renaissance errichtete Pfarrkirche Chiesa dell' Assunta.

Am nordöstlichen Ortsrand thront auf einer Anhöhe das von zwei Mauerringen umgebene **Castel Cles**. Es war der Sitz von Bernardo Clesio und ist im Inneren mit Fresken von Marcello Fogolino aus dem 16. Jahrhundert verziert. Im Ortsteil Pez ist zudem die romanische Kirche **San Vigilio** sehenswert. Cles liegt am **Lago di Santa Giustina**, einem 1950 durch einen über 150 Meter hohen Damm aufgestauten See. Er erstreckt sich in dem größten künstlichen Becken des Trentino.

Umgebung: Von Cles führt eine klassische Tour über die Berge von Cles zum Monte Peller und der gleichnamigen Schutzhütte (2022 m) durch eine vorwiegend von Bergwiesen geprägte Landschaft. Zur Hütte gelangt man entweder mit dem Auto über 17 Kilometer Schotterstraße oder zu Fuß auf dem Weg Nr. 313 in etwa 4 Stunden.

Die Hütte ist Ausgangspunkt für Wanderungen in den nördlichen Teil der Brenta. Von dort gelangt man relativ einfach auf dem Weg Nr. 308 in etwa 1 Stunde auf den Gipfel des **Monte Peller** (2319 m). Von dort hat man einen herrlichen Rundblick auf viele Gipfel des Trentino. Der Rifugio Peller ist zu Fuß auch von Malé aus zu erreichen.

Rifugio Peller
0463 536 221, 0461 913 765.
Sommer.

Burgen und Schlösser im Nonstal

Das Nonstal bietet vielfältige Landschaften, in denen besonders im oberen Teil des Tales der Noce und seine Zuflüsse regelrechte Schluchten gegraben haben. Typisch sind auch die vielen Burgen und befestigten Residenzen v.a. im zentral-südlichen Abschnitt des Tales. Neben dem Castel Cles haben das angeblich von Palladio entworfene Castello di Nanno, das Castel Valèr mit seinem sechseckigen Turm, das pittoreske Castel Bragher sowie die romantischen Ruinen von Castel Belfort, Castel Màlgolo und Castelfondo Berühmtheit erlangt, ebenso das 1569 umgebaute Castel Thun aus dem 13. Jahrhundert. Der rechteckige, mit Türmen versehene Bau beherbergt eine Bibliothek und Fresken aus dem 16. Jahrhundert. Sein Garten kann besichtigt werden.

Castello di Nanno

Castel Thun
0461 657 816.
Di–So 9–12, 14–17 Uhr (nur Garten).

Castel Cles, der Wohnitz von Bernardo Clesio, thront über dem Hauptort des Nonstals

Santuario di San Romedio ❼

Provinz Trento. **Straßenkarte** B3. **M** *732.* 🚗 *A22 San Michele all'Adige.* **FS** *Trento oder Mezzocorona, dann mit der Elektrobahn bis Dermulo und mit dem Anschlussbus bis Sanzeno oder Córedo.* 🚌 *von Dermulo bis Sanzeno oder Córedo.* ☎ *0463 536 198.* ◯ *tägl. 7–18 Uhr.* ✉ @ *s.romedio@tiscalinet.it*

Das von Franziskanern geführte Santuario di San Romedio steht auf einer über 90 Meter hohen Felskante. Von dem Wallfahrtsziel hat man einen Schwindel erregenden Blick in die von Freddo und Verdès gegrabene Schlucht.

Der Legende zufolge zähmte der Eremit Romedio einen Bären, der sein Pferd zerfleischt hatte. Als er schließlich in Trento Bischof Vigilius aufsuchte, erschien er in Begleitung des Raubtiers. Tatsächlich jedoch lebte Romedio hier etwa um das Jahr 1000. Der Spross einer bayerischen Adelsfamilie gab seinen luxuriösen Lebenswandel auf und zog sich als Eremit zurück. Im Lauf der Zeit wurde das Santuario, das rund um das Grab in Romedios Einsiedelei errichtet worden war, ein beliebtes Ziel von Wallfahrten und somit immer größer. Man betritt das Santuario durch ein Eingangstor aus dem 18. Jahrhundert und gelangt in einen Innenhof. Dort kann der gesamte Komplex bewundert werden: fünf Kirchen aus verschiedenen Epochen, dazu eine von einem Bogen überspannte Treppe. 131 Stufen führen zudem vorbei an den hölzernen Figurengruppen aus dem 18. Jahrhundert, die Passionsszenen darstellen, zu einer Gedenkkapelle für die Toten des Ersten Weltkriegs und schließlich zur Kirche **San Giorgio** (1487). Danach erreicht man das gotische Kirchlein **San Michele Arcangelo**. Die von den Grafen Thun 1536 erbaute **Chiesa Maggiore** weist einen unregelmäßigen Grundriss auf, auf einer Seite sieht man die Grotte, in der Romedio lebte. Von dort führt der Weg weiter durch ein romanisches Portal zur **Cappella di San Vigilio**. Der Bau aus dem 11. Jahrhundert steht auf dem höchsten Punkt der Anlage und wurde über dem Grab des Heiligen errichtet. In der Gedächtniskapelle ruhen unter einem steinernen Baldachin die Reliquien des Eremiten, die Wände zieren Fresken aus dem 12. und 13. Jahrhundert. Über die letzten Stufen gelangt man schließlich auf einen Balkon mit einer herrlichen Aussicht über die zwei hier zusammenfließenden Bergbäche. Die Wände entlang der Treppe schmücken zahlreiche von Gläubigen gestiftete Votivbilder. In der Nähe des Santuario befindet sich zudem ein Gehege mit zwei Braunbären *(siehe S. 67)*.

Exvoto im Santuario di San Romedio

Die Treppe mit den 131 Stufen im Santuario di San Romedio

Umgebung: Zu Fuß ist der Wallfahrtsort von der Bushaltestelle in Sanzeno über die befahrbare Straße zu erreichen, die etwa drei Kilometer lang durch die Schlucht führt. Oder man folgt von Córedo aus dem befahrbaren, etwa drei Kilometer langen Weg durch den Wald. Das Santuario ist zudem von verschiedenen Dörfern im oberen Nonstal aus zu erreichen (Sàlter, Romeno, Don, Tavòn) – einfach der Beschilderung zum Santuario folgen (etwa eine Stunde).

Andalo ❽

Provinz Trento. **Straßenkarte** A4. **M** *1040.* 🏔 *1028.* 🚗 *A22 San Michele all'Adige.* **FS** *Trento oder Mezzocorona.* 🚌 *von Trento, Mezzocorona, Mezzolombardo.* **i** **APT Dolomiti di Brenta – Altopiano della Paganella**, *Piazza Dolomiti 1, Andalo,* ☎ *0461 585 836.* FAX *0461 585 570.* W *www.apt.dolomitipaganella.com* @ *info@dolomitipaganella.com info@aptandalo.com*

Andalo entwickelte sich rund um einen Kern aus 14 Bauernhöfen. Nördlich des Dorfes erstreckt sich im Karst der gleichnamige See (998 m). Die Paganella-Hochebene, zu der auch Fai und Molveno gehören, blickt auf eine hundertjährige Fremdenverkehrstradition zurück und bietet besonders Skifahrern optimale Bedingungen.

Umgebung: Sieben Kilometer von Andalo entfernt gelangt man zu Fuß von der Piazza in Fai della Paganella in etwa 20 Minuten nach **Doss Castel** (923 m), wo Reste eines rätischen Dorfes aus dem 5. und 4. Jahrhundert v. Chr. sowie eine Axt aus der späten Jungsteinzeit und Artefakte aus der Bronzezeit zu besichtigen sind.

Von Andalo aus gelangt man mit Seilbahn und Sessellift auf die **Paganella** (2125 m). Hier locken ein großartiger Panoramablick auf die Brenta und eine Rast im Rifugio La Roda (2098 m).

Molveno, der See und die Brenta

In Andalo beginnt hinter den Tennisplätzen auf der Brentaseite das **Valle dello Sporeggio**. Dort führt eine Schotterstraße zum See und nach **Selva Piana**. Von dort gelangt man über den Weg 302 bis zur Spora-Alm (1851 m).

Rifugio La Roda
337 458 554. Sommer und Winter.

Molveno 9

Provinz Trento. **Straßenkarte** A4. **M** *1078. 864. A22 San Michele all' Adige.* FS *Trento oder Mezzocorona. von Trento, Mezzocorona, Mezzolombardo.* **APT Dolomiti di Brenta – Altopiano della Paganella**, *Piazza Marconi 1, Molveno. 0461 586 924.* FAX *0461 586 221.* W *www.apt.dolomitipaganella.com www.apt.dolomitimolveno.com* @ *info@dolomitipaganella.com info@aptmolveno.com*

Neben Madonna di Campiglio ist Molveno sicherlich der bekannteste Ort der Brenta. Das Dorf war bereits im 19. Jahrhundert beim Adel Mitteleuropas, aber auch bei Alpinisten beliebt, die in jener Zeit v. a. aus Deutschland und Großbritannien kamen. Molveno liegt am Nordufer des **Lago di Molveno**, Italiens höchstgelegenem (über 800 m) Natursee. Er entstand vor rund 3000 Jahren nach einem Erdrutsch und bietet neben sehr klarem Wasser und einem milden Mikroklima das imposante Panorama der zentral-südlichen Brentagipfel, wird aber auch seit einigen Jahrzehnten für die Stromgewinnung genutzt. Molveno ist der ideale Stützpunkt für Wanderungen in der östlichen Brenta. Ein Juwel ist die nur wenig restaurierte romanische Kirche **San Vigilio** aus dem 13. Jh. Deren Fassade zieren ein Freskenzyklus und ein romanisches Portal, im Inneren sind der graue Stein des romanischen Originalbaus und die Umbauten (1536) sichtbar. Außerhalb von Molveno liegt am Westende des Sees die mit einem Wasserrad betriebene **Segheria Taialacqua**. In dem Sägewerk wurden die »Molvene« genannten Bretter geschnitten.

Segheria Taialacqua
0461 586 936 (Gemeinde Molveno). 15. Juni–15. Sep: Mo–Sa 10–12, 16–18 Uhr.

Der Pradel-Lift in Molveno

Umgebung: Einen schönen Blick auf Molveno und die Brenta bietet der Rifugio La Montanara (1525 m). Man erreicht die Hütte mit dem Lift auf den **Pradel** (1367 m) oder mit dem Auto von Andalo aus, wo eine Seilbahn in weitere Höhen schwebt. Sportlich kann man auch durch die Almwiesen der Malga Tovre in 30 Minuten aufsteigen. Vom Rifugio Croz dell'Altissimo (1430 m) führt der Weg Nr. 340 zum Rifugio La Montanara vorbei an den Felswänden des **Croz dell'Altissimo** und kreuzt den beeindruckenden Weg Nr. 340 bis »Delle Grotte«. Von Molveno aus führt der Weg 332 zu den Rifugi Malga di Andalo (1351 m) und Selvata. Diese Hütte vor den Felswänden des Croz dell' Altissimo passiert man auf dem Weg zu den Rifugi Tosa und Pedrotti *(siehe S. 71)*. Der Weg Nr. 319 führt weiter bis zur **Busa degli Sfulmini** (90 Minuten) unterhalb des Campanile Basso. Nach einer weiteren Stunde erreicht man schließlich die beiden Hütten bei der **Bocca di Brenta** (2552 m).

Eine einfache, schöne Wanderung führt um den **Lago di Molveno** (3–4 Stunden, auch als Radtour oder Ausritt). Von Molveno wandert man am Westufer des Sees, vorbei am **Ponte Romano** und den **Fortini di Napoleone**, Ruinen einer österreichischen Festung aus dem frühen 19. Jh. Nach dem Wasserfall an der Südspitze wandert man entlang dem Ostufer nach Molveno zurück.

Rifugio La Montanara
0461 585 603, 0461 586 008. Mai–Okt; Weihnachten, Ostern.

Rifugio Croz dell'Altissimo
0339 873 5113, 0461 586 698. 1. Juni–30. Sep; Mai, Okt: Wochenende.

Rifugio Selvata
0330 239 227, 0461 992 364. 20. Juni–20. Sep.

Rifugio malga di Andalo
0360 216 67, 0465 734 576. 20. Juni–20. Sep.

Auf dem Weg zum Rifugio Tosa-Pedrotti

ZENTRALDOLOMITEN

DIE GIPFEL DER ZENTRALDOLOMITEN – *Rosengarten, Sella und Geislerspitzen, Latemar, Lagorai und Langkofel – sind legendär und haben sich im Herzen der Alpinisten für immer einen festen Platz erobert. Weltberühmt sind die wunderschönen Täler, die sich hier im Zentrum der Dolomiten erstrecken.*

In den Zentraldolomiten treffen drei Kultur- und Sprachräume zusammen. Im Trentino erstreckt sich das Fleimstal vom Lagorai im Süden bis zum Latemar im Norden. Die Zentren sind Cavalese und Predazzo. Tatsächlich sind das Fleimstal und das Fassatal jedoch zwei Abschnitte eines Tales, in dem früher entlang dem Avisio die Salzstraße verlief. Folgt man diesem alten Handelsweg, gelangt man in das Herz der Dolomiten: nach Moéna, wo das Fleims- zum Fassatal wird. Westlich davon rauscht der Eisack und erstreckt sich das Eggental von Bozen bis zum Karersee. Nördlich erhebt sich der weltberühmte Rosengarten des mythischen Königs Laurin. Das Massiv zog auch Kaiserin Sisi in seinen Bann – nicht zuletzt wegen des Alpenglühens, das in diesem Gebiet besonders ausgeprägt ist. Das faszinierende Naturphänomen wird ebenfalls mit der Legende von König Laurin in Verbindung gebracht. Bei schönem Wetter taucht die untergehende Sonne die Gipfel in ein wunderbares Rosa. Am Ende des Fassatales schließlich thront das Sellamassiv, erheben sich der Langkofel und die Geislerspitzen. Rund um die Sellagruppe verlaufen die ladinischen Täler, in denen der moderne Tourismus die alten Traditionen nicht untergrub. Bekannte Zentren des oberen Fassatals, Grödnertals und der Alta Badia sind St. Ulrich, Canazei und Corvara. Zu den berühmtesten Alpentouren zählt zweifellos die »Sella Ronda« über das Pordoi-, Sella- und Grödner Joch sowie den Campolongo.

Im Schutz der Kreuzkofelgruppe: Bauernhöfe in St. Leonard, Alta Badia (Hochabteital)

◁ **Ruhe vor dem Sturm: Im Gadertal braut sich ein Sommergewitter zusammen**

Überblick: Zentraldolomiten

Fassa-, Fleims-, Grödner- und Gadertal werden im Osten vom Cordevole und dem Cadore, im Norden vom Pustertal, im Westen vom Eisacktal und im Süden vom Marmoladamassiv begrenzt. Innerhalb eines Radius von lediglich rund 15 Kilometer finden sich einige der berühmtesten Orte der Alpen – Carezza, St. Ulrich, Seis, Corvara, Canazei, Moéna – und legendäre Gipfel, deren Bezwingung Meilensteine in der Geschichte des Alpinismus darstellen: Latemar, Rosengarten, Schlern, Langkofel und Sella. Auf einem dichten Netz von Wanderwegen aller erdenklichen Schwierigkeitsstufen können die Region und die Naturparks Schlern und Puez-Geisler auch mit Hilfe von Seilbahnen und Liften nach Lust und Laune bis in die kleinsten Seitentäler erkundet werden. Dort haben sich etwa im Tierser- oder Eggental das bäuerliche Leben, die Holz- und Almwirtschaft bis heute erhalten.

Eine Gämse und ihr Kitz im Langental

Oberhalb der Baumgrenze ragt der mächtige Rosengarten auf

Sehenswürdigkeiten auf einen Blick

1. Val di Fiemme/Fleimstal
2. Val di Fassa/Fassatal
3. Latemar
4. Val d'Ega/Eggental
5. Val di Tires/Tierser Tal
6. Catinaccio/Rosengarten
7. Naturpark Schlern
8. Val Gardena/Grödnertal
9. Sassolungo/Langkofel
10. Sella
11. Alta Badia/Hochabteital
12. Naturpark Puez-Geisler

Hinweis:
Aus Platzgründen können leider nicht alle Bezeichnungen in der Karte zweisprachig aufgeführt werden.

Schober auf der Seiser Alm

LEGENDE

- Autobahn
- Hauptstraße
- Nebenstraße
- Sonstige Straße

IN DEN ZENTRALDOLOMITEN UNTERWEGS

ÄUSSERST BEQUEM erreicht man die Zentraldolomiten mit der Bahn vom Brenner und von Auer, Bozen, Klausen und Brixen mit Bussen. Das Bahnfahren in den Dolomitentälern gestaltet sich jedoch schwierig und ist häufig nur im Sommer möglich. Von der Autobahn A22 (Ausfahrten Auer, Bozen-Nord oder Klausen) führen Landstraßen zu den Hauptorten der Region. Die Straßen sind in gutem Zustand und die Alpenpässe in der Regel ganzjährig (auch im Winter!) geöffnet. Die »Sella-Ronda« ist besonders bei Motorrad- und Radfahrern beliebt, die aus ganz Europa anreisen. Die hohen Pässe mit ihren starken Steigungen dürfen jedoch keineswegs unterschätzt werden. In allen Tälern sind die Lifte und Bahnen in der Sommersaison von Juni bis Mitte Oktober in Betrieb – ein bequemer und Zeit sparender »Aufstieg« ist also stets möglich.

Corvara im Gadertal (Abteital) zählt zu den wichtigsten Fremdenverkehrszentren der Region

Fleimstal / Val di Fiemme ❶

Das Fleimstal liegt im Süden des vom Avisio durchflossenen Tales, das im Norden Fassatal heißt *(siehe S. 82f)*. Es wird von zwei mächtigen Bergstöcken überragt: dem Lagorai im Süden und dem Latemar im Norden. Die Bewohner des bereits im Mesolithikum besiedelten Tales kennzeichnete in der Vergangenheit ein ausgeprägter Unabhängigkeitssinn: Jahrhundertelang wurde das Gebiet von der Magnifica Comunità Generale di Fiemme verwaltet. Dieser von den Bischöfen relativ unabhängige Talgemeindenverband konnte sich stets gegen Machtansprüche von außen wehren.

Infobox

Provinz Trento. **Straßenkarte** C3. *A22 Neumarkt-Auer, dann Dolomiten-Staatsstraße 48.* FS *Auer, Bozen und Trento.* *Busse täglich von Auer, Bozen, Trento.* **APT Valle di Fiemme**, *Via Fratelli Bronzetti 60, Cavalese.* *0462 241 111.* FAX *0462 241 199.* W *www.valfiemme.net* @ *info@valfiemme.net*

Das Fleimstal mit Lagorai und Latemar

Naturpark Trudner Horn
Parco Naturale del Monte Corno

Fläche: *6600 ha.*
Gründung: *1980.*
Associazione turistica Anterivo, *0471 882 077;* **Associazione turistica Trodena**, *0471 869 078;* **Consorzio Giardino del Sudtirolo di Egna**, *0471 820 196.*

Der Naturpark liegt im Süden der Provinz Bozen und grenzt an das Fleimstal an. Er erstreckt sich auf den Gemeindegebieten von Truden, Altrei, Montan, Neumarkt und Salurn. Im Norden wird er von der Sella di San Lugano begrenzt, im Osten vom Val di Cembra, im Westen von der Etsch und im Süden vom Fleimstal. Der Naturpark mit dem milden Klima kann vor allem mit einer wunderbaren Pflanzenwelt aufwarten: Rund 90 Prozent des Gebiets bedecken Mischwälder mit Laubbäumen und Weißtannen, zudem gedeihen hier mediterrane Niederwälder, die in diesem Gebiet ihren nördlichsten Verbreitungspunkt erreichen.

Umgebung: Die Fremdenverkehrsverbände der im Naturpark Trudner Horn gelegenen Dörfer bieten organisierte Wanderungen an. Für Individualwanderer empfiehlt sich dagegen der schweißtreibende, aber sehr schöne Rundweg durch den Park (8–9 Stunden; einfach, aber anstrengend; auf jeden Fall eine Wanderkarte einstecken): Von Neumarkt aus fährt man frühmorgens mit dem Bus zum Sattel von San Lugano. Von dort führt der Weg zu den Trudner Bergwiesen und weiter über den Weg Nr. 5 zum Langen Moos (1450 m). Ab dort folgt man dem Weg Nr. 9 zur Krabesalm (1540 m) und weiter über die Malghette zum Zissattel (1439 m). Die Strecke führt nun weiter auf dem Europäischen Fernwanderweg Bodensee–Adria (Markierung E5) auf die Hornalm (1750 m). Nachdem man ausgiebig den wunderbaren Panoramablick auf das Fleimstal genossen hat, wandert man weiter zum Weißensee (1643 m). Von dort kann man hinter der Königswiese über den Weg Nr. 3 zum Gfrillner Sattel absteigen (1414 m). Dort gelangt man zu einer befahrbaren Straße, die zum Gstoagerhof (889 m) und weiter nach Mazzon führt. Dem Weg Nr. 3 folgend kehrt man nach Neumarkt zurück.

Cavalese

M *1000.* *3600.*
APT Cavalese, *Via Fratelli Bronzetti 60.* *0462 241 111.*
FAX *0462 241 199.*
W *www.valfiemme.net*
@ *info@valfiemme.net*

Fresko an der Kirche San Vigilio in Cavalese

Der Hauptort des Fleimstals erstreckt sich unterhalb des Schwarzhorns und blickt auf die Lagorai-Kette. Das Städtchen mit den vielen mit Fresken verzierten Häusern ist ein bedeutender Winter- und Sommerferienort. Cavalese kann mit zwei bedeutenden historischen Bauten aufwarten: Die am Dorfeingang (Anreise über die Autobahn) auf der rechten Seite gelegene Kirche **San Vigilio** besitzt ein auffälliges Giebeldach und ein sehenswertes Fresko über dem Portal (Anfang 19. Jahrhundert),

Franziskanerkonvent in Cavalese

das den hl. Vigilius darstellt. Die Kirche gehört zu dem Franziskanerkonvent, in dessen Refektorium eine Sammlung mit Gemälden einheimischer Meister prangt (17. und 18. Jahrhundert). Ganz in der Nähe ragt – immer noch auf der rechten Seite – hinter einer niedrigen Mauer mit Zinnen die mit Fresken bemalte Fassade des **Palazzo della Magnifica Comunità Generale di Fiemme** auf. Der Palast des Fleimstal-Gemeindenverbandes stammt aus dem 14. Jahrhundert und wurde Anfang des 20. Jahrhunderts restauriert. Das Bauwerk war jahrhundertelang die Residenz der Bischöfe von Trento und wurde 1850 Sitz der Magnifica Comunità. Im zweiten Stock befinden sich eine Gemäldegalerie und ein kleines Museum.

Museo storico e Pinacoteca della Magnifica Comunità

Piazza Cesare Battisti 2. 0462 340 365. 1. Juli–10. Sep, Ostern und Weihnachten nur Führungen um 16.30, 17.30 und 18.30 Uhr.

Sant'Eliseo in Tesero

Tesero

M 1000. 2500. Via Roma 35. + FAX 0462 810 097.

Auch Tesero, heute ein bedeutendes Zentrum für die Holzwirtschaft, wartet in seinem alten Ortskern mit historischen Häusern auf, die Wandmalereien von einheimischen Künstlern schmücken. Das interessanteste Gebäude ist die Pfarrkirche **Sant'Eliseo** beim Friedhof. Die Kirche aus dem 12. Jahrhundert wurde mehrere Male umgebaut. Der bereits hohe romanisch-gotische Glockenturm wurde im 18. Jahrhundert noch einmal aufgestockt. Den Innenraum des dreischiffigen und mit drei Apsiden versehenen Kirchenbaus schmücken Renaissance-Fresken. Wandmalereien aus dieser Epoche (1541–1547) können zudem in der nahe gelegenen Kirche **San Rocco** bewundert werden.

UMGEBUNG: Tesero ist der ideale Ausgangspunkt für Ausflüge zum **Lago Lagorai** im Val Lagorai: Mit dem Auto folgt man der Beschilderung nach Lagorai, anschließend führt ein Fußweg (Nr. 353) entlang dem Rio Lagorai bis zum See (drei Stunden, mittelschwer). Über den Weg Nr. 3, der zur Seilbahn Cermis und nach Cavalese führt, kehrt man wieder zur Straße zurück.

Fossil eines Meeresfisches

Predazzo

M 1018. 4100. **APT**, *Via C. Battisti 4. 0462 501 237.*

Predazzo, der größte Ort des Fleimstales, liegt an der Mündung von Fleimstal und Val Travignolo und ist das Tor zum Naturpark Paneveggio-Palagruppe *(siehe S. 116f)*. Predazzo besitzt vor allem in geologischer Hinsicht eine große Bedeutung: Hier baute man früher Eisen und Kupfer ab, darüber hinaus entdeckte der Geologe Giuseppe Marzari Pencati in der ersten Hälfte des 19. Jahrhunderts eine besondere weiße Marmorart, die *predazzite* genannt wird. Paläontologisch Interessierte sollten dem zurzeit noch geschlossenen **Museo Civico di Geologia** in der Casa della Cultura einen Besuch abstatten. Dort sind Fossilien und Mineralien aus der Region ausgestellt.

Panoramablick von Predazzo auf das Val Travignolo

Museo Civico di Geologia

Piazza Santissimi Filippo e Giacomo 1.

0462 502 392. wegen Restaurierung. Evtl. Sonderausstellungen; geolog. Führungen.

UMGEBUNG: Verlässt man die Ortschaft Richtung Norden, gelangt man auf die Straße zum Passo Feudo. Nach etwa einer Stunde Fußmarsch biegt auf der linken Seite eine kleine Straße ab. Nur wenig entfernt beginnt an diesem Sträßchen der Wanderweg Nr. 50, der zum **Geologischen Weg** (Markierung SG) führt: Der rund fünf Kilometer lange Weg verläuft zwischen 2000 und 2200 Meter Höhe und führt in zwölf Etappen durch die geologische Geschichte der Region. Führungen werden vom Museo Civico di Geologia veranstaltet.

Fassatal / Val di Fassa ❷

BEI MOÉNA verläuft die Grenze zwischen dem Fleimstal *(siehe S. 80f)* und dem Fassatal. Dem Lauf des Avisio folgend gelangt man nun in das Herz der Dolomiten, in das Reich von Sella, Langkofel und Marmolada. Das seit dem Mesolithikum bevorzugt am sonnigen rechten Ufer des Avisio besiedelte Fassatal gehörte bis zum 11. Jahrhundert zum Fleimstal, unterstand jedoch dann der Macht der Brixener Bischöfe. Im späten Mittelalter führten schließlich Unabhängigkeitsbestrebungen zur Gründung der Comunità di Fassa, des Verbandes des Fassatals, zu der sieben Gemeinden gehörten. Nach dem Zweiten Weltkrieg mauserte sich das Fassatal zu einem internationalen Sport- und Reiseziel ersten Ranges. Heute lebt man hier fast ausschließlich vom Fremdenverkehr.

INFOBOX

Provinz Trento. **Straßenkarte** C3.
A22 Neumarkt-Auer, dann Dolomiten-Staatsstraße 48.
FS *Auer, Bozen und Trento.*
tägl. Anschlussbus von Auer, Bozen, Trento.
APT Valle di Fassa, *Via Costa 79, Alba di Canazei.* *0462 602 466.* FAX *0462 260 22 78.*
W *www.fassa.com*
@ *info@fassa.com*

Die Kirche von Soraga

Moéna

M *1184.* *2595.* **APT**, *Piazza C. Battisti 1.* *0462 573 122.* FAX *0462 574 342.*
@ *infomoena@fassa.com*

Die an der Grenze zwischen Fleims- und Fassatal gelegene Ortschaft ist in beiden Tälern verwurzelt. Sprachlich gehört Moéna zum ladinischen Fassatal, historisch war es Mitglied der Magnifica Comunità di Fiemme, des Fleimstal-Gemeindenverbands. Der Talkessel von Moéna wird von den schönsten Gipfeln der Region überragt, zu den »Stars« zählen unter anderem der Rosengarten *(siehe S. 86f)* und der Langkofel *(siehe S. 96f)*. Von Moéna aus gelangt man zudem leicht auf den Karerpass (1740 m) und weiter zum Karersee sowie zum Passo di San Pellegrino (1919 m), über den man die Südseite der Marmolada erreicht (Valle del Biois).

Bizarr geformt: vereister Brunnen, Moéna

Das bedeutendste Bauwerk des Dorfes ist die Pfarrkirche **San Vigilio**. Die 1164 geweihte Kirche wurde 1533 im spätgotischen Stil umgebaut und in den Jahren 1929–30 noch einmal restauriert. Sehenswert ist zudem die alte, bereits 1025 gegründete Kirche **San Volfango**. Sie ist dem hl. Wolfgang geweiht, dem Schutzheiligen der Holzfäller. Doch auch ohne festes Ziel ist ein Spaziergang durch den schön gelegenen Ort mit seinen reizvollen Bauernhöfen durchaus lohnend.

Vigo e Pozza di Fassa

Vigo: M *1393.* *970.* **APT**, *Via Roma 16.* *0462 764 093.* FAX *0462 764 877.*
@ *infovigo@fassa.com*
Pozza: M *1320.* *1325.* **APT**, *Piazza Municipio 1.* *0462 764 136.* FAX *0462 763 717.*
@ *infopozza@fassa.com*

Moéna und der Rosengarten

Folgt man nach Moéna dem Talverlauf, gelangt man zuerst in das Örtchen **Soraga** (1206 m) und anschließend nach **Vigo di Fassa**. Die Ortschaft erstreckt sich wohl auf dem ältesten Siedlungsgebiet des Tales am rechten Ufer des Avisio. In Vigo, das im Schutz der Rotwand (2806 m) liegt, kann man den Blick auf den Sasso delle Undici (2557 m) und die Valacia (2637 m) genießen. Das Städtchen, heute ein wichtiger Winter- und Sommersportort, war bis 1934 juristisches, administratives und militärisches Zentrum des Tales.

Auf dem markantesten Hügel des Dorfes steht mit der Kirche **Santa Giuliana** der älteste Sakralbau des Tales. Die Kirche beherbergt die älteste Glocke des Tales (1496 gegossen). Ganz in der Nähe stehen auf einer Waldlichtung die 1297 errichtete Kapelle **San Maurizio** und das Kapitell von Santa Giuliana (1519). Wohl antiken Ursprungs ist dagegen die monumentale Kirche **San Giovanni**, deren Mauern im gleichnamigen Ortsteil aufragen. Der Bau wurde in der zweiten Hälfte des 15. Jahrhunderts gotisiert. Sehenswerte Fresken aus dem 16. Jahrhundert mit Szenen aus den Türkenkriegen zieren die Wände der benachbarten **Casa Soldà**. Ebenfalls im Ortsteil

San Giovanni ist das interessante **Istituto Culturale Ladino** beheimatet. Das 1975 gegründete ladinische Kulturinstitut ist mit einem Archiv, einer Bibliothek sowie einer Foto- und Filmsammlung ausgestattet.

Dem weiteren Talverlauf folgend gelangt man vorbei an Wiesen, Weiden und mehr oder minder architektonisch gelungenen neueren Häusern nach **Pozza di Fassa**. Hier spielt wie im Ortsteil Pera (1326 m) der Fremdenverkehr die erste Geige. Das am Eingang des Val de Vajolet gelegene **Pera** bietet sich als ein idealer Ausgangspunkt für Wander- und Klettertouren in den berühmten Vajolettürmen, der König-Laurin-Wand und dem Rosengarten an. Genau hier am Eingang zum Val del Vajolet wurde am 13. Oktober 1879 der Alpinist Giovanni Battista (Tita) Piaz geboren. Der berühmte Bergpionier der Dolomiten war einige Jahre der Bürgermeister von Pozza und verstarb 1948.

Istituto Culturale Ladino
Ortsteil San Giovanni di Vigo, Via Chiesa 6, »Majon di Fascegn«.
0462 764 267.

L'Alta Val di Fassa
Mazzin: M *1374.*
435.
APT, *Via Dolomiti 1,*
0462 767 196.
@ *infomazzin@fassa.com*
Campitello: M *1414.*
710. **APT**, *Via Dolomiti 46,*
0462 750 500.
FAX *0462 750 219.*
@ *infocampitello@fassa.com*
Canazei: M *1465.*
1825.
APT, *Via Roma 24.*
0462 601 113.
FAX *0462 602 502.*
@ *infocanazei@fassa.com*

Wappen an einem Haus in Canazei

Die Seilbahn Campitello – Col Rodella

Mit Blick auf das faszinierende Panorama des Langkofels, der Sellagruppe und des Gran Vernel, eines Gipfels der Marmoladagruppe (3210 m), gelangt man von dem malerischen Örtchen **Mazzin** (1374 m) in den letzten Abschnitt des Fassatals. Dieser führt bis zur Ortschaft **Campitello di Fassa** (1414 m) am Eingang des Val di Duron. Von Campitello aus gelangt man mit einer Seilbahn hinauf auf den **Col Rodella** (2484 m) und von dort weiter zur Sellagruppe. Campitellos Kirche **San Filippo e Giacomo** aus dem 13. Jahrhundert gilt als der dritte bedeutende Sakralbau des Fassatals. Sie wurde vollständig restauriert und beherbergt sehenswerte Fresken aus dem 15. Jahrhundert.

Hinter Campitello di Fassa liegt an der Biegung des Avisio, der in seinem oberen Verlauf nach Südosten fließt, das Städtchen **Canazei**. Die immerhin bereits im 16. Jahrhundert erstmals erwähnte Ortschaft zieht nicht zuletzt wegen ihrer atemberaubenden Lage unterhalb einiger »Majestäten« der Dolomiten – Col Rodella, Sellagruppe, Marmoladagruppe und Crepa Neigra (2534 m) – Reisende, Bergfreunde und Sportler magnetisch an. Folgt man dem Talverlauf noch weiter, erreicht man die Ortschaften **Alba** und **Penia** am Fuße der »Königin« Marmolada. In diesen beiden Dörfern beginnt die beliebteste Tour zum höchsten Gipfel der Dolomiten *(siehe S. 112f)*.

Wintertraum in Pozza di Fassa

Auf den Spuren der Marcialonga

Blick von Vigo di Fassa auf den Rosengarten

Unter den zahllosen Wanderungen im Fassatal ist diese lange Tour, die durch das gesamte Tal hindurch dem Verlauf des weltberühmten Skirennens Marcialonga folgt, besonders lohnend. Sie beginnt in Moéna an dem kleinen Platz vor der Kirche San Rocco und führt auf der Via Fassa aus dem Ort hinaus. Nun folgt man einer Panoramastraße bis nach Soraga und hinunter zum Flusslauf des Avisio. Eine ebene Straße mit ein paar Anstiegen führt weiter zum »Pont de Lejia« (Kirchenbrücke) und nach Vigo. Von dort verläuft die Strecke stets auf der linken Seite des Avisio entlang den bewaldeten Hängen des Zwölferkofels. Bei der Brücke von Mazzin führt ein Weg weiter bis Fontanazzo und schließlich bis Campestrin. Von dort gelangt man auf einem bequemen, schattigen Weg nach Campitello und Canazei.

Latemar ❸

DER LATEMAR erstreckt sich im Halbkreis um den Geröllkessel der Valsorda. An seiner Außenseite, die vom Karersee im Norden, Obereggen im Westen und der Alpe di Pampeago im Süden erreichbar ist, zeigt er mit seinen hoch aufragenden Felswänden und steilen Rinnen, Türmen und Zacken die typischen spektakulären Merkmale der Dolomiten. Der Latemar ist mehr wegen seiner Schönheit und wunderbaren Wandermöglichkeiten durch eine bemerkenswert vielfältige Landschaft als für seine besonders schwierigen Klettertouren bekannt.

INFOBOX

Straßenkarte C3.
Anfahrt: *vom Karerpass, Karersee, Alpe di Pampeago und Moéna.*
Rifugio Torre di Pisa
☎ *0462 501 564.*
Sommer.

DIE NORDSEITE
Die zerklüfteten Nordwände des Latemar, die sich im Karersee spiegeln, erinnern besonders daran, dass der Latemar einst ein Korallenatoll war. Agatha Christies belgischer Detektiv Hercule Poirot löste hier in *Die großen Vier* (1927) einen schwierigen Fall.

TOUREN

1. Forno – Medil – Forno
Von Forno (1168 m) bei Moéna führt der Weg nach Medil (1363 m), zu einem der wenigen Dörfer in Höhe des Fassatals. Die Strecke verläuft weiter auf dem Weg Nr. 517 bis zum St.-Anna-Kirchlein und der Valsorda-Alm (1684 m) im Herzen des inneren Latemar-Kessels. Der Rückweg ist auch über den Weg Nr. 516 möglich.
Dauer: *2:30 Stunden.* **Schwierigkeit:** *einfach.*

2. Latemarüberquerung
Vom Karerpass durch den Karerwald folgt man dem Weg Nr. 18 bis zu den Wiesen des Latemar. Dort führt ein steiler Anstieg auf die Kleine Latemarscharte (2526 m). Der Weg verläuft auf der Höhe durch eine atemberaubende Landschaft bis zum Rifugio Torre di Pisa (2671 m) an der Valsorda-Scharte und von dort hinab nach Obereggen, wo ein Bus nach Karersee fährt.
Dauer: *1 Tag.* **Schwierigkeit:** *mittel-schwierig. Für Geübte oder mit Führer.*

Burg Karneid, Eggental

Eggental / Valle d'Ega ❹

Provinz Bozen. **Straßenkarte** C3.
A22 Bozen. FS *Bozen.* *von Bozen.* **Tourismusverein Eggental-Deutschnofen,** *0471 616 567,* FAX *0471 616 727;* **Obereggen,** *0471 615 795,* FAX *0471 615 848;* **Welschnofen-Karersee,** *0471 613 126,* FAX *0471 613 360.*
www.obereggen.com
info@welschnofen.com
info@eggental.com

Logo des Golfclubs von Karersee

Der erste Abschnitt der Großen Dolomitenstraße führt von Bozen durch das steile Eggental (Valle d'Ega) hinauf nach Karersee am gleichnamigen See. Unterhalb von **Burg Karneid**, einer Festung aus dem 12. Jahrhundert (456 m), gelangt man nach **Birchbruck** (872 m), wo eine Abzweigung nach Deutschnofen (1357 m) führt. Dort kann man im Schloss Thurn die Sammlungen des Museo Civico bewundern – Gemälde, Statuen und Sakralobjekte. Etwa sieben Kilometer entfernt liegt auf einem malerischen Hochplateau der bekannte Wallfahrtsort **Weißenstein**. Die Barockkirche des Klosters wurde um eine ältere Kapelle aus dem 16. Jahrhundert erbaut.

Folgt man dagegen in Birchbruck weiter der Straße, die das Eggental hinaufführt, erreicht man **Welschnofen** (1182 m) und anschließend den kleinen Hotelort **Karersee** (1519 m), wo man den Blick auf Latemar und Rosengarten *(siehe S. 86f)* und die Spiegelung des Latemars im Karersee bewundern kann. Die Straße führt auf den **Karerpass** (1758 m), wo ein bekannter Golfclub residiert.

Schloss Thurn
Deutschnofen. *0471 616 567.* *auf Anfrage.*

Maria Weißenstein
Weißenstein 9, Deutschnofen, St. Petersberg.
0471 615 165. *auf Anfrage.*

Umgebung: Am Karerpass führt ein Höhenweg an felsigen Steilhängen entlang. Dort hat man einen herrlichen Panoramablick auf Latemar, Brenta, Ortler und die Vinschgauer Alpen. Über den Pass erreicht man mit der Seilbahn den Rifugio Paolina (2127 m, *siehe S. 87*), wo der sanft ansteigende Weg Nr. 539 zum Rifugio Fronza in den Coronelle führt (2337 m). Der Abstieg erfolgt Richtung Moseralm (1615 m) und Karersee.
Dauer: *4 Stunden.*
Schwierigkeit: *mittel.*

Tierser Tal ❺

Provinz Bozen. **Straßenkarte** C3.
A22 Blumau. *von Bozen.*
Tourismusverein Tiers, *St. Georgenstraße 38.* *0471 642 127.* FAX *0471 642 005.*
tvvoels@acomedia.it

Der Hauptort des Tales am Fuß von Schlern und Rosengarten ist Tiers (1028 m). Das ruhige Straßendorf ist ein guter Stützpunkt für Wanderungen in der Region und kann mit der sehenswerten barocken Pfarrkirche **St. Georg** aufwarten.

Zwiebelturm der Tierser Pfarrkirche

Das Tierser Tal ist der südliche Zugang zum Naturpark Schlern *(siehe S. 88f)*, bietet einen fantastischen Blick auf den Rosengarten *(siehe S. 86f)* und ist zudem für seine Bäder bekannt. So kann man beispielsweise seit 1911 in **Weißlahnbad** die Wirkung des kalzium- und magnesiumreichen Wassers, das aus den Dolomitfelsen sprudelt, probieren. Dort hat das Informationszentrum des Parks zudem ein Museum eingerichtet, in dem ein alter Webstuhl, die Ausstattung eines alten Sägewerks und ein altes Wohnhaus stilecht mit Stube, Schlafzimmer und Küche zu besichtigen sind sowie selbstverständlich naturkundliche und geologische Exponate. In einem Raum werden zudem Dokumentationsfilme gezeigt.

Umgebung: Vom Tierser Zentrum führt der Weg Nr. 4 Richtung Völsegg-Alm durch Wiesen und Wälder zur Kapelle **St. Sebastian** und der **Hochalm Wuhnleger**. Über eine Forststraße gelangt man von dort zum Rifugio Monte Cavone (1737 m) und der nahen **Völsegg-Spitze** (1834 m) mit grandiosem Blick auf den Schlern, Rosengarten und die Hochfläche Völs-Kastelruth.

Dauer: *4 Stunden.*
Schwierigkeit: *einfach.*

Rifugio Monte Cavone
368 401 161.
Sommer.

In der Umgebung von Tiers

Rosengarten / Catinaccio ❻

ZUSAMMEN MIT dem Langkofel und dem Latemar grenzt diese Berggruppe das in Fassa- und Fleimstal unterteilte Tal des Avisio im Westen von der Seiser Alm und dem Tal von Bozen ab. Sie erstreckt sich etwa acht Kilometer in Ost-West- und rund neun Kilometer in Nord-Süd-Richtung. Das atemberaubende Massiv kann auf herrlichen Wanderwegen erkundet werden, und in den schroff aufragenden Wänden wurde wie in den Vajolettürmen oder der Nordwand der Roda de Vael (dolomitische) Alpingeschichte geschrieben. Der höchste Gipfel der Gruppe, der Kesselkogel (3003 m), ragt an der Nordseite der Kette auf, berühmter ist jedoch der zentrale Abschnitt, der sich jeden Abend durch die Farbenpracht des Abendrots in den legendären »Rosengarten des Laurin« verwandelt.

Die Ostseite
Das Val del Vajolet erstreckt sich nach Westen zum Fassatal und nach Pera, dem idealen Ausgangsort für Touren an der Ostseite des Rosengartens. Von dort brach Tita Piaz zu seinen Kletterpartien auf.

Vajolettürme (2813 m)
Die nach Meinung vieler eleganteste Berggruppe der Dolomiten umfasst sechs weltberühmte Gipfel, von denen einige an Meilensteine des Alpinismus erinnern: Delagoturm (2790 m), Stabelerturm (2805 m) und Winklerturm (2800 m). Letzterer wurde nach dem Bergsteiger benannt, der ihn 1887 als Erster bezwang.

Rosengartenspitze Cima Catinaccio (2982 m)
Der zentrale Gipfel wurde erstmals 1874 von C. C. Tucker, T. H. Carson und ihrem Führer F. Devouassoud über die Westseite bestiegen. Die 900 Meter hoch aufragende Ostwand wurde 1896 erstmals bezwungen.

Rotwand (2806 m)
Die scheinbar unbezwingbare Wand ragt aus den grünen Wiesen der Coronelle an der Südseite auf. Sie wurde zum ersten Mal 1906 von Angelo Dibona erstiegen.

Die Westseite
Ihre schroffen Felswände verfärben sich im Abendrot spektakulär – hier erstreckte sich das von einem Seidenfaden geschützte Reich des legendären Königs Laurin.

Die Legende von König Laurin

Der Name Rosengarten entspringt der Legende von König Laurin, der über das Reich der Zwerge herrschte. Wo heute die Gipfel des Rosengartens aufragen, blühten einst seine prächtigen Rosen. Laurin verliebte sich in die Prinzessin Tarina – er entführte sie und hielt sie sieben Jahre lang in seinem Reich fest, wo er sie wie eine Königin behandelte. Doch Tarinas Bruder und dessen Ritter entdeckten das Zwergenreich und holten die Prinzessin zurück. Der über den Verlust Tarinas untröstliche Laurin verwandelte seinen Rosengarten zu Stein, der weder bei Tag noch bei Nacht sichtbar sein sollte – er vergaß aber die Dämmerung, die weder Tag noch Nacht ist. Seit jener Zeit blühen die Rosen Laurins jeden Abend bei Sonnenuntergang auf.

Die Roda del Diavolo

Infobox

Straßenkarte C3. **Anfahrt:** *Karerpass, Nigerpass, Val Ciamin, Vigo di Fassa (Seilbahn Ciampedie), Pozza di Fassa (Rifugio Gardeccia).*

Funivia Ciampedie
0462 763 242. So&Wi.

Rifugio Antermoia
0462 602 272. Sommer.

Rifugio Ciampedie
0462 764 432. So&Wi. Sommer.

Rifugio Fronza alle Coronelle
0471 612 033. Sommer.

Rifugio Gardeccia
0462 763 152. So&Wi. Sommer.

Rifugio Paolina
0471 612 008. Sommer.

Rifugio Roda de Vael
0462 764 450. Sommer.

Rifugio Vaiolet
0462 763 992. Sommer.

Touren

1. Am Fuß des Kesselkogels

Vom Rifugio Vaiolet (2243 m) folgt man dem Weg Nr. 584 zum Grasleitenpass (2599 m) und über den Antermoia-Pass (2670 m). Dieser führt zum Antermoia-See. Am Rifugio Antermoia (2497 m) bietet sich ein Panoramablick auf Kesselkogel, Marmolada, Langkofel und Plattkofel.

Dauer: *2:30 Stunden.*
Schwierigkeit: *mittel.*

2. Fassaner Höhenweg

Von Vigo di Fassa steigt man zum Rifugio Ciampedie (1998 m) auf und folgt dem Weg Nr. 545 zum Ciampaz (2316 m) und Rifugio Roda de Vael (2283 m) mit Blick auf Marmolada, Lagorai und Latemar. Über den Weg Nr. 547 zurück nach Vigo di Fassa. **Dauer:** *4 Stunden.*
Schwierigkeit: *einfach.*

In herbstliches Gold getauchte Berglandschaft beim Rifugio Paolina

3. Masarè-Weg

Vom Karerpass wandert man zum Rifugio Paolina (2209 m) auf dem Weg Nr. 539 mit Blick auf die Ortlergruppe und die Stubaier Alpen. Der Weg Nr. 548 führt weiter hinauf bis unter die Gipfel des Masarè und den Bronzeadler, das Denkmal für den Dolomitenpionier Theodor Christomanno, sowie zum Rifugio Roda de Vael (2282 m). Von dort steigt man zum Karerpass ab.

Dauer: *2 Stunden.*
Schwierigkeit: *einfach.*

4. Rosengartenüberquerung

Von der Frommeralm steigt man zur Rosengartenhütte auf (2339 m) und folgt dem Weg Nr. 550 bis zum Tschagerjoch (2630 m). Dort steigt man über Geröll in die Davoi-Mulde bis zum Rifugio Gardeccia (1492 m) ab.
Dauer: *2 Stunden.* **Schwierigkeit:** *einfach.*

Naturpark Schlern und Seiser Alm ❼

DER MASSIVE SCHLERN/SCILIAR (2564 m) ragt im Herzen des spektakulären Naturparks zwischen Tierser Tal, Rosengarten und Seiser Alm auf. Mit seinen grünen Matten, Felsen und einsamen Tannenwaldtälern bietet der Park (Parco Naturale dello Sciliar e Alpi di Siusi) eine Vielzahl verschiedener Landschaften, deren atemberaubende Kulisse man – auch dank der zahlreichen Lifte auf die Seiser Alm – an unzähligen Aussichtspunkten genießen kann. Zum Park zählt ein Teil dieses riesigen Hochplateaus. In den Sommermonaten organisiert der Park Naturkundeführungen.

Santnerspitze / Punta Santner (2414 m)
Der wuchtige Rücken dominiert zusammen mit der filigranen Euringerspitze (2397 m) Seis und Kastelruth und heißt nach dem Alpinisten, der ihn Ende des 19. Jahrhunderts erstmals bezwang.

Schlern / Sciliar
Das Massiv (über 2500 m) wurde stets mit übernatürlichen Kräften in Verbindung gebracht. Im Mittelalter glaubte man, dass sich an der einstigen prähistorischen Kultstätte Hexen träfen.

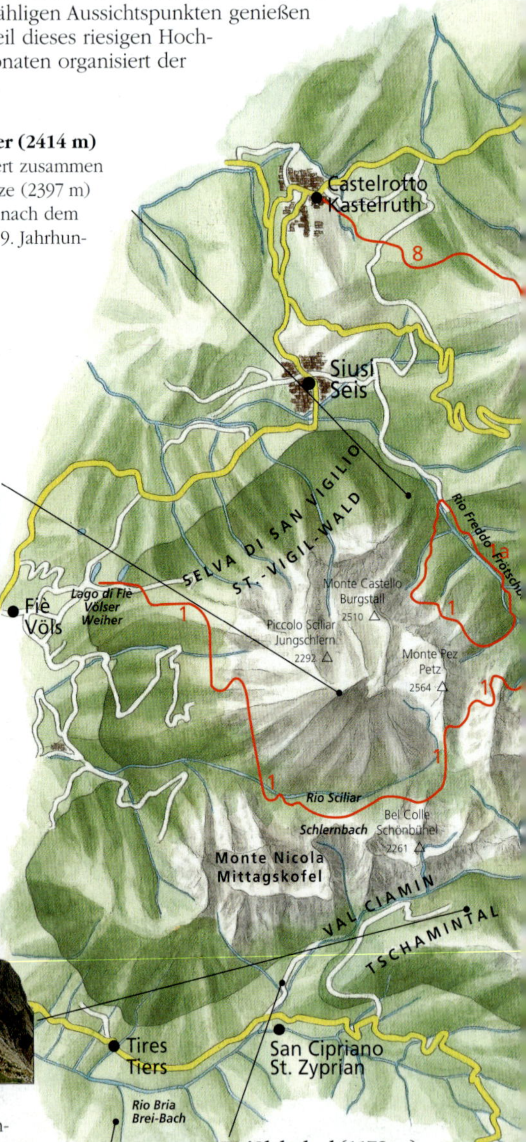

Tschamintal / Val Ciamin
Das Tal wird von den Südwänden des Schlern überragt und führt bis zur Roterdspitze am Ostrand des Parks. Das mit dichtem Wald bestandene Gebiet ist das Revier des Steinadlers.

Val di Tires
Tierser Tal
(siehe S. 85)

Weißlahnbad (1173 m)
In dem alten Sägewerk, das mit Wasserkraft angetrieben wurde, ist das Informationszentrum des Parks mit einem kleinen Natur- und Volkskundemuseum untergebracht.

Legende

- Nebenstraße
- Sonstige Straße
- Routenempfehlung

Puflatsch-Alpe

An der Grenze der Seiser Alm überragt die grasige Erhebung das Grödnertal. An seiner Nordwestseite stehen die »Hexenbänke«. Diese Porphyritbänke sind ideale Sitzgelegenheiten, um das Panorama zu genießen.

Infobox

Provinz Bozen.
Straßenkarte C3.
Fläche: *5850 ha.*
Gründung: *1974.*
Besucherzentrum Schlern Steger Säge, *Weißlahnbad.* ☎ *0471 642 196.* FAX *0471 642 123.*
W *www.provinz.bz.it/naturparke/puez/*
@ *naturparke.bozen@provinz.bz.it*

Seiser Alm / Alpe di Siusi

Im Zentrum der Hochalm bildet Compatsch den idealen Ausgangsort für Ausflüge oder Kutschfahrten mit Haflingern. Die Asphaltstraßen der Alm sind weniger für Wanderungen geeignet, aber herrlich für Radtouren.

Frötschbachtal / Valle del Rio Freddo

Das unberührte Tal führt durch Rottannen- und Lärchenbestände von Seis bis in die Schlernregion.

Das Naturschutzgebiet

Schilderwald auf der Seiser Alm

An der Westseite des Parks bildet Völs am Schlern das Tor zum Naturschutzgebiet und zu dem imposanten Bergmassiv. Weiter nordöstlich liegen die Dörfer Seis und Kastelruth. Sie sind ideale Ausgangspunkte für Touren in den Naturpark oder auf die Seiser Alm mit ihren herrlichen Panoramablicken. Am schönsten ist das sich nach Osten erstreckende Hochplateau zur Blumenblüte zwischen Mitte Juni und Mitte Juli.

Völs am Schlern / Fiè

M *908.* *2900.* **Tourismusverein Völs,** *Via Bolzano 4.* *0471 725 047.* **FAX** *0471 725 488.* *tvvoels@acomedia.it*

Das Städtchen Völs am Schlern wartet mit einer schönen spätgotischen Pfarrkirche aus dem 16. Jahrhundert auf. Der Innenraum birgt einen sehenswerten Altar und eine Rokoko-Kanzel.

Westlich davon überragt der massive Bergstock des Schlern die Hochfläche, auf der Wege und Sträßchen zu den Weilern **Aica** und **Umes** sowie zu dem malerisch von einem Kiefernhain umgebenen **Völser Weiher** führen. Der künstliche kleine See wurde im 16. Jahrhundert als Fischteich angelegt – heute dient er dem sommerlichen Badevergnügen. Am Südrand der Hochfläche steht in Richtung Tierser Tal **Burg Prösels**. Die mächtige Anlage wurde im 13. Jahrhundert von den Verwaltern der Brixener Bischöfe, der Familie von Völs, erbaut. Drei Jahrhunderte später wurde sie grundlegend umgebaut und mit weitläufigen Zwingeranlagen umgeben. Besonders sehenswert sind die Holztäfelungen, Decken und die spätmittelalterlichen Fresken im Hof, die Ritterszenen darstellen. Die Galerie beherbergt die »Gemäldegalerie Batznhäus«. Das Bozener Restaurant wurde häufig von Münchner Künstlern besucht, die zwischen 1882 und 1914 dem Wirt Zeichnungen und Gemälde schenkten. Im Sommer finden im Rittersaal klassische Konzerte statt.

Burg Prösels

0471 601 062. **nur Führungen:** *Apr, Mai, Okt: 11, 14, 15 Uhr; Juni, Sep: 11, 14, 15, 16 Uhr; Juli, Aug: 10, 11, 15, 16, 17 Uhr; im Winter nur nach Voranmeldung.* *Sa.*

Umgebung: Ab Völser Weiher folgt man dem Weg Nr. 1 durch den Wald bis zu den Wiesen der **Tuffalm** (1274 m), dem ersten Aussichtspunkt der Wanderung. Die Strecke verläuft weiter durch Wälder und Wiesen bis zu dem Hang unter dem **Jungschlern** (2292 m), wo auf 1653 Meter Höhe der Aussichtspunkt Peter Frag liegt. Über den Knüppelsteig gelangt man weiter zur Sesselschwaige (1940 m) und über einen letzten Anstieg zum Rifugio Bolzano (2450 m), der größten Schutzhütte Südtirols.

Dauer: *5 Stunden.*

Schwierigkeit: *mittel.*

Rifugio Bolzano

0471 612 024. *Sommer.*

Burg Prösels geht auf einen Bau des 13. Jahrhunderts zurück

Seis

M *1000.* **Tourismusverein Seis,** *Via Sciliar 16.* *0471 707 024.* **FAX** *0471 706 124.* *seiseralm@dolomitisuperski.com*

Das schon im Mittelalter wegen seiner herrlichen Lage besungene Seis entwickelte sich im 19. und 20. Jahrhundert zu einem Ferienort, in dem sich selbst König Friedrich August von Sachsen, Arturo Toscanini sowie belgische Hoheiten die Ehre gaben. Dennoch verströmt der von der Sonne verwöhnte, windgeschütze Ort das Flair eines Bergdorfes, in dem Bauernhöfe in trauter Eintracht mit modernen Bauten stehen. Oberhalb der Ortschaft ist die Kapelle **St. Valentin** einen Besuch wert. Das 1224 errichtete und mehrfach umgebaute Kirchlein zieren Fresken aus dem 14. und 15. Jahrhundert.

Der Völser Weiher bei Völs am Schlern

Umgebung: Am Fuß der Santnerspitze, des nördlichsten Gipfels des Schlern-Massivs, liegt **Bad Ratzes** (1205 m), dessen Heilwasser schon im Mittelalter bekannt waren. Von dort folgt man dem Weg Nr. 1 durch das Fröschbachtal Richtung Süden und weiter dem Weg Nr. 1a zur **Prosliner Schwaige**. Oberhalb der Schwaige führt der Weg wieder als Weg Nr. 1 Rich-

Malerei an einem Kastelruther Haus

tung Norden bis zum Rifugio Schlernboden (1726 m). Von dort führt der Weg wieder nach Bad Ratzes zurück.
Dauer: *4 Stunden.*
Schwierigkeit: *mittel.*

Rifugio Schlernboden
0471 705 345. Sommer.

Kastelruth / Castelrotto
M *1060.* *5280.*
Tourismusverein Kastelruth, *Piazza Krausen 1. 0471 706 333.* FAX *0471 705 188.* *castelrotto@sciliar.com*

Kastelruth liegt an der zum Grödnertal gerichteten Nordseite der Schlern-Hochfläche. In dem Dorf sind nicht nur die Wandmalereien, die viele Häuser schmücken, sehenswert, sondern auch der frei stehende Glockenturm, der am Hauptplatz mit dem großen, zentralen Brunnen aufragt. Im unteren Geschoss befindet sich eine Kapelle mit mehrfarbigem Marmoraltar. Ebenfalls am Dorfplatz prangt ein herrschaftlicher Ansitz. Nördlich des Platzes steht ein Bogen, hinter dem der »Kofel« genannte Schlossberg aufragt. Dort finden sich die Reste einer antiken Burg, die dem Ort seinen Namen verlieh: Castellum ruptum – zerstörte Burg.

Eingang zum frei stehenden Glockenturm in Kastelruth

Umgebung: Von den Schulen in Kastelruth steigt man zum Ortsteil Tiosels auf und folgt ab dort dem Weg Nr. 8 durch den Wald mit den »Hexenstühlen«. Diese waren wohl ein prähistorischer Kultort. Der Weg führt bis Schafstall und von dort weiter auf den Puflatsch (2176 m) mit den »Hexenbänken« *(siehe S. 89).*
Dauer: *3:30 Stunden.*
Schwierigkeit: *mittel.*

Seiser Alm / Alpe di Siusi
M *1500/2000.* **Tourismusverein Seiser Alm**, *Ortsteil Compatsch 50.* *0471 727 904.* FAX *0471 727 828.* *tv-seiseralm@ralmail.net*

Das Hochplateau steht unter Naturschutz und ist für den Verkehr von Juni bis Oktober gesperrt. In den Besitz der Seiser Alm teilen sich knapp 500 Bauern, die sie als Sommerweide nutzen. Die Hochfläche kann in von Haflingern gezogenen Kutschen und mit Kleinbussen gut erkundet werden. Im Sommer werden zudem an die 50 geführte Wanderungen angeboten, die sich mit der Pflanzen- und Tierwelt sowie der Geologie der Region beschäftigen. Ein **Panorama-Lift** fährt zum gleichnamigen Hotel (2011 m), das einen Rundblick vom Langkofel bis zur Marmolada bietet. Im Winter sind auf dem gesamten Plateau Loipen gespurt.

Seggiovia Panorama
0471 727 816. Sommer und Winter.

Albergo Panorama
0471 727 968. ganzjährig.

Umgebung: Von der Frommeralm fährt man mit der Seilbahn auf den **Spitzbühel** (1929 m) und folgt dann dem Weg Nr. 5 bis zur Saltneralm (1832 m) und weiter dem Weg Nr. 1 unterhalb des Schlern bis zum Rifugio Bolzano. Dort beginnt der Anstieg zur **Schlernspitze** (2564 m) mit herrlichem Blick auf Rosengarten und Langkofel.
Dauer: *3:30 Stunden.*
Schwierigkeit: *mittel.*

Funivia Spitzbühel
0471 727 967. So./Wi.

Sanfte Matten auf der Seiser Alm

Heubäder

Wenn früher die Bauern bei der Heuernte schufteten, schliefen sie nachts in den Schobern im warmen, duftenden Heu, das ihre von der harten Arbeit verursachten Schmerzen linderte. Heute haben sich die traditionellen Heubäder zum Topangebot der Schönheitsfarmen gemausert. Das beste Heu kommt auf der Seiser Alm von den höchsten Wiesen unterhalb des Schlern, wo das Gras im Juli und August geschnitten und in der Sonne getrocknet wird. Bei einem Heubad wird man 20 Minuten lang mit feuchtem, warmem Heu bedeckt. Die freigesetzten Wirkstoffe des Heus wirken u.a. entschlackend und stärken das Immunsystem.

Heubad auf einer Schönheitsfarm

Grödnertal/Val Gardena ❽

Typische Grödner Holzfigur

Der italienische Name des Grödnertals, Val Gardena, stammt von dem lateinischen Wort *cardus* (Grenze) ab. Das 22 Kilometer lange Tal zwischen Waidbruck und Canazei war früher die Grenze zwischen den Diözesen Trento und Brixen. Das ladinische Tal beherbergte schon Berühmtheiten wie Sigmund Freud und Peggy Guggenheim. Das Grödnertal erstreckt sich bis zum dominanten Massiv der Sellagruppe und wird im Süden von der Seiser Alm und dem Langkofel, im Norden von den Geislern umrahmt.

Wolkenstein/ Selva di Val Gardena
Die höchste Ortschaft des Grödnertals (1563 m) liegt am Fuß der Sella und zählt zu den Fremdenverkehrszentren der Region.

Geislerspitzen
(siehe S. 106f)

Langental/ Vallunga
Das größte Seitental des Grödnertals erstreckt sich nach Norden in der Höhe von Wolkenstein bis in das Herz der Puez-Geislergruppe *(siehe S. 106f)* und zur Gardenaccia (2668 m).

St. Christina
Der 1428 Meter hoch gelegene Ort auf den sonnigen Wiesen vor dem Langkofel konnte bis heute eine familiäre Atmosphäre bewahren. Ganz in der Nähe befindet sich das berühmte Castel Gardena.

Seceda (2518 m)

St. Ulrich/Ortisei
Der 1236 Meter hoch gelegene Hauptort des Tales blickt auf antike Ursprünge und eine handfeste Händlertradition zurück und hat Zugang zur Seceda- sowie zur Seiser Alm. Das Museo della Val Gardena besitzt die wichtigste Sammlung einheimischer Kunst.

Grödner Joch / Passo Gardena
Auf das 2121 Meter hohe Joch gelangt man vom Grödnertal aus mit der Seilbahn Dantercepies. Sie heißt nach dem Tal, das von Wolkenstein aus zum Pass hochführt.

Sellagruppe
Das 3152 Meter hohe Massiv ist der östliche Abschluss *(siehe S. 98f)*.

Langkofelgruppe
Sie dominiert das Südpanorama (3178 m, *siehe S. 96f*).

INFOBOX

Provinz Bozen. **Straßenkarte** C2.
A22 Klausen.
FS *Bozen, Brixen, Klausen (dann Bus).* *von Bozen, Brixen, Klausen (stündlich).*
Consorzio turistico Val Gardena, *Str. Dursan 78/bis, Santa Cristina.*
0471 792 277. FAX *0471 792 235.* @ *info@valgardena.it*
W *www.valgardena.it*

Sellajoch
Unter den vier berühmten Pässen sticht das Sellajoch (2244 m) durch seine Lage zwischen Sella- und Langkofelgruppe hervor. Für viele ist es einer der schönsten Alpenpässe.

Seiser Alm
(siehe S. 91)

Kastelruth
Der etwas tiefer gelegene Ort (1060 m) bietet herrliche Alpenpanoramen *(siehe S. 91)*.

Grödnertal / Val Gardena

Bronzestatue in St. Ulrich

NICHT NUR DIE Hauptorte des Tales, sondern auch der westliche Abschnitt ist von historischem Interesse. Die dortigen Ortschaften liegen näher an der wichtigen Handelsroute durch das Eisacktal, so etwa Waidbruck (505 m) und Lajen (1112 m). Richtung Osten beginnt ab St. Ulrich der ladinische Sprach- und Kulturraum. Dort, unterhalb der mächtigen Massive von Sella, Langkofel und Geislerspitzen, hat der Massentourismus Tradition und das Handwerk nicht verdrängen können.

Brunnen und Kirche am Antoniusplatz in St. Ulrich

St. Ulrich / Ortisei

M *1236.* *4350.*
Tourismusverein St. Ulrich, *Strada Rezia 1.* *0471 796 328.*
FAX *0471 796 749.*
@ *ortisei@valgardena.it*

Der Hauptort des Grödnertals zählt zu den bedeutendsten Fremdenverkehrszielen der Alpen. Er liegt in einer weiten Talmulde an den bewaldeten Hängen des Raschötz (2282 m).

Die barocke Pfarrkirche des Städtchens schmückt eine monumentale Statue des hl. Ulrich. Sehenswert sind zudem die Fresken, die einige Häuser in der Fußgängerzone des historischen Dorfkerns zieren. Die typischen Grödner Holzschnitzarbeiten werden hier in zahlreichen Geschäften angeboten. Am schönsten Platz der Ortschaft befinden sich die dem Heiligen aus Padua geweihte Kirche und ein hübscher Brunnen.

Daneben können im **Museo della Val Gardena** bei der Cësa di Ladins interessante Sammlungen betrachtet werden. Die Palette reicht von prähistorischen Artefakten über Mineralien und Fossilien zu Grödner Schnitzereien aus verschiedenen Jahrhunderten. Besonders reizend sind die schönen Holzspielzeuge, zu bewundern sind aber auch Sakralobjekte aus dem Haus der Vinazer (18. Jahrhundert). In dieser Familie wurde die Kunst des Holzschnitzens über Generationen hinweg ausgeübt.

Um den massiven Verkehr einzudämmen, wurden Rolltreppen gebaut, auf denen selbst Skifahrer ohne Probleme zu den Seilbahnen gelangen. Eine Straße führt dagegen in das 1460/1500 Meter hoch gelegene **St. Jakob**. Das dortige gotische Kirchlein birgt sehenswerte Fresken und Barockstatuen. Profaner, aber nicht minder beeindruckend ist der herrliche Blick auf den Langkofel, den man von St. Jakob aus genießen kann.

Museo della Val Gardena – Cësa di Ladins
Strada Rezia 83. *0471 797 554.*
Juni: Di–Fr 14.30–18.30 Uhr; Juli, Aug: Di–Sa 10–12, 14.30–17 Uhr; So 14.30–18.30 Uhr.

UMGEBUNG: Eine Seilbahn fährt auf den 2006 Meter hohen **Col de Mesdì** auf der Seiser Alm *(siehe S. 88–91)*. Von dort führen Steige hinunter zu der mit sanft ansteigenden Asphaltstraßen erschlossenen Hochebene.

Der Grödner Bach in St. Ulrich

Die Mühe wird mit einem atemberaubenden Panoramablick auf Schlern, Plattkofel, Langkofel und Geislerspitzen belohnt.
Dauer: *4 Stunden.*
Schwierigkeit: *einfach.*

Von der Ortschaft aus erreicht man entweder schnell mit der Seilbahn oder gemächlicher in zwei Stunden zu Fuß auf dem Weg Nr. 1 den **Raschötz**. An der Bergstation (2107 m) führt vom Rifugio Rasciesa der Weg Nr. 35 über Weiden zur **Flitzer Scharte** (2108 m) und fast in der Ebene zur **Broglesscharte** (2121 m). Von dort geht es kurz hinunter zum Rifugio Malga Brogles. Ein möglicher Rückweg führt über den Weg Nr. 3 zur Mittelstation der Seceda und durch das Valle di Sant'Anna nach St. Ulrich.
Dauer: *4 Stunden.*
Schwierigkeit: *einfach.*

Rifugio Rasciesa
0471 797 12 86.
Sommer und Winter.

Rifugio Malga Brogles
0471 655 642. *Sommer.*

St. Christina

M *1428.* *1650.* **Tourismusverein St. Cristina**, *Strada Chemun 9.* *0471 793 046.*
FAX *0471 793 198.*
@ *s.cristina@valgardena.it*

Die älteste Ortschaft des Tales entwickelte sich rund um eine **Pfarrkirche**, die den hl. Christina und Antonio Abate geweiht ist. Im Inneren des Baus findet sich ein wunderschöner Hochaltar von 1690, ein Werk der Familie Vinazer. An der

Das tief verschneite Castel Gardena in St. Christina

Casa Orchidee oberhalb der Kirche führt ein Kreuzweg mit 14 Stationen nach Plesdinaz. Die einzelnen Stationen sind durch Holzschnitzereien dargestellt. Ein weiterer interessanter Spaziergang folgt der Trasse der ehemaligen Grödner Bahn, die in einen leichten Wanderweg umgebaut wurde. Der Abschnitt bei St. Christina wurde als **Planetenweg** mit maßstabgetreuer Darstellung des Sonnensystems gestaltet. Auf der abwechslungsreichen Wanderung erfährt man allerlei über die verschiedenen Planeten, etwa Durchmesser, Dichte, Entfernung zur Sonne oder Anzahl der Monde.

Am Ostrand der Ortschaft thront auf der anderen Seite des Grödner Baches das **Castel Gardena**. Die durch Türme und Schießscharten geschützte »Fischburg« wurde zwischen 1622 und 1641 als Sommerresidenz der Familie Wolkenstein erbaut. Sie kann zwar nicht besichtigt werden, stellt aber ein gutes Wanderziel dar.

UMGEBUNG: Von der Talstation des Monte Pana (1637 m) führt eine kleine Straße zur Casa Tervella und auf der linken Seite (Markierung 3-525) durch den Wald bis zu einem Wasserfall. Am Rückweg passiert man eine kleine Brücke und erreicht über Soplases wieder das Dorf.

Dauer: *1 Stunde.*

Schwierigkeit: *sehr einfach.*

Eine weitere Wanderung mit wunderbarem Blick auf Sella und Langkofel beginnt am Kirchplatz in Richtung Ulëta. Man folgt dem Weg Nr. 4 bis zur Kirche St. Jakob, die zur Gemeinde St. Ulrich gehört. Sie zählt zu den ältesten christlichen Sakralbauten des Tales.

Dauer: *2 Stunden.*

Schwierigkeit: *sehr einfach.*

Wolkenstein Selva di Val Gardena

M *1563.* *2470.* **Tourismusverein Wolkenstein**, *Strada Mëisules 213.* *0471 795 122,* FAX *0471 794 245.* @ *selva@valgardena.it*

Familienwappen in St. Christina

Der bedeutendste Wintersportort des Grödnertals mit seinen weltberühmten Abfahrten liegt in einer Mulde am Beginn des Langentals, eines wahren Juwels im Naturpark Puez-Geisler. Die Pisten von Ciampinoi, Saslonch und Dantercepies waren schon häufig Austragungsorte für spannende Weltcuprennen. Rund um den Ortskern mit seinen ladinischen Häusern, die Fassadenmalereien zieren, hat sich entlang der Staatsstraße das moderne Zentrum entwickelt. Am Fuß der Steilwand der Stevia im Langental stehen die romantischen **Ruinen der Burg Wolkenstein** aus dem 13. Jahrhundert. Sie wurde von der gleichnamigen Adelsfamilie, aus der u. a. der Minnesänger Oswald von Wolkenstein stammt, erbaut. In der Nähe führt ein Kreuzweg zur Sylvesterkapelle im Langental. Die 14 Darstellungen der Leidensstationen wurden von einheimischen Künstlern geschaffen.

Blick auf Wolkenstein und den imposanten Sella-Stock

UMGEBUNG: Von Wolkenstein fährt man mit dem Auto bis zum Parkplatz im Langental (1600 m). Der Weg Nr. 4 führt zur **Sylvesterkapelle** und danach durch den Wald bis zur **Alpe Puez** (2474 m). Ab dort folgt man dem Höhenweg Nr. 2 bis zum Rifugio Puez (2475 m). Über den Weg Nr. 14 steigt man durch das Langental wieder ab.

Dauer: *6 Stunden.*

Schwierigkeit: *mittel, anstrengend.*

Rifugio Puez

0471 795 365.

Sommer.

HOLZKUNST, HOLZKÜNSTLER

ENGEL, KRIPPEN, KRUZIFIXE, in blankem Holz oder fein koloriert – die Schnitzkunst zählt im Grödnertal zu den wichtigsten Attraktionen. Traditionell bringen hier schon seit Generationen Väter ihren Söhnen diese Fertigkeit bei. Etwa um 1600 begannen die Bauern sich die langen Winterabende in der Stube mit Holzschnitzereien zu verkürzen und Alltagsgegenstände wie Schalen oder Kellen zu produzieren. Nach und nach entdeckten sie dabei ihre künstlerische Ader und begannen, Skulpturen auf den Frühjahrsmärkten zu verkaufen, um die mageren Erträge aus der Landwirtschaft aufzubessern. Dank der Kunstschulen in St. Ulrich und Wolkenstein konnte sich diese Tradition bis heute bewahren. Seit einigen Jahren schützt ein Gütesiegel die Holzskulpturen des Tales.

Holzskulptur eines Grödner Künstlers

Langkofel/Sassolungo ❾

Paul Grohmann

Mit mächtigen Zacken versehen überragen die Massive von Lang- und Plattkofel die lieblichen Matten der Seiser Alm und des Grödnertals. In der Luftaufnahme erscheint die gesamte Gruppe wie ein riesiges, nach Nordwesten geöffnetes Hufeisen. Diese merkwürdige Form weist darauf hin, dass der Gebirgsstock aus einem urzeitlichen Korallenatoll entstand. Die erste dokumentierte Ersteigung gelang dem großen Pionier des Alpinismus in den Dolomiten, dem Wiener Paul Grohmann. Er erreichte zusammen mit den Bergführern Salcher und Innerkofler 1869 über die Südwestseite den höchsten Gipfel.

Plattkofel/Sassopiatto (2964 m)
Die Südwestseite des Plattkofels ist im Frühjahr ein beliebtes Ziel für Skitouren. Der Plattkofel ist zudem der einzige Gipfel der Gruppe, der auch von Bergwanderern bestiegen werden kann. Man erreicht ihn über den Oskar-Schuster-Steig.

Langkofel/Sassolungo (3178 m)
Der aus Türmen und Zacken geformte Langkofel ragt im Nordwesten des langen Kammes majestätisch über dem Grödnertal auf. An der Nordwand verlaufen schwierige Klettertouren.

Grohmann-Spitze/Sasso Levante (3126 m)
Der östlichste Gipfel der Gruppe ragt über der dem Fassatal zugewandten Seite auf. Die vier Felswände der Steinpyramide sind von Rinnen durchfurcht, in denen häufig Schnee liegt.

Langkofelscharte (2678 m)
Sie erreicht man mit der Seilbahn vom Sellajoch. Vom Rifugio Toni Demetz (Panoramablick auf Sella und Marmolada) führt die Scharte zum Rifugio Vicenza.

Fünffinger-Spitze Cinque Dita (2996 m)
Vom Sellajoch aus erscheint der Gipfel wie eine Hand. Die Erstbesteigung gelang 1890.

Fünffinger-Scharte Forcella Cinque Dita (2785 m)

Blick vom Sellajoch
Der Blick auf die Südostseite der Gruppe zeigt die »klassische« Ansicht des Felsmassivs, das elegant und imposant zugleich rund tausend Meter aufragt.

Blick von der Seiser Alm
Beim Blick über die blühenden Wiesen der Seiser Alm ragt besonders markant der Plattkofel auf. Mit seinem schräg abfallenden, gigantischen Rücken besitzt er eine in den Dolomiten einzigartige Form. Dahinter erheben sich der Zahnkofel (2825 m) und der nach dem berühmten Sextener Bergführer benannte Innerkoflerturm (3098 m).

INFOBOX

Straßenkarte C3.
Anfahrt: *Sellajoch, Seiser Alm, Moéna.*
Ovovia Forcella del Sassolungo
0471 795 175, 0471 795 050.
Sommer und Winter.
Rifugio Emilio Comici
0474 794 121. *Sommer.*
Rifugio Federico Augusto
0462 764 919. *So./Wi.*
Rifugio Sassopiatto
0462 601 721. *Sommer.*
Rifugio Toni Demetz
0471 795 050. *Sommer.*
Rifugio Vicenza
0471 797 315. *Sommer.*

TOUREN

1. Zum Gipfel des Plattkofels
Vom Sellajoch folgt man dem Weg Nr. 4 Richtung Col Rodella und biegt nach rechts in Richtung Rifugio Federico Augusto (2308 m) ab. Von dort führt der Weg weiter unterhalb der Felswände der Grohmann-Spitze bis zum Rifugio Sassopiatto am Giogo di Fassa (2300 m) und zum Rifugio Pertini. Von dort gelangt man über einen einfachen, aber steilen Anstieg zum Plattkofelgipfel (2964 m).

Dauer: *4 Stunden.*
Schwierigkeit: *einfach.*

Der Gipfel des Plattkofels

Wanderer bei der Langkofelscharte

2. Langkofelumrundung
Vom Sellajoch aus schwebt man mit der Seilbahn zum Rifugio Toni Demetz an der Langkofelscharte (2678 m). Dort beginnt der Abstieg in ein steiniges Tal zum Rifugio Vicenza (2252 m). Ab dort folgt man dem Weg Nr. 526, der Richtung Norden unterhalb des Langkofels verläuft. Die Strecke führt durch ein großes Latschenfeld, bis man den Rifugio Emilio Comici erreicht. Von dort kehrt man, vorbei an der »Steinernen Stadt«, zum Ausgangspunkt zurück.

Dauer: *4 Stunden.*
Schwierigkeit: *einfach.*

Die Seilbahn vom Sellajoch

Sella ⑩

Die Sellagruppe ist einer der berühmtesten Gebirgsstöcke der Dolomiten und zählt zu den beliebtesten Zielen für Bergwanderer. Mit ihrem flachen Gipfel und den grauen Felswänden gleicht sie einer gigantischen Festung, die über die vier ladinischen Täler (Grödner, Gader/Abtei, Livinallongo und Fassa) wacht. Die Pässe rund um den mächtigen, viereckigen Kubus aus Fels und Stein eignen sich hervorragend als Ausgangspunkte für Wanderungen. Einfache Touren verlaufen auf der Seite der Alta Badia und des Pordoijochs, anspruchsvoller sind dagegen die Wege des Grödnertals. Außerhalb der Saison kann man sogar Steinböcke sichten.

Murfreid
Die von Rinnen zerfurchte Felswand ragt an der Nordseite des Massivs oberhalb der Straße zum Grödnerjoch auf. Auf dem Gipfel lockt die Torre del Murfreid (2631 m) Kletterer an.

Sass Pordoi (2980 m)
Die imposante Felsformation bildet die südliche Bastion der Sella. Ihre Erstersteigung gelang 1910 Tita Piaz und Francesco Jori über die Südwestwand. Heute »erklimmt« man den Sass Pordoi sehr viel bequemer und schneller mit der Seilbahn und genießt dabei eine atemberaubende Aussicht.

Piz Boè (3152 m)
Nicht zuletzt dank der Seilbahnen vom Pordoijoch und der Boè-Bahn ist der Piz Boè wahrscheinlich der »einfachste« Dreitausender der Dolomiten.

Raibler Schichten
Diese große Geröllterrasse verläuft rund um das gesamte Massiv und teilt es praktisch in zwei Teile.

Südseite
Die mit Zacken und Türmen gestaltete Südseite erhebt sich über den Passo di Campolongo.

Südostseite
Vom Rifugio di Porta Vescovo aus erscheint die Sella wie eine riesige Felsenburg, an deren Fuß die Große Dolomitenstraße verläuft. Sie führt in diesem Abschnitt vom Pordoijoch hinunter Richtung Arabba und Livinallongo.

Piz Ciavazes (2836 m)
Dieser Gipfel kann mit einer der berühmtesten Felswände des Massivs aufwarten. Der Piz Ciavazes erhebt sich am Eingang des Val di Lasties und dem Richtung Kolfuschg verlaufenden Val de Mesdì (Mittagstal).

Infobox

Straßenkarte D3.
Anfahrt: *Grödner Joch, Pordoijoch, Corvara.*
W *www.val-gardena.com/virtual-sella*
Cabinovia Boè
0471 839 715. *Sommer/Winter.*
Cabinovia del Crep de Mont
0471 839 715. *Sommer/Winter.*
Funivia Sass Pordoi
0462 795 397. *Sommer/Winter.*
Rifugio Cavazza Pisciadù
0471 836 292. *Sommer.*
Rifugio Piz Fazza
0462 601 723. *Sommer.*
Seggiovia del Vallon
0471 839 715. *Sommer/Winter.*

Sellatürme
Die drei markanten Felsnadeln überragen die Wiesen am Sellajoch. Im Norden beginnend messen die Türme 2688, 2597 und 2533 Meter.

Touren

1. Corvara – Piz Boè
In Corvara nimmt man die Seilbahn zum Crep de Mont (2200 m) und steigt dort in die Bahn zum Vallon (2553 m) um. Von dort folgt man dem Weg Nr. 638, der anfänglich eben verläuft und dann in einer Rinne auf eine Terrasse ansteigt. Nach einem weiteren Anstieg durch Fels und Geröll erreicht man den Piz Boè (3152 m) und den Rifugio Piz Fassa. Der Abstieg kann auch über die Pordoischarte zur Seilbahn am Pordoijoch verlaufen. Unten fährt ein Autobus.
Dauer: *5 Stunden.*
Schwierigkeit: *mittel.*

Der Piz Boè ist der Gipfel der Sella

2. Kolfuschg – Rifugio Pisciadù – Grödner Joch
Der Weg Nr. 651 führt zum Talgrund des von Felswänden umschlossenen Val de Mesdì. Dort folgt man dem in einigen Abschnitten mit Drahtseilen gesicherten Weg Nr. 666 (einer Teilstrecke des Höhenwegs AV Nr. 2) bis zum Pisciadù und dem Rifugio Pisciadù, wo sich ein kleiner See erstreckt. Nach der Hütte steigt der Weg erst leicht an und führt dann Richtung Grödner Joch hinunter.
Dauer: *4:30 Stunden.*
Schwierigkeit: *mittel.*

Schilder für die »Sella Ronda«

Die »Sella Ronda«

GRÖDNER-, Sella- und Pordoijoch sowie der Passo di Campolongo bilden die Eckpunkte für eine spektakuläre und beeindruckende Skirundfahrt. Die »Sella Ronda« führt rund um das im ladinischen Kern der Dolomiten gelegene Sellamassiv. Doch die Pässetour fasziniert nicht nur Skifahrer, sondern lockt in schneelosen Zeiten auch die Radfahrer, die sich hier auf den Spuren der großen Meister des Radsports in Haarnadelkurven, an rasanten Abfahrten und steilen Anstiegen messen. Weniger Ehrgeizige genießen einfach das überwältigende Panorama und nutzen auch Seilbahnen und öffentliche Verkehrsmittel.

❹ Sellajoch (2244 m)
Der höchste der vier Pässe verläuft an hoch gelegenen Weiden zwischen Sella und Langkofel und verbindet das Grödnertal mit dem oberen Fassatal.

DIE VIER-PÄSSE-STRASSE

VON CANAZEI windet sich die Dolomitenstraße Nr. 48 in Haarnadelkurven hinauf zum Pordoijoch und danach wieder hinab bis Arabba. Hier verlässt man die »Große Dolomitenstraße« in Richtung Norden (Straße Nr. 244) und den Passo Campolongo. Von der Passhöhe führt die Strecke nun hinab in die Alta Badia. Eine andere Variante führt nach Westen und beginnt in Corvara. Dort folgt man der Straße Nr. 243 über Kolfuschg bis hinauf zum Grödner Joch. In Plan de Gralba biegt man auf die Straße Nr. 244 ab, die zum Sellajoch führt. Nach dem Pass folgt man der Strecke Richtung Canazei. (In Gegenrichtung geht's natürlich auch.)

Die Serpentinenstraße zwischen Sellajoch und Grödner Joch

❶ Pordoijoch (2239 m)
Hier ist die untere Station der Pordoi-Bahn, die an einem Schwindel erregenden Steilhang hinauf zum Sass Pordoi (2952 m) schwebt. Fantastischer Panoramablick!

❸ **Grödner Joch (2121 m)**
Der Verbindungspass zwischen der Alta Badia und dem Grödnertal war früher von einem undurchdringlichen Wald bedeckt, in dem man Ungeheuer und Hexen vermutete. Im Norden ragt die Puez-Gruppe auf, im Süden thront die Sella.

LEGENDE

- Hauptstraße
- Nebenstraße
- Sonstige Straße
- Routenempfehlung
- Seilbahn/Lift

❷ **Passo Campolongo (1875 m)**
Der Pass verbindet die Alta Badia mit dem Alto Cordevole. Hier beginnen viele Sella-Wanderungen.

DIE »SELLA RONDA« IM SOMMER

DIE ETWA FÜNF bis acht Stunden lange Pässerundfahrt mit ihren wechselnden Panorama-Ansichten ist auch im Sommer äußerst reizvoll. Leider verstopfen noch immer viele Privatautos die Straßen und Parkplätze, obwohl durch ein ausgeklügeltes und effizientes Netz von öffentlichen Verkehrsmitteln Lifte, Bahnen und Wege problemlos zu erreichen sind. Größere Orte werden von verschiedenen Richtungen aus von Bussen angefahren. Mit der Tageskarte »Sellaronda Card« kann man unbegrenzt alle Transportmittel benutzen, so die Seilbahnen Boè (Alta Badia); Dantercëpies und Ciampinoi, Cir (Grödnertal); Col Rodella und Col dei Rossi, Pecol (Fassatal); Porta Vescovo (Arabba); und auf der gesamten Strecke den SAD-Bus. Die Sellaronda Card ist in den Fremdenverkehrsbüros Corvara, Grödnertal, Fassatal und an der Seilbahn Porta Vescovo erhältlich.

RADSPORT IN DEN DOLOMITEN

ALS BEIM 25. GIRO d'Italia 1937 eine Etappe durch die Dolomiten eingeführt wurde (Vittorio Veneto–Meran), war Skepsis angesagt, doch in der Folge wurden die dramatischsten Rennen gerade auf den Bergstrecken ausgetragen. Besonders die Anstiege zum Pordoi- und Sellajoch boten Spannung pur – unvergessen sind die Rennen von Fausto Coppi und Hugo Koblet im Giro von 1953. Koblet fühlte sich bereits als sicherer Gesamtsieger und überließ Coppi die Etappe (Auronzo–Bozen), doch am nächsten Tag konnte der Piemonteser einen großen Sieg erringen und so den Giro gewinnen.

Fausto Coppi bei einer Dolomitenetappe

Alta Badia/Hochabteital ⓫

Hölzernes »Marterl« im Gadertal

WO DIE WIESEN UND MATTEN den Tannenwäldern und schroffen Felswänden der Sella, den Naturparks Puez-Geisler und Fanes-Sennes-Prags weichen, erstreckt sich der weite Kessel des Hochtals des Gaderbachs. Das gesamte Gadertal, dessen ladinische Bevölkerung zu 90 Prozent in Corvara, Stern, St. Kassian, Pedratsches, Kolfuschg und Wengen lebt *(siehe S. 104f)*, bildet die Scheide zwischen den West- und Ostdolomiten.

INFOBOX

Provinz Bozen. **Straßenkarte** D2.
A22 (Ausfahrt Klausen, dann Grödnertal und Grödner Joch). FS *Bozen, Klausen, Bruneck, dann Bus oder Taxi.*
Bozen und Bruneck. **Consorzio turistico Alta Badia**, *strada Col Alt 36.*
0471 836 176. FAX *0471 836 540.*
W *www.altabadia.org*
@ *corvara@altabadia.org*

Überblick: Alta Badia / Hochabteital

Kunsthandwerk der Alta Badia

Den Gadertalern ist der Spagat zwischen modernem Tourismus und der Bewahrung alter Traditionen bestens gelungen. Man passt sich den neuen Zeiten an, ohne dabei Bräuche, Trachten, tradtionelle Lebensweisen und -weisheiten über Bord zu werfen. Rund 90 Prozent der Bevölkerung sind Ladiner, und noch heute kann man besonders im oberen Teil des Tales, der Alta Badia, die alten, *viles* genannten Weiler sehen, zu denen zwei oder drei Höfe, Heuschober, Brunnen und gemeinsamer Backofen gehören. Die Alta Badia ist nicht nur wegen ihrer fantastischen Lage zwischen zwei Naturparks und Bergen wie Sella, Marmolada und Lagazuoi eine Reise wert, sondern auch wegen ihrer unverfälschten Lebensart.

Kolfuschg / Colfosco

M *1645.* *500.*
Associazione turistica Colfosco, *Strada Pecei 2.* *0471 836 145.* FAX *0471 836 744.*
@ *colfosco@altabadia.org*

Das von den imposanten Massiven der Sella und des Sassongher beschützte Kolfuschg ist das am höchsten gelegene Zentrum des Gadertals (Abteitals). Der Ort an der Straße zum Grödner Joch hat sich mit gotischer Kirche und Zwiebelturm (1420) trotz des Tourismus den Charme eines ladinischen Dorfes bewahrt.

Kurfar / Corvara

M *1568.* *700.* **Associazione turistica Corvara**, *Strada Col Alt 36.* *0471 836 176.* FAX *0471 836 540.* @ *corvara@altabadia.org*

Das in einem weiten Kessel unterhalb des Sassongher gelegene Corvara ist der wichtigste Ferien- und Wintersportort des Tales. Corvara ist rund um den alten Dorfkern mit der Pfarrkirche gewachsen. Bereits in der zweiten Hälfte des 19. Jahrhunderts begannen junge Männer aus dem Tal, die umliegenden Berge zu ersteigen und Reisende in den Bergen zu führen. Zu diesen Pionieren gehörte Franz Kostner, der nicht nur Alpinsport, sondern auch ein Hotel betrieb. Eine nach dem Zweiten Weltkrieg gegründete Skischule lockte Wintersportler an, deren Zahl nicht zuletzt durch den Bau der ersten Sesselbahn Italiens auf den Col Alto im Jahr 1947 ständig wuchs.

Heute fährt in Corvara, das auf der Strecke der Sella Ronda liegt, die größte Seilbahn auf den Piz Boè. An der Talstation erstreckt sich ein Biotop mit See, Ruhezone und einem botanischen Lehrpfad. An diesem Weg lernt man diverse Alpenpflanzen – vom Edelweiß bis zur Alpenrose – kennen.

Umgebung: Einen besonders schönen Panoramablick kann man bei einer Wanderung auf die **Pralongià** genießen. Man parkt dazu am Golfplatz von Corvara und folgt von dort der Via del Cacciatore bis zum Rifugio Pralongià und der Hochfläche Cherz.
Dauer: *3 Stunden*
Schwierigkeit: *einfach.*
Rifugio Pralongià
0471 836 062. *Sommer und Winter.*

Corvara und der Sassongher

Die Pfarrkirche von Kolfuschg

Stern / La Villa

M *1468.* *1000.*
Associazione turistica La Villa, *Strada Picenin 10.* *0471 847 037.* FAX *0471 847 277.*
@ *lavilla@altabadia.org*

Stern, das auf Italienisch La Villa heißt, liegt zentral in der Alta Badia am Fuß von Gardenaccia und Piz zwischen den beiden Talflächen, in denen sich Corvara (im Westen) und St. Kassian (im Osten) erstrecken. Im alten Dorfkern stehen die Kirche und das **Ciastel Colz**. Der Ansitz, einst im Besitz einer der mächtigsten Familien des Tales, überragt in strategisch günstiger Position die Verbindungsstraße zwischen oberem und unterem Talbereich. Außerhalb des modernen Zentrums liegen an den Hängen die *viles* **Cianins**, **Fistì** und **Sompunt**.

St. Kassian

M *1537.* *760.*
Associazione turistica San Cassiano, *Strada Micurà de Rü 24.* *0471 849 422.* FAX *0471 849 249.* @ *s.cassiano@altabadia.org*

Das alte Bergdorf am Fuß der majestätischen Felswände von Conturines, La Varel-

Glückliche Kühe bei Sterns Ciastel Colz

la, Settsass und Lagazuoi hat sich zu einem exklusiven Sommer- und Wintersportort entwickelt. Die hiesigen Luxushotels sind auch wegen ihrer exzellenten Küche bekannt. Historisch Interessantes kann im **Pic Museo Ladin** bewundert werden, etwa das 1987 in den Conturines gefundene Skelett eines Höhlenbären *(Ursus spelaeus)*. Die hier ausgestellten Fossilien zeigen, dass die Dolomiten vor Urzeiten ein Meer bedeckte.

Pic Museo Ladin
Paese 21. *0471 849 505.*
15. Dez–Ostern: Di–So 16–19 Uhr; Juli–Sep: Di–Sa 16–19 Uhr, So 16.30–19.30 Uhr.

UMGEBUNG: Außerhalb von St. Kassian erstreckt sich in Richtung der Pässe Valparola und Falzarego das »Armentarola« genannte Gebiet. Dort parkt man das Auto und wandert auf dem Weg Nr. 11 in 40 Minuten zum Rifugio Capanna Alpina und weiter Richtung **Col della Loggia** (2060 m). Dort kreuzt der Höhenweg (AV) Nr. 1, auf dem man einen herrlichen Blick auf Sella und Marmolada hat. Er führt auf den **Gran Plan**, wo ein kurzer Anstieg zum Passo Tadega und zur Großen Fanesalm beginnt. Die Tour führt weiter entlang dem **Lago di Limo** unterhalb des gleichnamigen Passes und hinab zum **Grünsee**, wo die Hütten Rifugio Fanes und Lavarella im Naturpark Fanes-Sennes-Prags zur Rast einladen *(siehe S. 170f)*. Ein möglicher Rückweg führt über den Weg Nr. 12 vom Rifugio Lavarella auf die Fanes-Alm und über die Forcella Medesc (2591 m) wieder in das Gadertal (Abteital).
Dauer: *1 Tag.*
Schwierigkeit: *einfach, aber anstrengend.*

Rifugio Capanna Alpina
0474 723 99.
Sommer und Winter.

Rifugio Fanes
0474 501 097.
Sommer und Winter.

Rifugio Lavarella
0474 501 079.
Sommer und Feb–Apr.

Pedratsches
M *1315.* *1000.*
Associazione turistica Pedraces, *Strada Pedraces 40.* *0471 839 695.* FAX *0471 839 573.*
@ *pedraces@altabadia.org*

Die Ortschaft Pedratsches ist der Verwaltungssitz der Gemeinde Badia und erstreckt sich unterhalb des imposanten Kreuzkofels entlang der Staatsstraße. Zur Gemeinde gehört auch der Ortsteil **St. Leonhard** mit der den hl. Jakob und Leonhard geweihten Pfarrkirche.

UMGEBUNG:
Von St. Leonhard (oberhalb Pedratsches' Richtung Osten) fährt eine Seilbahn auf 1840 Meter – oder man wandert auf dem Weg Nr. 7 bis zum **Heiligkreuz-Hospiz** (2045 m). Das Hospiz ist seit Jahrhunderten Wallfahrtsziel, u. a. wird dort das St.-Anna-Fest am 26. Juli gefeiert. Der Abstieg erfolgt über den Weg Nr. 15 Richtung St. Kassian durch Wälder und über Wiesen. Von Cianins aus führt der Weg Nr. 12 zurück nach St. Leonhard.
Dauer: *5 Stunden.*
Schwierigkeit: *einfach.*

Heiligkreuz-Hospiz
0472 839 632.
Sommer und Winter.

Skelett eines *Ursus spelaeus* im Pic Museo Ladin in St. Kassian

Wengen / La Valle
M *1385.* *1200.* **Associazione turistica La Valle**, *Strada Centro.* *0471 84 30 72.*
FAX *0471 843 277.*
@ *laval@altabadia.org*

Das kleinste und zugleich friedlichste Dörfchen in der Alta Badia schmiegt sich in die Talmulde am Fuße des Kreuzkofels und kann mit einer schlicht umwerfenden Lage aufwarten. Die zu Wengen gehörenden *viles* **Cians**, **Ciampei** und **Runch** zählen zu den am besten erhaltenen des Tales. Einen Besuch wert ist nicht nur wegen seiner wunderbaren Panoramalage oberhalb des Dorfes das 1490 im spätgotischen Stil errichtete **Kirchlein der hl. Barbara**. Es beherbergt eine Kreuzigungsgruppe, die der Schule von Michael Pacher zugeschrieben wird.

Das Heiligkreuz-Hospiz unterhalb des Heiligkreuzkofels

Teufelskralle

Naturpark Puez-Geisler ⓬

ZWISCHEN GRÖDNERTAL, Gadertal und Vilnösstal erstreckt sich der Park (Parco Naturale Puez-Odle) von der Sella Richtung Nordwesten bis zu den äußersten Nordhängen des Peitlerkofels. Ein wahres geologisches und Naturparadies bildet die Puez-Hochfläche, auf dem sich die Felswände der Cir- und Geislerspitzen, von Sassongher und Peitlerkofel gegenüberstehen und eine facettenreiche Landschaft bilden. Spalten, Verwitterungen, Kessel, Höhlen und Bogen aus nacktem Fels stehen im schroffen Gegensatz zu grünen Wiesen, auf denen seltene Pflanzen wie Zwergalpenrose oder Teufelskralle gedeihen. Den Park durchzieht ein dichtes Netz von Wanderwegen.

Die Geislerspitzen / Odle
Die höchsten Gipfel der spektakulären Berggruppe sind der Sass Rigais und die Furchetta (3025 m), deren berühmt-berüchtigte Nordwand 1925 von Emil Solleder *(siehe S. 44)* und Franz Wiessner erstmals bezwungen wurde.

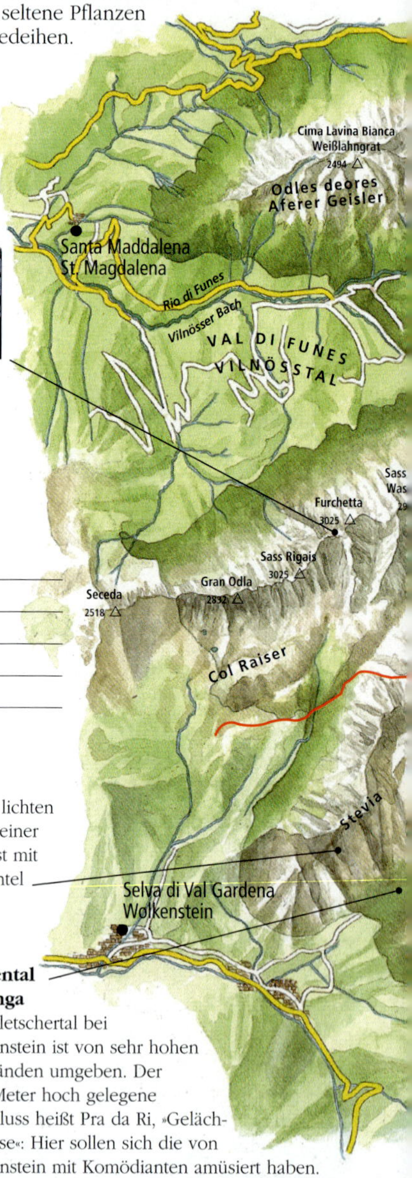

LEGENDE

- Nebenstraßen
- Andere Straßen
- Routenempfehlung
- Lift/Seilbahn

Felsbogen in den Stevia-Wänden
Der Felsbogen mit einer lichten Weite von 25 Meter und einer Breite von zwölf Meter ist mit einem bunten Blütenmantel bedeckt.

Langental Vallunga
Das Gletschertal bei Wolkenstein ist von sehr hohen Felswänden umgeben. Der 1800 Meter hoch gelegene Talschluss heißt Pra da Ri, »Gelächterwiese«: Hier sollen sich die von Wolkenstein mit Komödianten amüsiert haben.

Peitlerkofel/ Sasso di Putia (2875 m)
Auf den Gipfel im Nordosten des Parks führt ein anstrengender Klettersteig: fantastische Aussicht!

INFOBOX

Provinz Bozen.
Straßenkarte D2.
Gründung: *1978.*
Größe: *9400 ha.*
Ufficio parchi naturali, *Via C. Battisti 21.* ☎ *0471 414 300.* FAX *0471 414 309.*
W *www.provincia.bz.it/parchinaturali*
@ *parchi.naturali.Bolzano@provincia.bz.it*

Valle di Longiarù
Das ruhige, wenig frequentierte Tal beginnt in St. Martin. Die Straße endet in den wunderbar erhaltenen *viles* Seres und Miscì.

Die zentralen Hochflächen
Im Zentrum des Parks bilden die Plateaus von Puez und Gardenaccia eine 2500 Meter hohe Felsenfläche mit Dolinen und Spalten. Spektakulärer Mergelrücken Col de la Sone (2634 m).

TOUREN

1. Longiarù – Peitlerscharte – Longiarù
Man folgt dem Weg Nr. 4 entlang dem Seresbach unterhalb des Kreuzbergs (2294 m) bis zum Kreuzkofeljoch (2344 m) und in der Folge dem Weg Nr. 4-35 bis zur Peitlerscharte.
Dauer: *5:30 Stunden.* **Schwierigkeit :** *mittel.*

2. Col Raiser – Rifugio Firenze – Longiarù
Man nimmt die Bahn auf den Col Raiser (2107 m) und erreicht von dort den Rifugio Firenze (2039 m) und die Wasserscharte. Weg Nr. 3 führt zur Fontanaccia-Alm und zur Schotterstraße.
Dauer: *6 Stunden.* **Schwierigkeit:** *mittel.*

3. Grödner Joch – Lago di Ciampai – Kolfuschg
Auf dem Weg Nr. 2 steigt man zum Passo del Cir (2466 m) und Passo di Crespeina (2528 m) auf. Dort überquert man eine karstige Hochfläche bis zur Forcella di Ciampai und dem See. Der Abstieg erfolgt über Weg Nr. 4.
Dauer: *4–5 Stunden.* **Schwierigkeit:** *einfach.*

Cirspitzen
Die 15 Spitzen der kurzen Bergkette oberhalb des Grödner Jochs erstrahlen oft in wunderbarem Alpenglühen.

Sassongher (2665 m)
Über die eisige Nordseite erreicht man Corvaras dominanten Gipfel von Kolfuschg, Stern oder dem Rifugio Puez aus.

Marmolada, Palagruppe, Belluneser Dolomiten

Die Marmolada, *der höchste Gipfel der Dolomiten, überragt eine malerische Region mit spitzen Zacken und hohen Felswänden, dichten Wäldern und alten Dörfern, Spuren aus dem Weltkrieg sowie Industrie- und Fremdenverkehrseinrichtungen.*

Im Südwesten der »Königin« Marmolada liegen im äußersten Osten des Trentino das Val di San Pellegrino und der Naturpark Paneveggio-Palagruppe. Das Paneveggio ist das größte Waldgebiet der italienischen Alpen. In diesem Reich der Hirsche wurde einst das Holz für die Republik Venedig, aber auch für die Meisterstücke der norditalienischen Geigenbauer geschlagen. Die massive Palagruppe bildet die Ostseite des Val Cismon. Ihre majestätischen Gipfel lockten früh britische Reisende an, die in der zweiten Hälfte des 19. Jahrhunderts die Schönheit der Dolomiten in ganz Europa bekannt machten. Vom Val Cismon gelangt man Richtung Südosten in die Provinz Belluno und zum Westrand des Nationalparks Belluneser Dolomiten. Er umfasst das imposante Schiara-Massiv, wo die letzte Etappe des Höhenwegs (AV) Nr. 1 verläuft. Dieses Gebiet lockt besonders wegen seiner unberührten Naturlandschaft. Von Longarone führt das Val di Zoldo in die »Brillenregion« Agordino, wo zwischen venezianischen Villen, Weltkriegsrelikten und modernen Bergbahnen die Civetta-Moiazza-Gruppe mit ihrer Nordwestwand aufragt, die unter Bergsteigern einen sagenhaften Ruf genießt. Der nordöstlich gelegene Passo Giau und der Monte Pelmo führen in das Cadore. Im Norden des Gebiets erstreckt sich im Schatten der Marmolada der Alto Cordevole. Dort schwebt von der Malga Ciapela eine Seilbahn auf den Gipfel der »Königin«. Noch weiter nördlich beginnt der ladinische Raum, wo die Große Dolomitenstraße auf den Passo Falzarego und weiter nach Cortina führt.

Von der Malga Ciapela schwebt eine Bergbahn auf den Marmolada-Gipfel

◁ **Traditionelles Steinhaus mit Gärtchen im Agordino**

Überblick: Marmolada, Palagruppe, Belluneser Dolomiten

Neben Belluno und Feltre, die keine Alpenstädte sind, bilden das industriell orientierte Agordo und die Ferienorte San Martino di Castrozza, Falcade und Alleghe die regionalen Zentren. Die bedeutendsten Massive sind die Marmolada, die Palagruppe sowie die Civetta-Moiazza-Gruppe. Der Cordevole, der die gesamte Region in Nord-Süd-Richtung durchfließt, weitet sich bei Alleghe zu einem großen See.

Die Statuen des Palazzo Crotta in Agordo und die Pale di San Lucano

Sehenswürdigkeiten auf einen Blick

1. Marmolada
2. Naturpark Paneveggio-Palagruppe
3. Val Cismon
4. Palagruppe
5. Nationalpark Belluneser Dolomiten
6. Agordino
7. Civetta
8. Val di Zoldo
9. Val Fiorentina
10. Livinallongo del Col di Lana

Cimon della Pala, Palagruppe

Hinweis: Aus Platzgründen können nicht alle Bezeichnungen in der Karte zweisprachig aufgeführt werden.

Blick vom Piccolo Lagazuoi auf den Passo Falzarego, im Hintergrund Monte Pelmo, Civetta und das Val Cordevole

Selva di Cadore und der Monte Pelmo im Val Fiorentina

LEGENDE

- Autobahn
- Hauptstraße
- Nebenstraße

IN DER REGION UNTERWEGS

Von der A22 erreicht man die Region über die Ausfahrt Auer. Die Strecke führt durch das Tal des Avisio (Fleims- und Fassatal), wo das Val Travignolo zur Palagruppe oder das Val di San Pellegrino nach Falcade abzweigt. Folgt man dem Fassatal weiter, gelangt man über die Große Dolomitenstraße und das Pordoijoch nach Livinallongo del Col di Lana und Cortina. Vom Süden kommend verlässt man die A27 bei Belluno und folgt von dort der Staatsstraße nach Agordo, vom Norden erfolgt der Zugang über das Gadertal (Abteital) bis Arabba und die Große Dolomitenstraße. Von den großen Bahnstationen Feltre und Belluno sowie von Auer und Bozen fahren Busse zu Zielen im ganzen Gebiet.

Marmolada ❶

MAJESTÄTISCHE 3343 METER ragt die »Königin« mit dem höchsten Gipfel der Dolomiten, der Punta Penia, auf. Der auffällig geformte Berg ist an der flacheren Nordseite von einem Gletscher bedeckt und fällt an seiner legendären Südseite steil ab. Die scheinbar unbezwingbare Wand war Schauplatz von Sternstunden des Alpinismus. Heute ist die Marmolada ein Paradies für Sommer- und Wintersportler und lässt fast vergessen, dass an dem gigantischen heutigen »Grenzstein« zwischen dem Trentino und Südtirol im Ersten Weltkrieg schreckliche Kämpfe an der italienisch-österreichischen Front stattfanden.

EIN GLETSCHER SCHMILZT

ZWAR GEHEN aufgrund der globalen Erwärmung alle Gletscher der Dolomiten zurück, doch zeigt das Foto aus dem Jahr 2000 *(unten)*, dass dieses Phänomen auf der Marmolada besonders ausgeprägt ist. Möglicherweise ist daran der durch den aufgestauten Avisio entstandene Lago di Fedaia schuld. Der künstliche See am Fuß des Gletschers gibt nach Sonnenuntergang die tagsüber gespeicherte Wärme an die Umgebung ab. Auf diese Weise wird ein starker Temperaturabfall in der Nacht und ein Vereisen des Gletschers verhindert.

Gletscherblick von der Porta Vescovo

Punta Rocca (3250 m)
Ihr Gletscher zählt zu den Lieblingszielen von Skifahrern, die auch im Sommer ihrem Sport frönen. Übernachtungsmöglichkeiten bieten die nahen Hütten. An der Bergstation der Seilbahn steht die »Madonna delle nevi«.

Punta Serauta (2962 m)

DER HÖCHSTE PANORAMABLICK DER DOLOMITEN

Die Südwand
Die hier vom Westen gesehene Südwand *(rechts)* zählt zu den größten Herausforderungen in den Dolomiten. Die Erstbesteigung gelang Luigi Micheluzzi am 6. September 1929. Er setzte in der 500 Meter hohen Wand nur sagenhafte sieben Haken.

INFOBOX

Straßenkarte D3.
Anfahrt: *von Süden Autobahn A27 Belluno, Landstraße 203 bis Rocca Pietore, Landstraße 641; von Norden Autobahn A22 Klausen, Landstraße 242 bis Pordoijoch und Staatsstraße 48 bis Arabba.*
W *www.marmolada.com*
@ *info@marmolada.com*

Punta Penia (3343 m)
Den höchsten Gipfel der Dolomiten erstieg erstmals Paul Grohmann mit den aus Cortina stammenden Bergführern Angelo und Fulgenzio Dimai am 28. September 1864.

Picol Vernel (3098 m)

Gran Vernel (3210 m)

Die Nordseite
Vom nordöstlich gelegenen Passo Giau aus sieht man die vom Gletscher bedeckte Nordseite der Marmolada sowie den Gipfel, den Grohmann und seine Begleiter 1864 erstmals erstiegen. Geologisch besteht die Marmolada nicht aus reinem Dolomit, sondern aus so genanntem Marmolada-Kalk.

Das Panorama
Das auf der Marmolada aufgenommene 360-Grad-Foto zeigt ein fantastisches Panorama: Der Blick reicht über die gesamten Dolomiten, von der Adamellogruppe im Westen bis zu den Zillertaler Alpen und dem Großglockner im Norden und zum Monte Grappa im Osten.

Das »Dach« der Dolomiten

Es gibt zwei Möglichkeiten, den Gipfel der Marmolada zu erreichen. Äußerst bequem und mit atemberaubender Aussicht schwebt man mit der Seilbahn von der Malga Ciapela zur Punta Rocca und zum Rifugio Serauta. Weitaus anstrengender, aber nicht minder genussvoll und im Endeffekt besonders befriedigend ist jedoch eine Gipfelbesteigung, die man mit eigener Kraft schafft. Der Anstieg für trainierte, trittsichere und gut ausgerüstete (Seil, Klettergurt, Steigeisen) Sportler beginnt in Alba im Fassatal.

Verra (1675 m)
Das zu Canazei *(siehe S. 83)* im Fassatal gehörende Dorf mit Blick auf den Gran Vernel ist die höchste ständig bewohnte Siedlung des Trentino.

Legende

- Hauptstraße
- Nebenstraße
- Routenempfehlung
- Seilbahn/Lift

Val di Contrin
Das Tal an der Südseite des Vernel verbindet die Marmoladagruppe mit dem Fassatal. Das Bild *(oben)* zeigt das Kirchlein beim Rifugio Contrin.

Der Rifugio Dal Lago und die Südwand

Touren

1. Zum Gletscher an der Porta Vescovo

Mit der Bergbahn von Arabba *(siehe S. 132)* erreicht man den malerischen Rifugio di Porta Vescovo (2478 m) und steigt von dort auf dem Weg Nr. 698 steil zum Rifugio Castiglioni (2044 m) am Lago di Fedaia ab. Die Tour verläuft am Westende des Sees zur Marmolada-Seilbahn (2074 m), mit der man zum Rifugio Pian dei Fiacconi (2626 m) am Gletscher gelangt. Auf dem Rückweg ist der Anstieg zur Porta Vescovo sehr anstrengend.

Schwierigkeit: *mittel.* **Dauer:** *1 Tag.*

2. Zum Gipfel

Von der Seilbahnstation in Alba (Fassatal) führt der Weg Nr. 602 das Val Contrin bis zum Rifugio Contrin (2016 m) hinauf. Von dort folgt man dem Weg Nr. 606 (Höhenweg AV Nr. 2) bis zur Forcella Marmolada (2986 m). Gleich hinter der Scharte wird der Weg schwieriger und hochalpin und verläuft am Westkamm teilweise über den Gletscher bis zur Punta Penia. Der Abstieg erfolgt über den Gletscher (Steigeisen erforderlich!) zum Lago di Fedaia, wo ein Autobus entlang dem Höhenweg (AV) Nr. 2 nach Norden fährt.

Schwierigkeit: *schwierig.* **Dauer:** *1 Tag.*

Das Museo della Grande Guerra

Das 1990 auf 2950 Meter Höhe in der Seilbahnstation Serauta eröffnete höchstgelegene Museum Europas ist dem Ersten Weltkrieg gewidmet. Hier sind in der Region gefundene Exponate aus dem Krieg, Fotos und Dokumente aus jener Zeit sowie das Modell der »città di ghiaccio« ausgestellt. In diesem Labyrinth aus Gängen unter dem Gletscher mussten österreichische Soldaten ausharren. Durch die Fenster sind die im Sommer begehbaren Laufgräben zu sehen. Zu besichtigen sind auch Stellungen an der Punta Serauta und der Forcella Vu.

Ausstellung im Museum

Infobox

Museo della Grande Guerra (1915–1918) in Marmolada, *Malga Ciapela.*
0437 522 984.
tägl. 9.30–15.30 Uhr.
www.museo.marmolada.com

Cabinovia del Crep de Mont
0471 839 715. *So&Wi*

Funivia della Marmolada
0437 522 984. *So&Wi*

Rifugio Castiglioni
0462 601 117.
ganzjährig.

Rifugio Contrin
0462 601 101. *So*

Rifugio Falier
0437 722 005. *So*

Rifugio Pian dei Fiacconi
0462 601368. *So&Wi*

Rifugio Porta Vescovo
0436 792 44. *So&Wi*

Rifugio Punta Penia
0437 764207. *So&Wi*

Rifugio Serauta
0437 722 090. *So&Wi*

Seggiovia Marmolada
0462 602 535. *So&Wi.*

Lago di Fedaia (2053 m)
Der durch den aufgestauten Avisio entstandene See ist der Startpunkt für extreme Touren auf den Gletscher und durch die Nordwand der Marmolada.

Serauta (2950 m)
Hier befindet sich in der Seilbahnstation das höchste Museum Europas. An der Serauta beginnen verschiedene Touren in das faszinierende Reich des ewigen Eises.

0 Kilometer 1

Pian d'Ombretta (2074 m)
An dem dortigen Rifugio Onorio Falier befand sich im Ersten Weltkrieg die Kommandatur der italienischen Truppen.

Malga Ciapela (1467 m)
Seit 1967 fährt von hier die Seilbahn zur Punta Rocca (3250 m), vorbei an den Mittelstationen Banch und Serauta. Doch trotz der touristischen Erschließung hat die Region nichts von ihrer ursprünglichen Wildheit verloren.

Naturpark Paneveggio-Palagruppe ❷

Logo des Parks

Der Naturpark (Parco Naturale Paneveggio-Pale di San Martino) liegt im Osten des Trentino an der Grenze zum Veneto und hält für seine Besucher eine Vielzahl von Angeboten bereit. Das Gebiet teilen und begrenzen im Nordwesten das Val Travignolo (mit dem Wald von Paneveggio im äußersten Westen der Porphyrkette des Lagorai), das Val Cismon in der Mitte und die mächtige Palagruppe *(siehe S. 120ff)* im Osten. Innerhalb des Parkgebiets wechseln sich Felswände mit Wiesen, Almen, rauschenden Bächen und stillen Teichen, Tannen- und Mischwäldern, Eis und Mooren ab. Zur artenreichen Tierwelt zählen auch Adler, die in der Palagruppe nisten, und Hirsche im Wald von Paneveggio.

Val Venegia
Das Tal bietet eine abwechslungsreiche Landschaft mit kleinen Wasserfällen, Wiesen, Geröll und Felswänden. Das Tal wird vom Travignolo durchflossen, der am Cimon della Pala entspringt und später das breite Val Travignolo bildet.

Foresta di Paneveggio
Der 3500 Hektar große Rottannenwald ist das Reich der Hirsche. Er bildet das größte Waldgebiet in den italienischen Alpen.

Lagorai
Die Bergkette an der Westseite des Parks besteht aus Porphyr und nicht aus dem für die Region typischen Dolomit. Das Bild *(oben)* zeigt das Gebiet um den Monte Cavallazza (2324 m), das bereits im Mesolithikum besiedelt war.

Valle del Vanoi
In dem abgeschiedenen Tal lernt man auf dem »Sentiero etnografico del Vanoi« Geschichte und Kultur der Region kennen.

Im Wald der Geigenbauer

Der dominierende Baum im Wald von Paneveggio ist die für ihre Resonanzfähigkeit berühmte Rottanne. Ab dem 17. Jahrhundert kamen die norditalienischen Geigenbauer, darunter auch Antonio Stradivari, hier herauf, um die besten Bäume für ihre Instrumente auszusuchen. Das Holz wurde jedoch jahrhundertelang auch für die Schiffe und Gebäude Venedigs geschlagen. Hierfür wurden die Stämme auf dem Wasserweg über Cismon und Piave hinunter in die Ebene gebracht.

Rottannen im Wald von Paneveggio

Infobox

Provinz Trento.
Straßenkarte D4.
Fläche: *19 711 ha.*
Villa Welsperg, *Ortsteil Val Canali, Tonadico.*
0439 648 54.
FAX *0439 762 419.*
Centro di San Martino di Castrozza, *Via Laghetto,*
0439 768 859.
Centro di Paneveggio, *Straße zum Passo Rolle*
+FAX *0462 576 283.*
www.parcopan.org/
info@parcopan.org

Passo Rolle
Der 1984 Meter hohe Pass ist ein wichtiger Verbindungsweg, bietet aber auch einen fantastischen Blick auf den Cimon della Pala, der aufgrund seiner charakteristischen Form auch »Matterhorn der Dolomiten« heißt.

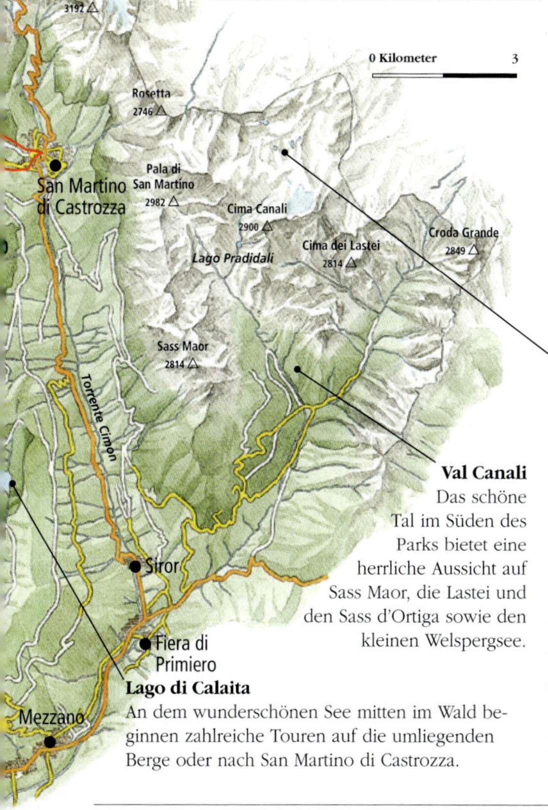

Palagruppe
Die Gruppe am Ostrand des Val Cimon zählt zu den berühmtesten und größten Bergketten der Dolomiten und bietet zahllose Wander- und Klettermöglichkeiten *(siehe S. 122f)*.

Val Canali
Das schöne Tal im Süden des Parks bietet eine herrliche Aussicht auf Sass Maor, die Lastei und den Sass d'Ortiga sowie den kleinen Welspergsee.

Lago di Calaita
An dem wunderschönen See mitten im Wald beginnen zahlreiche Touren auf die umliegenden Berge oder nach San Martino di Castrozza.

Legende

- Hauptstraße
- Nebenstraße
- Sonstige Straße
- Routenempfehlung

Werbeplakat aus den 1920er Jahren

Val Cismon ❸

Das wegen seiner vielfältigen Landschaft schlichtweg bezaubernde Tal erstreckt sich im äußersten Osten des Trentino an der Grenze zum Veneto und wird vom Cismon durchflossen, der am Passo Rolle entspringt. Das Val Cismon wurde in der zweiten Hälfte des 19. Jahrhunderts als eines der ersten Dolomitentäler für den Tourismus entdeckt und begrüßte bereits Anfang des 20. Jahrhunderts so illustre Gäste wie Siegmund Freud, Johann Strauß und König Leopold II. von Belgien. Seitdem hat sich der Fremdenverkehr zum wichtigsten Wirtschaftsfaktor im Tal entwickelt und den Handel und Bergbau verdrängt.

San Martino di Castrozza

M *1467.* 👥 *500.*
APT San Martino di Castrozza e Primiero, *Via Passo Rolle 165-167.* ☎ *0439 768 867.*
W *www.sanmartino.com*
@ *info@sanmartino.com*

Wo sich heute eines der bekanntesten Fremdenverkehrszentren der italienischen Alpen mit allen erdenklichen Einrichtungen erstreckt, standen Ende des 19. Jahrhunderts nur eine Kirche und ein nach den hl. Martin und Julian benanntes Hospiz. Im Jahr 1873 wendete sich jedoch das Blatt, als der Brite John Ball, einer der Pioniere des Alpinismus in den Dolomiten, hier ein Berghotel errichtete. Er legte damit den Grundstein für die touristische Erschließung des Tales und des Dörfchens San Martino di Castrozza, das auch den Spitznamen *Albergopoli* (»Hotelpolis«) trägt.

Der Glockenturm der Pfarrkirche in San Martino di Castrozza, dahinter die Palagruppe

Obwohl die Ortschaft im Ersten Weltkrieg von Österreichern zerstört worden war, zog San Martino di Castrozza schon Anfang des 20. Jahrhunderts bedeutende europäische Persönlichkeiten an. Dazu zählte beispielsweise der österreichische Schriftsteller Arthur Schnitzler (1862–1931), der seine 1921 verfasste und drei Jahre später veröffentlichte Erzählung *Fräulein Else* in einem Hotel am Ort spielen lässt.

Wer sich für Kunst und Architektur interessiert, für den lohnt sich eine Besichtigung der **Pfarrkirche** von San Martino di Castrozza. Zwar wurde das gesamte Bauwerk im Jahr 1913 vollständig umgebaut, doch der ursprüngliche romanische Glockenturm aus dem 13. Jahrhundert blieb erhalten.

Umgebung: Von der Ortschaft führt ein wunderschöner Spaziergang zum Lago di Calaita vorbei an der Malga Tognola und der Forcella Scanaiol. Man erreicht die Malga Tognola entweder zu Fuß über die Wege Nr. 369 und Nr. 352 oder direkt und weniger anstrengend mit der Seilbahn. Von dort erfolgt der Anstieg über

Von San Martino di Castrozza führt eine einfache Wanderung zum Lago di Calaita (1621 m)

den Weg Nr. 9 hinauf auf die 2093 Meter hohe **Forcella Scanaiol**, einem der schönsten und bekanntesten Aussichtspunkte der Palagruppe. Nachdem die Scharte passiert ist, beginnt der Abstieg zum Weg Nr. 350, der hinunter zum malerischen Lago di Calaita (1621 m) führt. Vom See fahren Linienbusse nach Fiera di Primiero und nach San Martino di Castrozza.
Dauer: *1/2 Tag.*
Schwierigkeit: *einfach.*

Man kann aber auch der »Via delle Dolomiti« in Richtung Malga Ces (1670 m) folgen und von dort auf dem Weg Nr. 14 zwischen Relikten aus dem Ersten Weltkrieg das Val Bonetta hinauf bis zum Rifugio **Laghi di Colbricon** (1927 m) und zu den gleichnamigen Seen am Ostrand der Lagorai-Kette wandern. Von dort führt der »Sentiero Italia« (14-348) durch den **Wald von Paneveggio** und bis zum Passo Rolle. Am Pass fahren schließlich Autobusse nach San Martino di Castrozza zurück.
Dauer: *1/2 Tag.*
Schwierigkeit: *einfach.*

Rifugio Laghi di Colbricon
☎ *nicht vorhanden.* ○ *Sommer.*

Fiera di Primiero

M *710.* *538.*
APT Primiero, *Via Dante 6.*
0439 624 07

Wo das Val Canali und das Val Cismon zusammentreffen, liegt Fiera di Primiero zusammen mit den Gemeinden Tonadico und Transacqua in der Mitte einer breiten Talmulde, die bereits in prähistorischer Zeit von Menschen besiedelt war.

Die malerischen Ruinen von Castel Pietra aus dem 13. Jahrhundert

Die Region gehörte nach den Invasionen der Germanen erst zum Herrschaftsgebiet der Grafschaft von Feltre und war im 15. Jahrhundert ein Lehen der Familie Welsperg. Die Ortschaft entwickelte sich ab dem beginnenden 14. Jahrhundert zu einem wichtigen Handelszentrum des Gebiets. Als im späten 15. Jahrhundert in der gesamten Region Silbervorkommen, Eisen und Kupfer entdeckt wurden, stiegen die Metalle zu den Haupthandelsgütern des Tales auf, das nach einigem Hin und Her schließlich im Jahr 1918 Italien zugesprochen wurde.

Die bedeutendste historische Persönlichkeit des Dorfes ist Luigi Negrelli (1799–1858), der als Ingenieur an der Planung des Suez-Kanals mitwirkte. Im Dorfzentrum ist ein Platz nach ihm benannt. Daneben können an der **Piazza del Dazio** in einem Radius von nur wenigen Metern die bedeutenden Bauwerke von Fiera di Primiero bewundert werden. Dort stehen die **Casa del Dazio** aus dem 16. Jahrhundert, deren Fassade mit der für die gesamte Region typischen Malerei geschmückt ist, sowie die **Casa di Luigi Negrelli**. Darüber hinaus finden sich die gotische Kirche **Santa Maria Assunta** und die kleine romanische Kirche **San Martino**, die auch mit kostbaren Fresken versehen sind. Sehr schön sind zudem die interessanten, traditionellen Holzhäuser, die den Hauptplatz säumen.

Alm im Val Cismon

Umgebung: Außer den Touren in die Palagruppe *(siehe S. 122f)* beginnt in Fiera di Primiero auch ein äußerst lohnender Ausflug zu den Ruinen des Castel Pietra. Hierzu folgt man der Landstraße 347 in Richtung Passo di Cereda und nach Tonadico der Beschilderung nach bis zu einem Parkplatz. Nach einem kurzen Fußmarsch erreicht man die Ruinen des im 13. Jahrhundert errichteten **Castel Pietra**. Die Burg wurde von den Fürstbischöfen von Feltre an die Grafen von Welsperg übergeben und bei einer Feuersbrunst im Jahr 1675 zerstört. Beim Anblick der malerischen Ruinen in wunderbarer Landschaft fühlt man sich in die Zeiten zurückversetzt, als romantische junge britische und deutsche Reisende bei einem Besuch des Tales die alten Gemäuer auf zahllosen Gemälden verewigten.

Infobox

Provinz Trento. **Straßenkarte** D4. *A22 Trento, Auer; A4 Dueville Valdastico; A13 Padova Ovest; SS50 von Süden und Norden.* FS *Trento, Auer, Primolano, Feltre.* *Trento, Feltre, Bozen.*
APT San Martino di Castrozza, *Via Passo Rolle 165-167, San Martino di Castrozza.*
0439 768 867.
W *www.sanmartino.com*

Grand Tour in den Dolomiten

Zwei Paare, die Mitte des 19. Jahrhunderts das Val Cismon bereisten, erregten zumindest Neugier oder mildes Unverständnis, als sie nach einer verfallenen Burg fragten, die sie auf einem Bild gesehen hatten. Die merkwürdigen Fremden mit dem noch merkwürdigeren Ansinnen waren der Maler Josiah Gilbert und der Naturforscher Cheetham Churchill mit ihren Gattinnen. Die vier gelten mit Fug und Recht als die ersten »Touristen« der Dolomiten, erscheint doch der Name »Dolomiten« erstmalig in dem Buch *The Dolomite Mountains*, das sie nach ihrer Rückkehr schrieben.

Churchill und Gilbert ebneten den Weg für die britischen Reisenden, die nach ihnen die Palagruppe sehen wollten – von Douglas Freshfield und Francis Fox Tuckett, den ersten Erforschern dieser Berge, bis John Ball *(siehe S. 44)* und Leslie Stephen, dem Vater Virginia Woolfs.

THE DOLOMITE MOUNTAINS.

Frontispiz von Churchills und Gilberts Buch

Palagruppe ❺

DEM FÜR DEN GEOGRAFEN Cesare Battisti »großartigsten Amphitheater der Dolomiten« wurde von dem bedeutenden Chronisten Dino Buzzati (1906–1972) in seinen Schriften ein Denkmal gesetzt. Die Palagruppe/Le Pale di San Martino bildet eines der größten Massive der Dolomiten und ist fast wie ein Ring geformt; die beiden Längsketten aus Cimon della Pala und Cima Vezzana erstrecken sich im Nordwesten, Croda Grande (oder Agner) im Osten und Pale di San Lucano im Süden. In der Mitte der Gruppe verläuft entlang dem Val Cismon die Fradusta-Kette. Zu den höchsten Gipfeln der Palagruppe zählen auch fünf Dreitausender, die im nördlichen Gebiet der Gruppe aufragen. In der zentralen Region erstreckt sich das an eine Mondlandschaft erinnernde Pala-Plateau.

Die Südseite
Richtung Süden teilt sich die Gruppe und umschließt das Val Canali. Die bedeutendsten Gipfel dieser Region sind Croda Granda (2849 m) und Sass Maor (2814 m).

Cima del Focobon (3054 m)
An der Nordseite des nördlichsten Dreitausenders der Gruppe erstreckt sich der gleichnamige Gletscher und liegt Falcade im Valle del Biois *(siehe S. 127)*.

Cima Vezzana (3192 m)
Der höchste Gipfel der Gruppe ist weniger bekannt als der Cimon della Pala.

Die östliche Palagruppe
Diese weniger bekannten Gipfel sind schwer zu erreichen. Die östlichsten Ausläufer, Pale di San Lucano, riegeln im Norden das gleichnamige, mit dem Agordino verbundene Tal ab *(siehe S. 126f)*.

INFOBOX

Straßenkarte D4.
Anfahrt: *Staatsstraße 50 von Norden (Val Travignolo) oder von Süden (von Feltre).*
APT San Martino di Castrozza e Primiero, *Via Passo Rolle 165-167.*
0439 768 867.
www.sanmartino.com
info@sanmartino.com

Travignolo-Gletscher
Der zweitgrößte Gletscher der Gruppe erstreckt sich zwischen den beiden Hauptgipfeln.

Cimon della Pala (3184 m)
Die markante Pyramide zählt zu den bekanntesten Alpengipfeln. Für John Ball, den Gründer des britischen Alpenvereins, war sie »das Matterhorn der Dolomiten«. Die Erstbesteigung gelang dem Briten Whitewell 1870.

Die Fünf von San Martino
Im Bild *(oben)* ragen die fünf berühmten Gipfel der Palagruppe von San Martino di Castrozza auf. Von links nach rechts: Cimon della Pala, Croda della Pala, die zur Cima Corona (2768 m) führt, La Rosetta (2473 m) und Cima di Roda (2694 m). Hinter dieser mächtigen Mauer erstreckt sich das Hochplateau der Palagruppe.

Die nördlichen Gipfel
Für viele ist die Baita Segantini (2170 m) oberhalb des Passo Rolle die am schönsten gelegene Hütte der gesamten Dolomiten. Im Bild *(links)* erstrahlen die Gipfel der nördlichen Palagruppe im Abendrot und spiegeln sich in dem kleinen See, der in der Nähe der Hütte liegt.

Touren in der Palagruppe

Die Palagruppe ist nicht nur ein exzellentes Wintersportgebiet, sondern bietet auch im Frühjahr und Sommer aufgrund ihrer überaus vielfältigen Landschaftsformen unzählige Wandermöglichkeiten. Im Folgenden werden zwei klassische Touren vorgestellt: eine mittelschwere, anstrengende, aber durchaus machbare Höhenwanderung, die in das Zentrum der Berggruppe führt, und eine schöne Wanderung durch das gesamte Val Venegia.

Malga Iuribello (1868 m)
Die herrlich inmitten von Wiesen gelegene Alm dient als idealer Rastplatz bei Wanderungen, die von der Palagruppe in den Paneveggio führen.

Die Baita Segantini
Nicht zu verwechseln mit dem Rifugio Segantini der Presanellagruppe. Die Hütte heißt nach dem Trentiner Maler, der viele Jahre in der Region der Palagruppe lebte.

Touren

1. Über das Pala-Plateau
Auf dieser Wanderung kann man eine einzigartige Dolomitenlandschaft bewundern. Von San Martino di Castrozza führt bei der Seilbahn zum Col Verde der Weg Nr. 701 zum Passo Rosetta (die 1100 Meter können auch mit dem Lift zurückgelegt werden). Von dort steigt man zum Rifugio Rosetta (2581 m) ab und wandert auf dem Weg Nr. 709 über einen Abschnitt des Pala-Plateaus und vorbei am Fradusta-Gletscher weiter zum Passo Pradidali (2658 m) und dem Rifugio Pradidali (2278 m). Am Rifugio Pradidali steigt man entweder in das Val Cismon ab (Weg Nr. 715 und anschließend Nr. 702, mit einem Teilstück als Klettersteig) oder folgt dem Weg Nr. 709 weiter Richtung Val Canali und kehrt von dort mit dem Bus nach San Martino zurück.
Dauer: *1 Tag.* **Schwierigkeit:** *mittel, sehr anstrengend.*

2. Vom Passo Rolle in das Val Venegia
Vom Parkplatz am Pass gelangt man zu Fuß oder mit der Seilbahn zur Baita Segantini und steigt Richtung Nordwesten zur Capanna Cervino und anschließend zur Malga Iuribello (1868 m) ab. Von dort folgt man einem markierten Weg zum Pian dei Casoni, wo ein Schotterweg zur Nordseite am Val Venegia bis zur Malga Venegiotta (1824 m) führt. Die Strecke verläuft nun entlang der serpentinenreichen Hauptstraße bis zu den Sorgenti del Travignolo und wieder zurück zur Baita Segantini.
Dauer: *4 Stunden.* **Schwierigkeit:** *einfach.*

Val Venegia
Der fantastische Panoramablick in diesem Tal wird höchstens von der Aussicht auf der Baita Segantini übertroffen. Im Foto *(links)* sieht man die Nordseite des Cimon della Pala, den Travignolo-Gletscher sowie die Cima del Bureloni, del Focobon und del Mulaz.

INFOBOX

Baita Segantini
0439 682 51.
Sommer und Winter.

Cabinovia Col Verde und Funivia Rosetta
0439 682 04.
Sommer: tägl. 8–17 Uhr.

Rifugio Pedrotti-Rosetta
0439 683 08.
Sommer.

Rifugio Pradidali
0439 641 80. *Sommer.*

Seggiovia Segantini
0439 682 57.
Sommer: tägl. 8–17 Uhr.

LEGENDE

- Hauptstraße
- Nebenstraße
- Sonstige Straße
- Routenempfehlung
- Seilbahn/Lift

0 Kilometer 2

Funivia Rosetta
Die über 2500 Meter hoch gelegene Bergstation der Seilbahn ist Ausgangspunkt für Wanderungen in der zentralen Palagruppe. Hier kommen aber auch Skifahrer und Gleitschirmflieger an.

Eiswüste
Das 2500 bis 2700 Meter hohe, zehn Kilometer lange und fünf Kilometer breite Pala-Plateau gleicht einer Mondlandschaft. Angeblich inspirierte es Dino Buzzati zu seinem Roman *Die Tatarenwüste*. Am Südrand des Plateaus erstreckt sich der Fradusta-Gletscher *(oben)*, der größte Gletscher der Gruppe.

Nationalpark Belluneser Dolomiten ❺

Die Dolomiten-Glockenblume ist das Symbol des Parks

Der dritte Nationalpark Italiens, der Parco Nazionale Dolomiti Bellunesi, schützt das am südlichsten gelegene Massiv der Dolomiten und erstreckt sich von Nordosten nahe Longarone über 40 Kilometer Richtung Südwesten bis nahe Selvo. Da der Massentourismus die Belluneser Dolomiten erst Ende der 1960er Jahre durch die Erschließung der Dolomiten-Höhenwege »entdeckte« (die Höhenwege AV Nr. 1 und 2 führen durch den Nationalpark), konnte sich die Region bis heute ihren besonderen, ursprünglichen Reiz bewahren. Die zu dieser südlichen Gebirgsgruppe zählenden Bergstöcke faszinieren mit unberührten Landschaften.

Val Canzoi
Das lange, tiefe Tal ist einer der Hauptzugänge zum Park. Von dort führen viele Wanderungen zu den Höhenwegen der Cimonega-Gruppe und ihrem 2550 Meter hohen Gipfel Sass de Mura.

Monti del Sole
Das »wilde Herz« des Nationalparks gibt sich malerisch-rau mit steilen Abhängen, Wasserfällen, schroffen Bergkämmen und spitzen Felszacken.

Die Hochebenen
Die *Piani eterni* erstrecken sich auf einer Höhe von 1700 bis 2000 Meter und werden von markanten, einzeln aufragenden Gipfeln umrahmt. Hier kann man leicht Gämsen und andere Tiere beobachten.

Vette di Feltre
Im westlichsten Teil des Parks ragen die grasbewachsenen Feltriner Gipfel auf, etwa der Monte Pavione (2335 m).

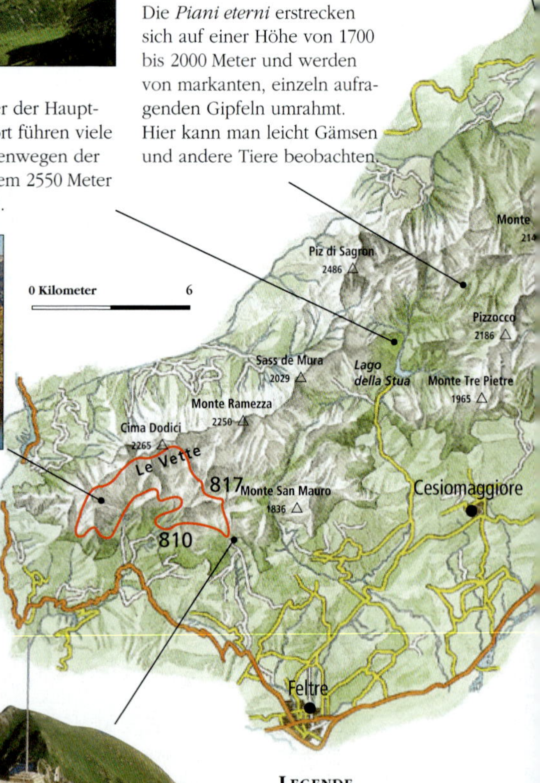

Legende
- Hauptstraße
- Nebenstraße
- Sonstige Straße
- Routenempfehlung

Rifugio Dal Piaz (1993 m)
Die Hütte mit Blick auf die Nordwand des Monte Grappa ist der Ausgangspunkt für alle Wanderungen in den Vette di Feltre, den Feltriner Gipfeln.

Minen im Valle Imperina
Jahrhundertelang war das Tal aufgrund seiner Rohstoffe für das Agordino von großer wirtschaftlicher Bedeutung.

Rifugio 7° Alpini (1502 m)
Hier verläuft die letzte Etappe des Höhenwegs (AV) Nr. 1.

Val Prampèr
Das Tal reicht bis Forno di Zoldo und bietet eine fantastische Aussicht auf den Spiz di Mezzodì und die Nordseite des Monte Talvena.

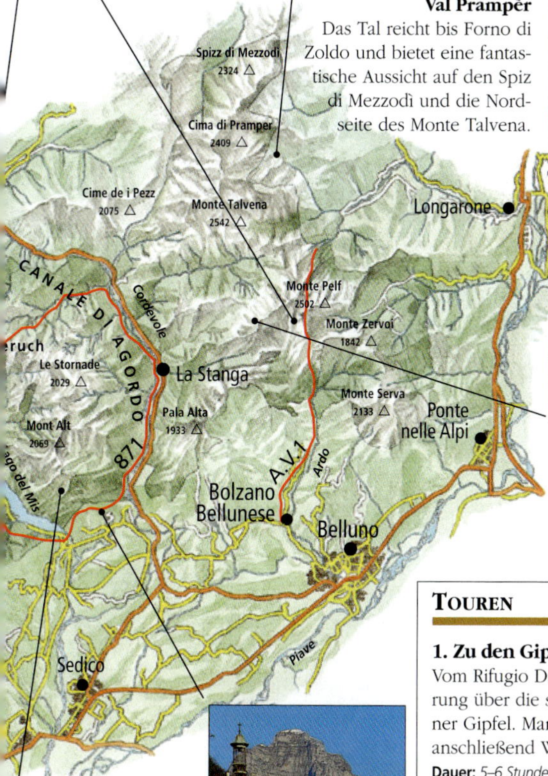

Infobox

Provinz Belluno. **Straßenkarte** D4. **Fläche:** *32 000 ha.*
Parco Nazionale Dolomiti Bellunesi, *P.le Zancanaro 1, Feltre.*
0439 3328.
FAX *0439 332 999.*
www.dolomitipark.it
Rifugio 7° Alpini
0437 941 631/931 655.
Sommer.
Rifugio Dal Piaz *0439 977 011/811 40.* *So&Wi.*

Schiara (2563 m)
»Buzzatis Berg« überragt Belluno und zählt zu den wenigen Gebirgsstöcken der Dolomiten, die direkt an das Tiefland grenzen.

Valle del Mis
Im Norden von Sospirolo bietet zwischen Monte Fornel und Monte Sperone das Valle del Mis eine wunderschöne, abwechslungsreiche Landschaft mit See, Soffia-Wasserfall und den »Gumpen« von Brentún.

Certosa di Vedana
Der außergewöhnliche Bau in der Nähe des gleichnamigen Sees gehört zur Gemeinde Sospirolo.

Touren

1. Zu den Gipfelkaren
Vom Rifugio Dal Piaz führt die Höhenwanderung über die südlichen Karstkare der Feltriner Gipfel. Man folgt dem Weg Nr. 810 und anschließend Weg Nr. 817 zurück zur Hütte.
Dauer: *5–6 Stunden.*
Schwierigkeit: *mittel.*

2. Der Hospizienweg
Die Überquerung der Monti del Sole führt von der Kartause von Vedana zu den Minen im Valle Imperina entlang der alten Pilgerpfade und Hirtenwege. Der 17 Kilometer lange Weg ist gut markiert.
Dauer: *1 Tag.*
Schwierigkeit: *einfach.*

3. Durch die Schiara
Die letzte Etappe des Höhenwegs (AV) Nr. 1 führt über den schwierigen Schiara-Klettersteig, von Bolzano Bellunese (von Belluno mit dem Bus erreichbar) vorbei am Rifugio 7° Alpini bis zum Bivacco del Marmol (2266 m).
Dauer: *1 Tag.*
Schwierigkeit: *schwierig, erfordert Erfahrung, Ausrüstung.*

Mineral im Museum von Agordo

Agordino ❻

DAS RIESIGE GEBIET im Norden des Nationalparks umfasst fast das gesamte Tal des Cordevole und dessen Seitentäler. Im Osten grenzt es an das Cadore, mit dem es sich die Civetta-Moiazza-Gruppe und den Monte Pelmo teilt; im Westen reicht es an die Palagruppe und die Marmolada. Charakteristisch für das Agordino sind die schroffen Gipfel der Pale di San Lucano. Das Agordino, heute ein erstklassiges Reiseziel für Sommer- und Winterurlauber, wurde als eine der letzten Dolomitenregionen für den Massentourismus erschlossen. Es kann deshalb mit einer wunderbar ursprünglichen Landschaft aufwarten und bietet seinen Bewohnern auch industrielle Erwerbsmöglichkeiten (etwa bei der Produktion der weltbekannten Brillen aus Agordo). In der Vergangenheit besaß die Region dank des Bergbaus große wirtschaftliche Bedeutung.

Val Cordevole

AGORDO. M *611.* 👥 *4400.*
i Ufficio Turistico di Agordo, *Via XXVII Aprile.* ☎ *0437 621 05.* FAX *0437 652 05.*
@ *agordo@ infodolomiti.it*

ALLEGHE. M *979.* 👥 *1450.*
i Ufficio Turistico di Alleghe, *Piazza Kennedy 17.* ☎ *0437 523 333.* FAX *0437 723 881.*
@ *alleghe@ infodolomiti.it*
w *www.infodolomiti.it*

Folgt man der Staatsstraße 204, erreicht man als erste bedeutende Sehenswürdigkeit die ehemaligen Bergwerke des Valle Imperina im Parco Nazionale Dolomiti Bellunesi *(siehe S. 124f)*. Die Gemeinden Rivamonte Agordino (970 m), Gosaldo (1142 m) und La Valle Agordina (693 m) liegen südlich des Städtchens **Agordo** (611 m). Der Hauptort der Region und zugleich deren industrielles Zentrum liegt in Sichtweite des wilden **Monte Tamer** (2547 m) und des imposanten **Monte Agner** (2872 m).

Statuen im Garten des Palazzo Crotta de' Manzoni, Agordo

Das Zentrum von Agordo und die Kirche Santa Maria Nascente

Das Wirtschafts- und Fremdenverkehrszentrum kann zudem mit zwei eindrucksvollen Sehenswürdigkeiten aufwarten. Der **Palazzo Crotta de' Manzoni** ist der nördlichste aller venezianischen Paläste. Er stammt aus dem Mittelalter und wurde bis zu seiner Vollendung im 18. Jahrhundert wiederholt umgebaut. Die Kirche **Santa Maria Nascente** beherbergt einige sehenswerte Kunstwerke, allen voran die Meisterwerke von Palma dem Jüngeren *(siehe S. 32f)*, wie *Der hl. Franziskus erhält die Stigmata, Das Pfingstwunder* oder *Das Martyrium der hl. Justina* (16. Jahrhundert). Wer sich für Geologie interessiert, sollte zudem dem **Museo mineralogico** beim Istituto tecnico minerario einen Besuch abstatten.

Nach Agordo erreicht man Richtung Norden **Voltago** (858 m) und **Taibon** (610 m). Dort beginnt das nach Westen verlaufende **Valle di San Lucano**. Der Schriftsteller Dino Buzzati beschrieb das Tal unterhalb des mächtigen Monte Agner und dessen gigantischer Steilwand mit den massiven Gipfeln der Pale die San Lucano als »einen der merkwürdigsten und eindrucksvollsten Orte in der ganzen Welt...«, dessen Felswände man nur betrachten könne, wenn man den Kopf in den Nacken legt. Sicherlich zählt dieses Tal, dessen Berge sich auf einzigartige Weise in ihrer ursprünglichen Erhabenheit zeigen, zu den beeindruckendsten Gebieten der Dolomiten.

Folgt man dem Talverlauf weiter Richtung Norden, erreicht man nach den Gemeinden Cencenighe (773 m) und San Tommaso Agordino (1082 m) das nach Meinung vieler schönste Dorf der Region: **Alleghe** (983 m). Die Ortschaft erstreckt sich in einer Traumlage am Ostufer des **Lago di Alleghe** und wird

Taibon Agordino und das Valle di San Lucano

Alleghe und der Lago di Alleghe

von den berühmten Steilwänden des **Monte Civetta** *(siehe S. 128f)* überragt. Der wunderschöne See entstand im Jahr 1771 nach einem gigantischen Erdrutsch. Die schreckliche Tragödie schuf somit eines der touristischen Pfunde, mit denen Alleghe heute wuchern kann – neben der abwechslungsreichen Landschaft und dem reichen Angebot, das Ski- und Schlittschuhfahren im Winter genauso umfasst wie Wandern, Klettern und Bootsfahrten im Sommer. Nördlich von Alleghe erreicht der Cordevole den Ferienort **Caprile** (1000 m) am Zusammenschluss des Val Pettorina und des Val Fiorentina. Hier, in seinem nördlichsten Abschnitt, durchfließt er bereits Gebiete des ladinischen Sprachraums.

UMGEBUNG: Im **Valle di San Lucano,** das bei Taibon Agordino beginnt, folgt man ab **Col di Pra** (850 m) der kleinen Forststraße bis zum Wasserfall von Pont (1150 m) und steigt anschließend hinauf zur **Forcella Gardes** (2000 m) sowie schließlich bis zum Gipfel der **Quarta Pala** (2260 m, auf Karten als Cima Van del Pez des imposanten Van di Lagunaz eingetragen). Der Aufstieg birgt zwar keine besonderen Probleme, ist jedoch sehr steil (man überwindet während der Wanderung insgesamt 1500 Höhenmeter) und anstrengend.
Dauer: *1 Tag.*
Schwierigkeit: *schwierig.*
(Touren auf den Monte Civetta *siehe S. 128f.*)

Valle del Biois

FALCADE. M *1137.* *2300.* **Consorzio Turistico Val Biois,** *Corso Roma 27 Falcade.* *0437 599 068,* FAX *0437 599 075.* @ *info@falcade.com* W *www.falcade.com*
VALLADA AGORDINA. M *1035.* *580.* **Pro loco,** *Ortsteil Sachet.* *0437 591 227.* FAX *0437 581 684.* **CANALE D'AGORDO. M** *976.* *1250.* **Pro loco,** *Piazza Papa Luciani 1.* *0437 590 250.* FAX *0437 503 091.*

Fresko am Glockenturm der Kirche von Alleghe

Wo in der Nähe von Cencenighe Agordino der Biois in den Cordevole mündet, beginnt das von dem Fluss durchflossene Valle del Biois, das das Agordino mit dem Passo di San Pellegrino und somit dem Fassatal verbindet. Die wichtigsten Ortschaften des Tales sind neben dem bedeutenden Ferienort **Falcade**, der einen Zugang zur Palagruppe bietet, **Vallada Agordina** und Canale d'Agordo. In Vallada lohnt die Besichtigung der uralten Kirche San Simone e Giuda Taddeo, die im Inneren Fresken von Paris Bodone aus dem Jahr 1543 und an der Fassade merkwürdige Inschriften zieren. **Canale d'Agordo** mit seinen schönen alten Häusern ist der Geburtsort von Albino Luciani, besser bekannt als Papst Johnnes Paul I.

Falcade Alto ist der bedeutendste Ferienort im Valle del Biois

INFOBOX

Provinz Belluno.
Straßenkarte E4. *Von Süden A27 Belluno, Landstaße 203; von Norden A22 Bozen und Klausen, dann SS48 bis Andraz, dann Landstraße 203.* FS *Belluno.* *von Belluno.*
APT Dolomiti, *Piazzetta San Francesco 8, Cortina.* *0436 3231/5.* W *www.infodolomiti.it* @ *cortina@infodolomiti.it*

Chiesa di San Simone e Giuda Taddeo

Vallada Agordina. *0437 591 177.* *Juli–Aug: Di–So; Sep–Juli auf Anfrage.*

Die Wandmalerei in Rocca Pietore zeigt das Baujahr des Hauses

Val Pettorina

FALCADE. M *1156.* *1500.* **APT,** *Ortsteil Rocca Pietore 15.* *0437 721 319.* FAX *0437 721 290.* @ *inforoccapietore@apt-dolomiti-cortina.it*

Die bedeutendste Ortschaft des Tales, das bis zur Marmolada reicht, ist **Rocca Pietore**. Diese uralte Siedlung zwischen **Monte Migon** (2384 m) und **Sasso Bianco** (2407 m) bewachte früher das Castello di Roccabruna, von dem im Ortsteil Sass de Muda heute nur noch Ruinen verblieben sind. Im Ortsteil Laste öffnet sich nahe der Kirche San Gottardo ein fantastischer Blick auf den Monte Civetta und den Monte Pelmo. Dem Talverlauf folgend gelangt man nach **Sottoguda** (1140 m). Von dort führt der alte Fußweg »Serrai di Sottoguda« durch eine zwei Kilometer lange, enge Schlucht. Das Tal endet schließlich an der Malga Ciapela unterhalb der »Königin« Marmolada *(siehe S. 112ff).*

Civetta ❼

Auch wenn man nicht dem Klettersport verfallen ist, kann man doch erahnen, welche Herausforderung die unter Alpinsportlern der ganzen Welt berühmte Nordwestwand der Civetta darstellt. Die »Wand der Wände« ist bei Alleghe im Agordino *(siehe S. 126f)* mit angemessener Ehrfurcht zu bestaunen. Die wie ein riesiges Y geformte Civetta gehört zur Civetta-Moiazza-Gruppe. Den nördlichen Abschnitt überragt der Civetta-Gipfel; zwischen den beiden südlichen Ausläufern mit den Spitzen der Torre Venezia im Westen bzw. der Torre Trieste im Osten erstrecken sich der Giazzer-Gletscher und das Val dei Cantoni. Der Gipfel des Massivs wurde zwischen 1855 und 1860 von einheimischen Jägern, darunter Simeone De Silvestro, bezwungen.

Die Eroberung der Civetta

Die Bezwingung der Nordwestwand der Civetta begann 1895, als di Ampezzaner Dimai und Siorpaes die Briten Raynor und Phillimore zum Gipfel führten. In den folgenden Jahren nahm die Zahl der Ersteigungen rapide zu, ga es italienische, deutsche und britische Expeditionen Diese führten alle über die Wand rechts vom Gipfel nahe dem Cristallo-Gletscher. Im Jahr 1925 gelang schließlich der Seilschaft Solleder und Lettenbauer das bis dato für unmöglich Gehaltene: Sie schafften den direkten Aufstieg in d

heoretischen Vertikalen om Fuß des Berges bis um Gipfel – für viele Ex- erten schlug damals die ieburtsstunde des sechsten irades. Der Herausforde- ung Civetta-Nordwestwand ollten sich in der Folge ahlreiche Alpinisten stellen. Als erster Italiener kletterte Tissi 1930 auf Solleders Route und schaffte es als Erster ohne Biwak. 1931 wählte zunächst Comici eine neue, noch schwierigere Route neben der von Solleder, 1968 auch Reinhold Messner.

Infobox

Straßenkarte D3.
Anfahrt: *Ostseite vom Val di Zoldo, Westseite von der Staatsstraße (Alleghe).*
Rifugio Sonino al Coldai
0437 789 160.
Sommer.
Rifugio Tissi
0437 721 644.
Sommer und Herbst.

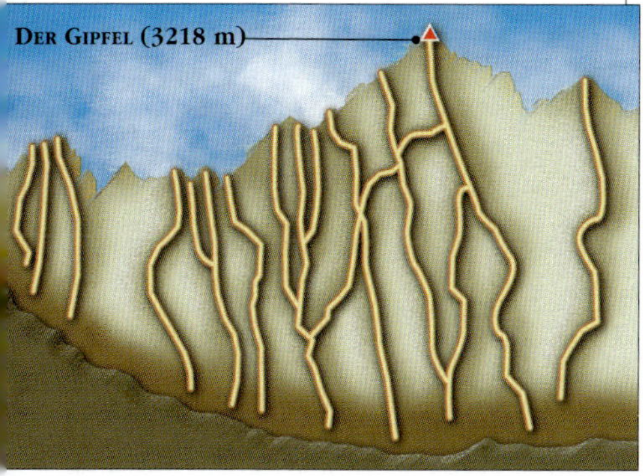

Die Abbildung *(oben)* zeigt die wichtigsten Routen der Civetta, im Kasten *(unten)* sind die Meilensteine der Ersteigung verzeichnet

Die Pioniere der Civetta

1867 Tuckett, J. und M. Anderegg: erste alpinistische Ersteigung
1895 Raynor, Phillimore, Dimai, Siorpaes: erste Ersteigung der Nordwestwand (Piccola Civetta)
1909 Cozzi, Zanutti, Carniel, Cepich: Torre Venezia
1910 Cozzi, Zanutti: Torre Trieste
1925 Solleder, Lettenbauer: Direktersteigung über Nordwestwand
1930 Tissi-Andrich: erste Ersteigung über Solleder-Route ohne Biwak
1931 Comici-Benedetti: extrem schwierige Route in der Nordwestwand

Die Nordwestwand
Die für den Schriftsteller Dino Buzzati »großartigste Wand der Dolomiten« stellt für Alpinsportler noch heute eine große Herausforderung dar, auch wenn sie mittlerweile mit unzähligen Haken versehen ist und zahlreiche Anstiege bekannt sind. Über 1200 Meter ragt die sechs Kilometer breite Felswand senkrecht in die Höhe.

Touren

Wer die berühmt-berüchtigte Nordwestwand der Civetta ohne Todesgefahr bewundern möchte, sollte folgende Wanderung am Fuß des Massivs unternehmen. Die von Dino Buzzati in einem Artikel begeistert beschriebene, faszinierende Tour (Direttissime sul Civetta, 1934) beginnt in Alleghe. Von dort folgt man dem Weg Nr. 564 bis zur Forcella di Alleghe (1816 m), wo der Weg den Höhenweg (AV) Nr. 1 kreuzt. Von der Scharte führt der Höhenweg (Markierung 556) in Richtung Rifugio Sonino al Coldai (2132 m). Von der Hütte aus erreicht man über die Forcella Coldai den Lago Coldai (2143 m). Die Strecke verläuft weiter auf dem Höhenweg (Markierung 560) und über das Geröllfeld unterhalb der Wand – der atemberaubende Wegabschnitt zum Rifugio Tissi (2262 m) bietet einen unvergesslichen Blick auf das imposante Felsmassiv sowie auf Alleghe und den See. Von der Hütte steigt man wieder ab in das Tal.
Dauer: *1 Tag.*
Schwierigkeit: *einfach, aber anstrengend.*

Blick vom Höhenweg auf Alleghe

Der Lago di Pontesei in der Nähe von Forno di Zoldo

Val di Zoldo ❽

Provinz Belluno. **Straßenkarte** E3.
von Norden A22 Bozen und Klausen, dann SS48 Dolomitenstraße bis Pieve di Livinallongo; von Süden A27 Belluno, SS51 bis Longarone.
FS *Belluno und Longarone.*
von Belluno und Longarone.
APT 1 Dolomiti, *Piazzetta San Francesco 8, Cortina.*
0436 3231. FAX *0436 3235.*
www.infodolomiti.it
Forno di Zoldo. M *848.* *3050.*
Ufficio Turistico Forno di Zoldo, *Via Roma 12.*
0437 787 349.
FAX *0437 787 340.*
fornodizoldo@ infodolomiti.it
Zoppè di Cadore.
M *1460.* *300.*
Pro loco, *Via Bortolot 69.*
0437 791 001.
Zoldo Alto. M *1420.* *1300.*
APT, *Viale Dolomiti 4. Ortsteil Mareson.* *0437 789 145.* FAX *0437 788 878.*
zoldoalto@ infodolomiti.it

Von Longarone beim Nationalpark Belluneser Dolomiten führt die Staatsstraße 251 in das Val di Zoldo hinauf. Das von dem Fluss Maé durchflossene Tal blickt auf eine lange Bergwerkstradition zurück. Es grenzt an das Cadore, erscheint anfänglich eng und bietet nur wenig Aussicht, weitet sich jedoch nach dem **Lago di Pontesei** bei Forno di Zoldo. Von nun an hat man einen herrlichen Panoramablick auf zwei berühmte Bergstöcke: die Civetta- *(siehe S. 128f)* und die Pelmogruppe *(siehe S. 149f)*. In **Forno di Zoldo** ist im Ortsteil Pieve zudem die Kirche San Floriano zu bewundern. Das *Monumento nazionale* beherbergt den berühmten *Seelenaltar* (1682–85) von Andrea Brustolon. Bei Forno gabelt sich das Val di Zoldo. Nach Osten verläuft der Seitenarm **Val de Rutorto** bis zur Ortschaft **Zoppè di Cadore**. Im westlichen Tal liegen **Zoldo Alto**, zu dem mehrere Gemeinden gehören, und das bedeutende Wintersportzentrum **Pecol**.

In den letzten Jahren hat im gesamten Tal aufgrund der skitouristischen Erschließung der Civetta der Fremdenverkehr an Bedeutung gewonnen, jedoch nicht die Spuren einer von Armut und harter Arbeit gekennzeichneten Vergangenheit verdeckt. So haben etwa zu Beginn des 20. Jahrhunderts Emigranten aus Zoppé di Cadore an der Südwestseite der Pelmogruppe die Kunst des Eismachens in der Welt bekannt gemacht – daran

Zoppè di Cadore und die Pelmo-Gruppe

Die Katastrophe von Vajont

Das Datum der Tragödie hat sich für immer in das Gedächtnis der Region eingebrannt: 9. Oktober 1963. In dieser Nacht gab es einen gewaltigen Erdrutsch in den riesigen Stausee im Tal des Vajont, der bei Longarone in die Piave mündet. Er löste eine verheerende Flutwelle aus, die die schlafenden Menschen in den Dörfern ohne Vorwarnung überraschte. 1909 Menschen starben in den tosenden Wassermassen. Nach der Katastrophe brachte eine Untersuchung erhebliche Sicherheitsmängel zutage: Der Damm war in einer von Erdrutschen gefährdeten Zone errichtet worden, Sicherheitsvorschriften waren nicht eingehalten worden und in den Tagen vor der Tragödie waren trotz des vorhersehbaren Erdrutsches keine Evakuierungen eingeleitet worden. An die Katastrophe erinnern die Website der Gemeinde Longarone (www.vajont.net), das Schauspiel des Belluneser Schauspielers Marco Paolini, *Vajont 9 ottobre 1963,* sowie das Museo del Vajont in Longarone (Informationen bei Pro loco di Longarone, Piazza Tasso 2, 0437 770 119).

Longarone nach der Tragödie

Ein typischer Heuschober *(tabià)* **bei Zoldo Alto**

erinnern in der ganzen Region jedes Jahr Ende Oktober Festlichkeiten. Historische Zeugnisse sind auch die *tabià* genannten alten Heuschober aus Holz und Stein. Sie finden sich im gesamten Val di Zoldo, das durch den **Passo Staulanza** (1766 m) mit dem **Val Fiorentina** verbunden ist.

UMGEBUNG: Empfehlenswert sind Wanderungen auf dem **Anello Zoldano**, einer Rundtour im mittleren und oberen Val di Zoldo. Die Wege führen zu allen wichtigen Berggruppen des Tales: Mezzodì, Pramper, San Sebastiano-Tamer, Moiazza, Civetta, Pelmo und Bosconero. Die gesamte Rundwanderung besteht aus sechs vier- bis achtstündigen Tagesetappen mit Übernachtungsmöglichkeiten, diese können aber auch als einzelne Tagestouren erwandert werden. Der Anello Zoldano ist zwar nicht markiert, aber auf Spezialkarten deutlich eingezeichnet.

Val Fiorentina ❾

Provinz Belluno. **Straßenkarte** D3. *von Norden SS48 bis Andraz, anschließend die Landstraße 203; von Süden die Landstraße 251 von Longarone.* FS *Belluno, dann Autobus.* *von Belluno, Bozen, Cortina.* **APT 1 Dolomiti**, *Piazzetta San Francesco 8, Cortina.* *0436 3231.* FAX *0436 32 35.* W *www. infodolomiti.it*

COLLE SANTA LUCIA. M *1453.* *450.* **Pro loco**, *Via Villagrande 44,* *0437 720 007.*

SELVA DI CADORE. M *1335.* *550.* **Pro loco Val Fiorentina**, *Piazza San Lorenzo.* *0437 720 243.*

DAS TAL VERLÄUFT ab Caprile Richtung Osten und gehört geografisch zum Agordino, politisch-administrativ jedoch zum Cadore, mit dem es durch den Passo Giau verbunden ist. Der letzte Abschnitt des durch den Passo Staulanza mit dem Val di Zoldo verbundenen Tals reicht bis zur Pelmogruppe *(siehe S. 149)*. Einen herrlichen Panoramablick auf die Pelmo- und Civettagruppe, den Lago di Alleghe und die Marmolada kann man in **Colle Santa Lucia** am **Monte Pore** (2405 m) genießen. Der eng mit dem Eisenbergbau verbundene Ort hat sich seinen ländlichen Charme bewahrt und wartet mit Häusern aus dem 17. Jahrhundert, etwa der schönen Adelsresidenz Casa de Zan dalle inferriate (oder Casa Chizzali Bonfolini), auf. Bei Colle di San Lucia gabelt sich die Straße und führt nach Süden Richtung Selva di Cadore und Pelmogruppe, nach Norden in unzähligen Kurven auf den Passo Giau. In **Selva di Cadore** sind im Museo Civico della Val Fiorentina Abgüsse der Dinosaurierabdrücke *(siehe unten)* und das Skelett von Mondeval *(siehe S. 149)* zu bestaunen, in **Santa Fosca** hingegen eine wunderbar erhaltene gotische Kirche.

Museo Civico della Val Fiorentina

Via 4 Novembre 55.
0437 521 068 / 521 056.
Weihnachten, Juli–10. Sep: tägl. 16–18.30 Uhr; Jan–Ostern: Mi 16–18.30 Uhr.

UMGEBUNG: Vom Rifugio Passo Staulanza (1766 m) wandert man Richtung Süden (Rifugio Venezia) auf dem Weg Nr. 472, einer Teilstrecke des Höhenwegs (AV) Nr. 1 und des Anello Zoldano unterhalb des Pelmetto (2990 m). Nach etwa 45 Minuten führt eine Abzweigung nach links zu den Felsen mit den Abdrücken von Dinosauriern, die hier vor 200 Millionen Jahren lebten.

Dauer: *1/2 Tag.*
Schwierigkeit: *einfach.*

Rifugio Passo Staulanza
0437 720 243.
Sommer und Winter.

Rifugio Venezia
0436 96 84.
Sommer.

Blick vom Val Fiorentina auf den imposanten Monte Pelmo

Livinallongo del Col di Lana ⑩

DER NÖRDLICHSTE Abschnitt des Cordevole gehört zum ladinischen Tal der Gemeinde Livinallongo del Col di Lana (Buchenstein). Das Gebiet liegt zwischen Arabba im Westen und dem Passo Falzarego im Osten an der Großen Dolomitenstraße *(siehe S. 100f)*, die zum Col di Lana führt, und wurde im Frühmittelalter erstmals erwähnt. Mit Ausnahme von Arabba ist diese ladinische Region noch heute bäuerlich geprägt. Im Ersten Weltkrieg fanden hier, an der italienisch-österreichischen Front, entsetzliche Schlachten statt. Von den Schrecken des Krieges zeugt der zerstörte Gipfel des Col di Lana. Das bis 1918 österreichische Livinallongo wurde stark zerstört und hatte viele Todesopfer zu beklagen.

Pieve di Livinallongo, im Hintergrund der Monte Civetta

Arabba

M *1612.* *350.*
APT, *Via Arabba.* *0436 791 30.* FAX *0436 793 00.*
@ *arabba@infodolomiti.it*
W *www.infodolomiti.it*

Von dem bekannten Fremdenverkehrsort gelangt man mit der Seilbahn zur Porta Vescovo. An diesem Etappenpunkt der Sella Ronda *(siehe S. 100f)* kann man einen herrlichen Blick auf die Sella und den Gletscher der Marmolada *(siehe S. 112f)* genießen. Das alte Arabba, ein im Mittelalter gegründetes Bauerndorf, wurde im Ersten Weltkrieg fast ganz zerstört – nur einige wenige Häuser und der Friedhof rund um die 1992 wieder aufgebaute Kirche **San Pietro e Paolo** blieben leidlich verschont. In Arabba befindet sich der Sitz des bedeutenden Lawinenforschungszentrums und -warndienstes Centro Valanghe di Arabba.

Pieve di Livinallongo

M *1470.* *1400.*
APT, *Via Arabba.* *0436 791 30.* FAX *0436 793 00.*
@ *arabba@infodolomiti.it*
W *www.infodolomiti.it*

Von Arabba aus führt die Dolomitenstraße durch das Tal bis Pieve di Livinallongo am Fuß des Col di Lana. Das Dorf und Verwaltungszentrum blickt auf eine lange Geschichte zurück. Es fand bereits im frühen 11. Jahrhundert urkundliche Erwähnung. Wie Arabba wurde es im Ersten Weltkrieg fast vollständig zerstört.

Den Hauptplatz von Pieve di Livinallongo ziert heute – wieder – das Denkmal für Katharina Lanz (1771–1854) aus St. Vigil in Enneberg. Die ladinische Volksheldin kämpfte gegen die napoleonischen Soldaten und starb in Andraz. Das 1912 eingeweihte Denkmal zählt zu den wenigen Bau- und Kunstwerken der Ortschaft, die den Ersten Weltkrieg überstanden haben. Tatsächlich wurde es angesichts der drohenden Kämpfe nach Corvara verbracht und nach langem Hin und Her schließlich am 17. Oktober 1964 wieder an seinem ursprünglichen Standort aufgestellt. Darüber hinaus restaurierte man 1981 das Grab von Katharina Lanz auf dem nahen Friedhof.

Sehenswert ist auch die Kirche **San Giacomo Maggiore**, die eine schöne Holzstatue der hl. Anna beherbergt. Das uralte Bauwerk wurde schon vor dem Jahr 1000 errichtet und ist somit älter als das Dorf. Das Gotteshaus wurde im Lauf der Jahrhunderte mehrere Male zerstört und wieder aufgebaut – zuletzt am 18. August 1915. An diesem Tag wurde die Kirche zusammen mit einem großen Teil der Ortschaft durch Granaten schwer beschädigt. Der heutige Bau wurde 1922 wiederaufgebaut.

Die Große Dolomitenstraße am Passo Falzarego

Burg Andraz

Zwischen Pieve di Livinallongo und dem Passo di Falzarego thront bei Buchenstein die von der gleichnamigen Familie vor über 1000 Jahren errichtete Burg Andraz auf einem hohen Felsen. Die Burg gelangte um das Jahr 1200 in den Besitz der Bischöfe von Brixen und diente bei Gefahr häufig als Zufluchtsort. Von 1457 bis 1458 lebte hier der deutsche Kardinal, Philosoph und Mathematiker Nikolaus von Cues. Nachdem die Burg ihre strategische Bedeutung verloren hatte, verfiel sie zusehends ab dem 19. Jahrhundert. Seit 1986 sind Restaurierungsarbeiten der Ruinen im Gange. Nach Andraz windet sich die Straße in unzähligen Kurven auf den im Norden vom Gipfel des **Piccolo Lagazuoi** (2778 m) überragten **Passo Falzarego** (2105 m). Der bedeutende Dolomitenpass führt in das Cadore.

UMGEBUNG: Von der Kurve am Ortseingang von Pieve di Livinallongo führt der Weg Nr. 21 zum Gipfel des **Monte Piana**. Trotz der bedrückenden Relikte aus dem Ersten Weltkrieg (Minenkrater und Kapelle) sollte man hier das wunderschöne Panorama der Marmolada und anderer Gipfel genießen.

Dauer: *4–5 Stunden.*
Schwierigkeit: *einfach (steile Abschnitte).*

Holzgeschnitztes Kruzifix auf dem Gipfel des Piccolo Lagazuoi

Vom Passo Falzarego erreicht man entweder zu Fuß über den Weg Nr. 402 (eine einfache Teilstrecke des Höhenwegs AV Nr. 1, drei Stunden Anstieg) oder mit der Seilbahn die **Forcella Lagazuoi**. Trittsichere Bergwanderer, die zudem nicht unter Klaustrophobie leiden, können hier das Museo della Guerra besuchen und entlang der etwa zehn Minuten von der Bergstation der Seilbahn entfernten Tunnel und Anlagen aus dem Ersten Weltkrieg zum Pass hinabsteigen. Da die Unterstände bisweilen vereist und somit nicht immer zugänglich sind, erkundigt man sich besser vor dem Abstieg im Rifugio Lagazuoi über ihren aktuellen Zustand. Die Wanderung durch die mit zahlreichen Panoramafenstern versehenen Tunnel dauert etwa eine Stunde.

INFOBOX

Provinz Belluno. **Straßenkarte** D3. *A22 Ausfahrt Neumarkt-Auer, Dolomitenstraße 48; A27 Ausfahrt Belluno, Landstraße 203.* FS *bis Belluno und Bozen, dann Bus.* *täglich Anschluss von Belluno, Bozen, Cortina.* i *Azienda Turistica Arabba-Livinallongo, Via Boé 17, Arabba.* *0436 780 019.* FAX *0436 780 019.* @ *arabba@rolmail.net*

Museo della Guerra
Informationen beim Comitato Pro Cengia Martini-Lagazuoi, Via Marconi 18, Cortina d'Ampezzo.
0436 48 61.
@ *lagazuoi@dolomiti.org*

Rifugio Lagazuoi
+FAX *0436 867 303.*
Sommer und Winter.
@ *rifugio.lagazuoi@dolomiti.org*

DIE FRONT AM COL DI LANA

Soldaten der italienischen Alpini im Ersten Weltkrieg auf dem Col di Lana

DIE ITALIENISCH-ÖSTERREICHISCHE GRENZE verlief vor dem Ersten Weltkrieg entlang dem Cordevole. Der zu Österreich gehörende Col di Lana (2462 m) besaß für die Kontrolle des gesamten Gebiets des Alto Cordevole erhebliche strategische Bedeutung. Ab Mai 1915 versuchten die italienischen Truppen vergeblich, den Gipfel zu erobern – in den folgenden Monaten verloren in den ununterbrochenen Kämpfen allein 6400 italienische Soldaten ihr Leben. Der Col di Lana wurde zum *Col di sangue*, zum »Blutberg«. Da die Einnahme des Berges unmöglich schien, gruben die italienischen Truppen tiefe Tunnel unter den Berggipfel und sprengten ihn am 17. April 1916 mithilfe von fünf Tonnen Dynamit in die Luft – zusammen mit 110 österreichischen Soldaten. Der Krater ist noch heute vorhanden, daneben steht eine Kapelle. Für die Opfer vom Col di Lana wurde in Pian dei Salesei eine Gedenkstätte errichtet. Man erreicht sie auf der Straße nach Digonera (Richtung Süden).

Gedenkstätte von Pian dei Salesei

Cortina und das Cadore

Das Cadore und das Ampezzotal *umschließen nicht nur viele der großen Gipfel der Dolomiten, sondern sie bergen auch riesige Wälder, die schon die Römer und später die Venezianer erschlossen, um ihr Holz für den Schiffbau zu nutzen.*

Bis vor 50 Jahren trieben die großen Stämme die Gebirgsflüsse hinunter Richtung Piave. In Perarolo wurden sie zu Flößen zusammengebunden und von dort bis zur Adria geflößt. Seit dem hohen Mittelalter werden die Wälder nach einem ladinischen Selbstverwaltungsmodell gemeinschaftlich von Cadore und Ampezzo in einer Art direkter Demokratie verwaltet. Nur deshalb haben sich die wunderbaren Wälder des Comelico- oder des Boite-Tals erhalten. Auch in den drei Jahrhunderten unter der Herrschaft Venedigs, die sich formal auf die Entsendung eines Capitano del Cadore beschränkte, blieb dieses Regelwerk in Kraft. Nach dieser friedlichen Epoche zogen die napoleonischen Kriege die Region schwer in Mitleidenschaft: Zuerst wurde sie von Österreich, dann von Frankreich besetzt, um 1810 an Italien angeschlossen zu werden, mit der Ausnahme des Ampezzo-Tals. Erst der Beginn von Tourismus und Alpinismus im 19. Jahrhundert bewirkte einen Entwicklungsschub: 1857 bestieg der Engländer John Ball den Monte Pelmo, gefolgt vom Wiener Bergsteiger Paul Grohmann, der zwischen 1862 und 1869 viele der hohen Gipfel der Region bezwang, darunter Cristallo und Cima Grande di Lavaredo. Die touristische Entdeckung der Region hatte den Bau erster Hotels zur Folge. An der Kreuzung zweier wichtiger Straßen, der Strada d'Alemagna, die vom Pustertal ins Veneto führt, und der Großen Dolomitenstraße nach Bozen gelegen, bietet Cortina trotz der Ski- und Hotelanlagen des Massentourismus immer noch einen natürlichen Charme und eine harmonische Umgebung.

Die Berghütte auf dem Lagazuoi: im Hintergrund der Antelao, der höchste Gipfel des Cadore

◁ Die Tofana di Mezzo von der Federa-Alm in der Nähe von Cortina aus gesehen

Cortina und das Cadore

Das Ampezzo-Tal, das Val Comelico und das Cadore bilden den östlichsten Teil der Dolomiten und werden im Vergleich zum Lago di Misurina und dem Ampezzaner Becken mit Cortina wenig besucht. So sind Sappala an der Piave und der Geburtsort Tizians, Pieve di Cadore, weitgehend unbekannt. Rund um Cortina schützt der Naturpark Ampezzaner Dolomiten die Wälder, die das Hochtal um den Boite-Fluss sowie die Gipfel der Tofane- und der Cristallogruppe überziehen. Weiter östlich liegt das Hochtal, das der Tagliamento durchfließt, im Naturpark Friauler Dolomiten, der auch die wild gezackten Massive der Dolomiti d'Oltrepiave schützt.

Der Lago di Misurina

Die Berghütte Duca d'Aosta bei Cortina

Sehenswürdigkeiten auf einen Blick

1. Das Ampezzaner Becken
2. Die Berge um Cortina
3. Naturpark Ampezzaner Dolomiten
4. Lago di Misurina
5. San Vito und das Val Boite
6. Reservat Pelmo-Mondeval-Giau
7. Antelao und Marmarole
8. Pieve di Cadore
9. Zentrales Cadore
10. Auronzo
11. S. Stefano und Val Comelico
12. Sappada
13. Naturpark Friauler Dolomiten

Der Blick vom Antelao, links Ampezzo-Tal und Tofanegruppe, rechts der Sorapis

Masi bei Auronzo di Cadore

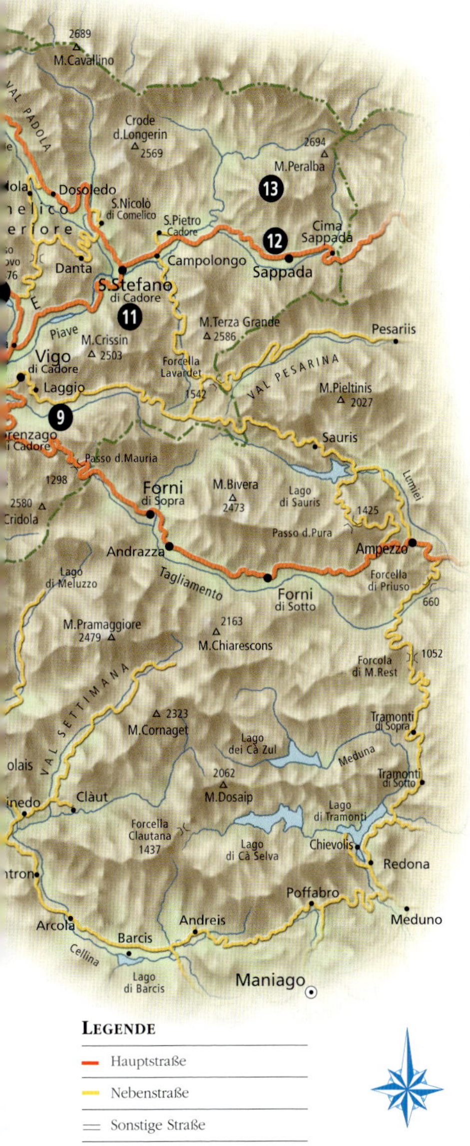

IM CADORE UNTERWEGS

Cortina und das Cadore erreicht man am besten mit dem Auto, womit man auch zu den Ausgangspunkten der diversen Wanderrouten gelangt. Jedoch sind die Täler des Cadore auch mit einem dichten Netz von Autobusverbindungen ausgestattet. Im Sommer sind die Zufahrtswege zu den Berghütten für den Autoverkehr gesperrt! Per Pendelbus sind aber Tal- und Mittelstationen jederzeit erreichbar – was bequeme, kürzere Aufstiege garantiert.

Wichtig sind die Seilbahnen, Sessel- und Skilifte, die aus der Senke von Cortina hinaufführen; sie erlauben, die Gipfel des Cristallo und der Tofanegruppe zu erreichen. Der Lago di Misurina und der Passo Tre Croci sind beliebte Ziele für Motorradfahrer: Die Straße, die sich in Serpentinen von Cortina über Ospitale, Carbonin und Misurina zum Passo Tre Croci hinaufwindet, um sich von dort wieder nach Cortina hinunterzuschlängeln, ist eine klassische Motorradstrecke.

Äußerst populär ist auch die Trasse der stillgelegten Eisenbahnstrecke zwischen Toblach und Cortina: Sie wurde zu einer Skipiste umgebaut und ist im Sommer der ideale Tummelplatz für Mountainbiker.

Häuser in der traditionellen ladinischen Holz-Stein-Bauweise im Cadore

Ortseingang von Cortina (1211m)

Das Ampezzaner Becken ❶

DAS AMPEZZOTAL, das vom Boite, einem Nebenfluss des Piave, durchflossen wird, ist wie ein riesiges Amphitheater geformt. In der Mitte liegt Cortina, die »Hauptstadt« der italienischen Alpen, die ihre magische Anziehungskraft schon lange vor der Olympiade 1956 auf Alpinisten, Literaten, Musiker und Maler ausgeübt hat. Die zerklüfteten Bergmassive, die Cortina wie ein Ring umschließen, bieten ungezählte Wandermöglichkeiten: vom Spaziergang oder Spazierritt über die einfache Hochgebirgswanderung, die auch per Mountainbike bewältigbar ist, bis zu schweren Touren, die Schwindelfreiheit und Trittsicherheit erfordern. Die Senke selbst ist übersät mit unzähligen kleinen Seen wie dem Lago Ghedina oder dem Lago Sorapis.

Rifugio Nuvolau
Auf 2575 m Höhe liegt die älteste Berghütte der Gegend, sie wurde am 11. August 1883 eingeweiht.

Tofana di Mezzo
Sie ist 3248 m hoch und vom Zentrum Cortinas aus mit der Seilbahn »Freccia del cielo« (Himmelspfeil) erreichbar.

Pomagagnon
Diese Kette mit 2450 m Höhe schließt das Boite-Tal nach Osten ab und wird vom Monte Cristallo durch das Val Grande getrennt.

Col Rosà
Über eine alte Militärstraße lässt sich der Gipfel mit 2166 m erreichen.

Cinque Torri
Auf 2361 m Höhe, zwischen dem Passo di Giau und dem Passo di Falzarego, bilden diese Bergspitzen mit ihren senkrechten Wänden eine steinerne Halle, die schon Generationen von Bergsteigern herausgefordert hat.

Croda da Lago
2709 m hoch ist der Gipfel, den der Dichter Dino Buzzati im Alter von 15 Jahren erstmals bestieg. Zu Füßen der Croda da Lago liegt der Federa-See.

Pocol
Der Aussichtspunkt neben dem Militär-Beinhaus ist der beste Ort, um die Senke von Cortina vor den Wänden des Cristallo und der Tofane-Gruppe zu bewundern.

Fiames
Im Talgrund liegt ein Pinienwald mit einem Campingplatz. Er ist einer der Ausgangspunkte in den Naturpark Ampezzaner Dolomiten. Für Ausflüge mit dem Mountainbike kann man sich dort Fahrräder ausleihen.

Cristallo (3221 m)
Ein Sessellift fährt zur Lorenzi-Schutzhütte, die auf 2896 m liegt.

INFOBOX

Provinz Bolzano. **Straßenkarte** E2.
A27 bis Longarone.
Calalzo (35 km) und Toblach (30 km). *von Calalzo und Belluno (stündlich); von Corvara, Canazei, Alleghe, St. Ulrich (nur im Sommer).*
APT 1 Dolomiti, *Piazzetta San Francesco 8, Cortina.*
0436 3231. FAX *0436 32 35.*
apt1@sunrise.it
www.infodolomiti.it

Der Boite
Der Fluss entspringt bei Cimabanche in der Tofane-Gruppe und ist ein Paradies für Forellenfischer und Extremsportler, wie z. B. Kajakfahrer.

Passo Tre Croci
Auf 1809 m verbindet dieser Pass die Cortina-Senke mit dem Misurina-See und dem Val Bona.

Sorapis (3205 m)

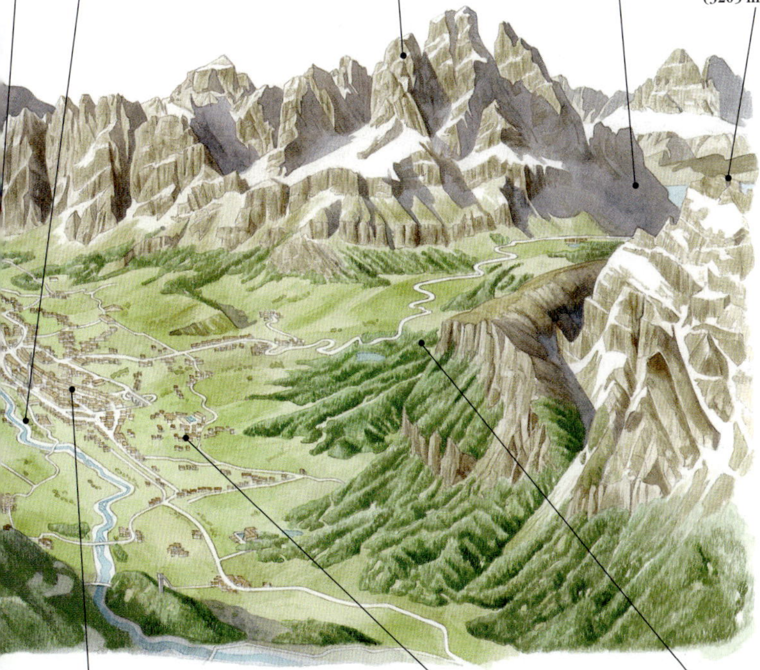

Cortina
Die Stadt liegt auf 1200 m Höhe. Zwischen dem Glockenturm und dem Corso Italia bewegen sich die Reichen und Schönen dieser Welt. Der Ruhm Cortinas reicht ins 19. Jahrhundert zurück: Es wurde als Sommerfrische entdeckt, nachdem die Strada d'Alemagna von Venedig nach Innsbruck fertig war.

Baita Fraina
Eine friedliche Oase samt Reiterstandbild und bekannt für ihr gutes Restaurant.

Faloria
Die Seilbahn auf die Faloria endet auf 2123 m. Im Winter wird sie naturgemäß von Skifahrern bevölkert.

Cortina

Das Zeichen des Hotels Zur Post

Auf 1224 Meter Höhe liegt dieses Städtchen mit etwa 8000 Einwohnern, das in der Hochsaison bis zu 30 000 Gäste beherbergt. Ursprünglich lebten die Bewohner von Feld-, Weide- und Forstwirtschaft. Die Wälder waren Privatbesitz, durften jedoch nur nach den so genannten »Regole d'Ampezzo« abgeholzt werden. Dieses Regelwerk, das aus der Zeit der Langobarden stammt und den Gemeinden Autonomie und direkte Demokratie zusicherte, wird noch heute angewendet, z. B. im Naturpark Ampezzaner Dolomiten *(siehe S. 144f)*. Nach Fertigstellung der Strada d'Alemagna zwischen Venedig und Innsbruck im 19. Jahrhundert entwickelte sich Cortina zu einem mondänen Wintersportort, der sich trotz der Winterolympiade 1956 und trotz des Massentourismus seinen ursprünglichen Charme bewahrt hat.

Der Corso Italia mit alten Hotels und neuen Boutiquen

Corso Italia

Eine Fußgängerzone, in der sich alte Hotels in den Schaufenstern neuer Luxusläden spiegeln, wie die Konditorei Lovat und die Buchhandlung Ilario Sovilla, die auf Bücher über die Dolomiten spezialisiert ist. Zu den interessanteren Gebäuden gehören das **Hotel Ancora** mit seiner Biedermeierterrasse, das 1826 als erstes Hotel in Cortina eröffnet wurde, und die **Ciasa de i Pupe** mit ihrer beeindruckenden Fassade: Die Gebrüder Ghedina haben die Fresken, welche die Musen der Musik, der Malerei und der Poesie abbilden, geschaffen.

Pfarrkirche

Piazza Roma. *0436 57 47.*
Mo–Sa 7–19 Uhr; So, Feiertage 7–20 Uhr.

Ende des 18. Jahrhunderts wurde die den Heiligen Philippus und Jakobus geweihte Kirche gegenüber dem Corso Italia vom Architekten Promperg errichtet. Nicht nur das Tabernakel des Bildhauers Andrea Brustulon und die Fresken von Franz Anton Zeiler lohnen einen Besuch, sondern auch die sonntäglichen Messgesänge der Schola Cantorum, eines 1882 gegründeten Chors. Der 71 Meter hohe Glockenturm wurde in der zweiten Hälfte des 19. Jahrhunderts errichtet.

Cooperativa di Consumo

Corso Italia 40.
0436 861 245. Mo–Sa 8.30–12.30, 15.30–17.30 Uhr.

1893 schlossen sich 25 Händler zur Cooperativa di Consumo zusammen: Auf drei Etagen finden sich u. a. traditionelle Fest- und Lodenbekleidung, Souvenirs aus den Dolomiten sowie biologisch angebaute landwirtschaftliche Produkte.

Museo delle Regole d'Ampezzo

Piazza Venezia. *0436 22 06.*
tägl. 16–19.30 Uhr; Wintersaison auch 10–12.30 Uhr.

Das Museum beherbergt drei Sammlungen: eine **volkskundliche Sammlung**, welche die Arbeits- und Lebensweise der Ladiner in den vergangenen Jahrhunderten dokumentiert. Sie stellt filigranen Silberschmuck, Leinenwäsche, Intarsienmöbel, Objekte aus gehämmertem Eisen und Kupfergeschirr aus. Die Sammlung Mario Rimoldi ist eine **Sammlung moderner italienischer Kunst** mit Bildern von Campigli, Carrà, de Chirico, De Pisis, Guttuso, Morandi, Rosai, Sironi und Tomea. In den Vitrinen der **erdgeschichtlichen Sammlung** von Rinaldo Zardini sind Fossilien aus der Ära von vor 230 Millionen Jahren, als das Mittelmeer die Gegend bedeckte, wo heute die Alpen stehen, ausgestellt: Korallen, versteinerte Schwämme, Ammoniten und Belemniten, Seesterne, Stachelhäuter und Fossilien von Wasserpflanzen. Der Naturkundler Zardini hat diese Fossilien selbst in der Tofane-Gruppe, am Cristallo und auf dem Croda da Lago gesammelt. Sie sind bei Wissenschaftlern und Mineralogen in aller Welt berühmt.

Statue an der Fassade der Pfarrkirche

Ospitale d'Ampezzo
Via Ospitale 1. 0436 45 85.
Di–So 10–24 Uhr.

An der Straße zwischen Cortina und Toblach liegt ein Restaurant, das nach den Regole d'Ampezzo selbstverwaltet wird. Es war im 19. Jahrhundert Hospiz,

Fossilien aus den Dolomiten im Museo delle Regole

Wirtshaus und Lagerraum für die reisenden Händler. An der Vorderseite sieht man ein Kirchlein aus dem Jahre 1226, das den Heiligen Nicola und Blasius geweiht ist. Im Inneren sind die frisch restaurierten Fresken aus dem 15. Jahrhundert, die ursprünglich die Fassade zierten, zu bewundern.

UMGEBUNG: Man nimmt die Straße von Cortina nach Toblach und parkt das Auto nach circa 10 km links an einem alten Wärterhäuschen. Dort beginnt der Weg, der in einen Feldweg mündet und zu einer Lichtung mit einer Hinweistafel führt, auf der die verschiedenen Wanderwege eingezeichnet sind. Auf dem Weg Nr. 201 wandert man in Richtung **Val Grande**. Dort wandelt sich der Weg in einen ansteigenden alten Saumpfad, der auf den Weg Nr. 202 einmündet. Dieser führt zum Sattel des **Pomagagnon** (2178 m). Mit einem steilen Abstieg durch eine kleine Schlucht gelangt man zur Station von Fiames (1341 m). Von dort geht man auf der alten Trasse der Eisenbahn Cortina–Toblach zurück zum Ausgangspunkt.
Dauer: *1 Tag.*
Schwierigkeit: *mittelschwer.*

Auf der Straße zum Passo di Giau liegt rechterhand Pocol mit seinem Denkmal für die Gefallenen des Ersten Weltkriegs. Mit dem Auto erreicht man nach 4,5 km die Brücke von Ru Curto (1708 m) im Val Costeana, wo man das Auto stehen lässt und zu Fuß auf dem Weg Nr. 437 weitergeht. Man wandert durch die Wälder des **Val Formin** hinauf bis zum Weg Nr. 434, der zu einem Aussichtspunkt über das Ampezzo führt (bitte die Abzweigungen nach links ignorieren!). Danach läuft man am Ufer des **Lago Federa** zu Füßen der Croda da Lago (2701 m) entlang und erreicht auf der Höhe von 2946 m den Rifugio Palmieri.
Dauer: *1/2 Tag.*
Schwierigkeit: *einfach.*

Rundblick auf der Federa-Alm

Rifugio Palmieri an der Croda da Lago
0436 862 085. Sommer und Dez.

Vom Passo di Giau führt der Weg Nr. 452 zum Rifugio Averau (2413 m) in den Wänden des Nuvolau-Sattels. Hat man den Bergsattel erklettert, führt der Steig Nr. 439 zum Rifugio Scoiattoli (2225 m). Vor dem Rifugio Cinque Torri (2137 m) zweigt der Weg Nr. 443 zum östlichen Berghang des Nuvolau ab. Dahinter durchwandert man die Senke, in der Forame liegt, und kehrt zurück zum Passo di Giau.
Dauer: *1 Tag.*
Schwierigkeit: *mittelschwer.*

Rifugio Averau
0436 4660. So/Wi.
Rifugio Scoiattoli
0436 867 939. So/Wi.
Rifugio Cinque Torri
0436 2902. Sommer.

Blick auf die Gruppe der Cinque Torri von der Schutzhütte Scoiattoli aus

Die Berge um Cortina ❷

An sonnigen Tagen ist das Panorama des Ampezzaner Beckens schlicht bezaubernd: Der Blick über die langsam ansteigenden Weiden hinauf zu den beeindruckenden Massiven, die sich zum Teil über 3000 Meter hoch in den Himmel schieben: Monte Cristallo und die Tofanegruppe, die sich oberhalb von Cortina gegenüberstehen. Angesichts dieser beiden imposanten Felsmassive darf man jedoch die Spitzen der Croda da Lago (2715 m) und des Sorapis (3205 m) nicht vergessen, ebensowenig wie im Norden die Croda del Becco (2810 m) und die Croda Rossa d'Ampezzo (3146 m). Letztere ist berühmt für ihre rote Färbung.

Ferrata Dibona
Von der Schutzhütte Son Forca fährt ein Sessellift auf die 2808 Meter hohe Forcella Cristallo, wo man auf einen Klettersteig – die Ferrata Dibona – gelangt, einen der spektakulärsten Wege in den Dolomiten, der mittels Hängebrücke zum Rifugio Lorenzi führt.

Forcella Cristallo (2808 m)
Auf der Forcella ist einer der beiden Gletscher der Cristallogruppe (500 Meter lang).

Cima Cristallo (3221 m)
Er wurde 1865 als Erstes vom Österreicher Paul Grohmann mit Angelo Dimai und Santo Siorpaes bestiegen.

Cristallo
Dieses kompakte Massiv, hier mit seinen südlichen Abhängen vom Passo di Giau aus gesehen, schließt das Ampezzaner Becken im Nordosten zwischen Cimbanche und dem Passo Tre Croci. Auf der Nordseite des Cristallo erhebt sich eine extrem steile Wand, die 1877 erstmals von Michael Innerkofler bezwungen wurde. Den Aufstieg mit der schönsten und bequemsten Aussicht ermöglicht der Sessellift von Riògere aus.

Ausflüge

Von Misurina aus fährt man die Bundesstraße 48bis Richtung Carbonin und parkt den Wagen nach circa 3 km an der Brücke des Val Popena Alta. Über den Weg Nr. 222 steigt man durch den Wald bis zum Fluss Popena auf und verfolgt dessen Lauf bis zum Ende des Tals, wo man zwischen riesigen Felsblöcken seine Quelle entspringen sieht. Auf dem Wanderweg Nr. 224 geht man weiter bis zum Berghang der Moräne Pale di Misurina. Von dort führen enge Serpentinen zur Forcella delle Pale di Misurina (2140 m), die einen beeindruckenden Rundblick bietet. Der Abstieg hinunter nach Misurina führt vorbei an der nach Edmondo De Amicis benannten Bergspitze, die 1907 von Tita Piaz und Ugo de Amicis in einer Aufsehen erregenden Aktion bestiegen wurde: Ein Drahtseil war von der Bergspitze zum Glockenturm von Misurina gespannt worden.

Dauer: *1 Tag.*
Schwierigkeit: *mittelschwer.*

Freccia del Cielo
Im Jahr 1969 wurde unter der Leitung von Giulio Apollonio in drei Etappen eine Seilbahn gebaut, die vom Zentrum von Cortina aus auf den Gipfel der Tofana di Mezzo führt. Die Stationen auf dem Col Druscie (1770 m) und der Ra Valles (2470 m) sind gute Ausgangspunkte für vielfältige Wanderungen.

Infobox

Provinz: *Belluno.* **Straßenkarte** E2.
Anfahrt: *zur Tofanegruppe über den Passo Falzarego, über Cortina oder Fiames; zum Cristallo von Cortina, vom Passo Tre Croci, von Misurina aus.*
APT Cortina, *P.za Roma 1.* *0436 27 11.* **APT 1 Dolomiti**, *Piazzetta San Francesco 8.* *0436 32 31.* **Information: Misurina**, *Via Monte Piana 2.* *0435 390 16.*
www.infodolomiti.it *apt1@sunrise.it*
Freccia del Cielo
0436 50 52 (Cortina), 0436 42 65 (Col Druscie), 0436 868 410 (Ra Valles).
Sommer u. Winter.
Rifugio Duca d'Aosta
0436 27 80. *Sommer/Winter.*
Rifugio Pomedes
0436 86 20 61. *Sommer/Winter.*
Rifugio Son Forca
0436 866 192. *Sommer/Winter.*
Sessellift Cristallo Rio Gere
0436 861 035. *Sommer/Winter.*
Seilbahn Tofana Pomedes
0436 866 374. *Sommer/Winter.*

Tofana di Mezzo (3244 m)
Paul Grohmann erstieg sie als Erster, gemeinsam mit Francesco Lacedelli, am 29. August 1863.

Tofana di Dentro (3238 m)
Sie wird oft als die Dritte Tofana bezeichnet.

Tofana di Rozes (3225 m)
Sie ist die westlichste Spitze der Tofanegruppe.

Die Tofanegruppe
Die überhängenden Wände der Tofanegruppe, in denen sich noch heute Zeugnisse der schweren Partisanenkämpfe des Zweiten Weltkriegs befinden, schließen das Ampezzaner Becken nach Westen hin ab. Neben der Seilbahn Freccia del Cielo gibt es einen Sessellift, der von Piè Tofane zu den Schutzhütten Duca d'Aosta (2060 m) und Pomedes (2340 m) fährt. Auf dem Col Druscie kann man eine Sternwarte besuchen.

Touren

Vom Passo di Falzarego steigt man den Weg Nr. 402 in etwa einer Stunde auf zur Forcella Travenanzes (2503 m) mit Blick auf den Piccolo Lagazuoi *(siehe S. 133)* und die Tofana di Rozes. Hinunter geht es auf dem Weg Nr. 401 ins Travenanzes-Tal. Nach einer leicht gewellten Wegstrecke steigt man hinauf zum Sattel des Col dei Bos. Der Abstieg verläuft über die alte Militärstraße, die viele schöne Aussichtspunkte bietet, und einen Tunnel, der auf eine Schotterstraße durch den Wald zuläuft. Die Straße zieht sich unterhalb der Torri di Falzarego bis zum gleichnamigen Pass.

Dauer: *3:30 Stunden.* **Schwierigkeit:** *mittelschwer.*

Gämsen auf dem Col dei Bos

Naturpark Ampezzaner Dolomiten ❸

Im Norden von Cortina liegt der Naturpark Ampezzaner Dolomiten, der sich Richtung Westen bis zum Naturpark Fanes-Sennes-Prags ausbreitet. Beide Gebiete zusammen umfassen etwa 37 000 Hektar und bilden ein reiches Reservat für Gämsen, Rotwild, Steinböcke und Murmeltiere, außerdem für Adler, Auerhähne und Uhus. Kürzlich wurden Braunbären aus Slowenien erfolgreich in den jahrhundertealten Zirbelkiefernwäldern angesiedelt, und der Lämmergeier kreist wieder über dem alten Rottannen- und Lärchenbestand.

Boite
Der Fluss entspringt zu Füßen der Hohen Gaisl. Sein Wildwasser wird von Kajakfahrern geschätzt.

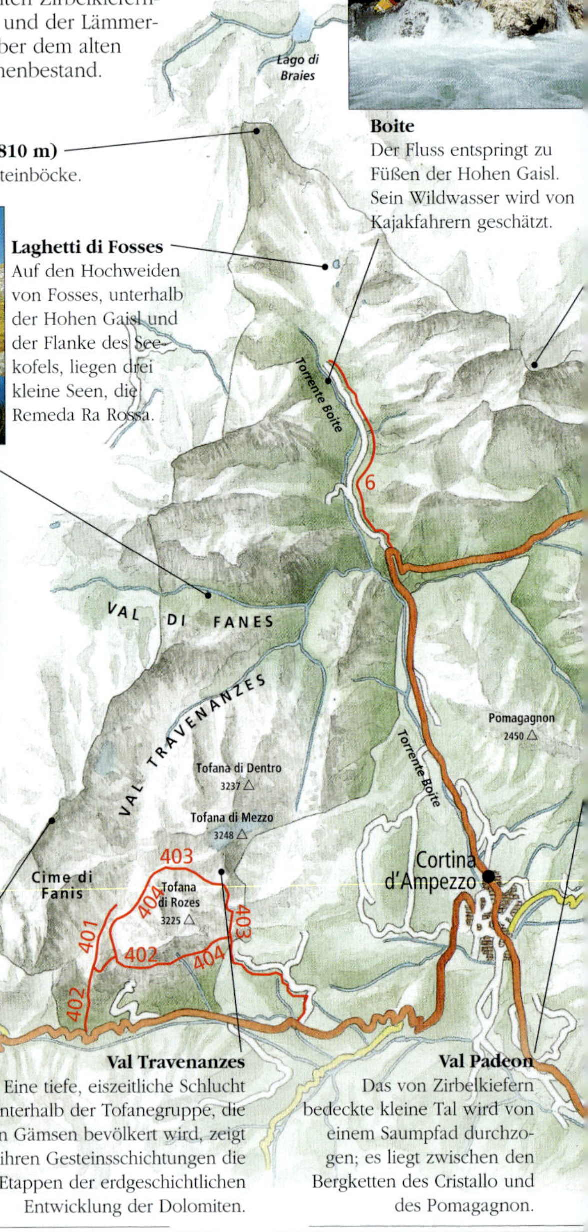

Croda del Becco (2810 m)
Hier leben etwa 50 Steinböcke.

Laghetti di Fosses
Auf den Hochweiden von Fosses, unterhalb der Hohen Gaisl und der Flanke des Seekofels, liegen drei kleine Seen, die Remeda Ra Rossa.

Cascate di Fanes
Man kann den malerischen, dreistufigen Wasserfall von der Straße zwischen Pian de Loa und dem Fanes-Tal aus bewundern.

Monte Cavallo (2912 m)
Am westlichen Ende des Parks stößt man auf die Tofanegruppe, die vom Flusstal des Travenanzes begrenzt wird.

Val Travenanzes
Eine tiefe, eiszeitliche Schlucht unterhalb der Tofanegruppe, die von Gämsen bevölkert wird, zeigt mit ihren Gesteinsschichtungen die Etappen der erdgeschichtlichen Entwicklung der Dolomiten.

Val Padeon
Das von Zirbelkiefern bedeckte kleine Tal wird von einem Saumpfad durchzogen; es liegt zwischen den Bergketten des Cristallo und des Pomagagnon.

Croda Rossa d'Ampezzo (3146 m)
Die Hohe Gaisl nördlich von Ampezzo ist nicht zu verwechseln mit der Sextener Hohen Gaisl *(siehe S. 176f)*. Sie trägt das »rossa« im Namen wegen der roten Färbung ihres Gesteins. Allerdings ist während des Ersten Weltkriegs auf ihr auch viel Blut geflossen.

Legende

- Hauptstraße
- Nebenstraße
- andere Straßen
- Routenempfehlung

Infobox

Provinz: *Belluno.*
Straßenkarte D2.
Gegründet: *1990.*
Fläche: *11 200 ha.*
Naturpark Ampezzaner Dolomiten, Regole d'Ampezzo, *Via del Parco 1, Cortina.* *0436 22 06.* FAX *0436 22 69.*
www.dolomitiparco.com
info@dolomitiparco.com
Hotel Fiames
0436 2366. *So/Wi.*
Alm Ra Stuà
0436 5753. *So/ab Ende Sep.*
Shuttlebus Fiames–Alm Ra Stuà
0436 30 31. *Sommer.*
Rifugio Dibona
0436 860 294. *Sommer.*

Touren

1. Tofana-Grotte

Auf der Bundesstraße Richtung Falzarego zweigt nach vier km eine Straße zum Rifugio Dibona (2983 m) ab. Dort parkt man das Auto und folgt dem geschotterten Weg Nr. 403 Richtung Gallerie del Castelletto, weiter auf dem Weg Nr. 404 über eine Geröllhalde. Ein Richtungspfeil zeigt den Weg Nr. 442 zur Grotte, die nur auf einem schmalen, mit Kletterhilfen gesicherten Steig durch einen Eiskanal zugänglich ist. Zurück geht es zunächst auf gleicher Strecke, dann über einen kleinen Militärweg zu Weg Nr. 404 über eine Ebene bis oberhalb des Sattels des Col dei Bos (2331 m). Bei dem Hinweisschild zum Cason de Sotecordes (2026 m) nimmt man den Weg Nr. 412 und erreicht auf ihm die Lichtung von Cason. Man überquert sie auf derselben Höhe und kreuzt schließlich den Schotterweg Nr. 403, der einen zum Auto zurückführt.

Dauer: *1 Tag.*
Schwierigkeit: *mittelschwer.*

2. Anello di Ciamp de Crosc

Von Cortina aus folgt man etwa elf Kilometer der Bundesstraße 51, bis der Weg zur Alm Ra Stuà abzweigt. Die Alm erreicht man nach vier Kilometern, vom 15. Juli bis 15. September ist die Straße gesperrt, dann fährt nur ein Shuttlebus von Fiames aus die Alm an. Von der Alm aus durchsteigt man auf der Straße, die zum Rifugio Senes führt, eine kleine Senke, bis man an die Hinweistafel nach Cason dei Cazadore gelangt. Der Weg verläuft geradeaus am rechten Ufer eines Baches, den man auf einem Brücklein überquert. Ein kleiner Aufstieg führt den Wanderer zur Lichtung von Cason dei Cazadore und gleich danach zum Platz des Ciamp de Crosc, wo die Quelle des Boite entspringt. Hinter der Brücke über den Boite führt ein nicht ausgeschilderter Weg durch einen lichten Wald zum Valon Scuro, von wo aus man nach Ra Stuà zurückkehrt.

Dauer: *1/2 Tag.*
Schwierigkeit: *leicht.*

Lago di Misurina ❹

Straßenkarte E2. **M** *1756.*
von Cortina, Auronzo, Toblach.
Touristeninformation, *Via Misurina, Misurina.* *0435 390 16.*

EINGEBETTET ZWISCHEN Sorapis und Cadini-Bergen liegt zu Füßen der südlichen Abhänge der Drei Zinnen der Misurina-See. Er wurde erst Ende des 19. Jahrhunderts touristisch erschlossen. Der Besuch Margherita von Savoyens im Jahr 1881 und der Aufstieg von Giosuè Carducci auf den Monte Piana 1882 weckten Misurina aus dem Dornröschenschlaf. 1899 wurde das luxuriöse Grande Albergo di Misurina erbaut, heute ein Kurhotel für asthmakranke Kinder. Bevor die ersten Reisenden eintrafen, war Misurina ein von den Bewohnern Cortinas, Auronzos und Toblachs heftig umstrittenes Weideland: Holzdiebstähle, Beschlagnahme von Vieh und Zerstörung der Almen waren an der Tagesordnung. 1753 hat der Vertrag von Rovereto zwischen Venedig und Österreich die Grenzen festgelegt. Noch heute kann man das Basrelief mit dem österreichischen Wappen und dem Löwen von San Marco beispielsweise auf dem Altar von Misurina bewundern. Damals wurden See und Umland von Misurina zum Territorium von Auronzo di Cadore geschlagen. Der See, in dem viele Forellenarten leben, die man mit einer leicht erwerblichen Angelerlaubnis fischen darf, hat einen Durchmesser von 2600 Metern und lässt sich schön umwandern. Im Sommer kann man auf ihm Tretboot fahren oder rudern. Im Winter wird er zum Schlittschuhparadies: Er war Austragungsort der Eislaufwettkämpfe der Winterolympiade 1956. Misurina bildet den idealen Ausgangspunkt für Wanderungen auf die Drei Zinnen und die Cadini-Berge, eine der eigenartigsten Formationen der Dolomiten: Sie bilden ein Labyrinth aus Fingern, Türmen, Nadeln und Spitzen in den unglaublichsten Formen.

Pferd auf der Weide beim Misurina-See

UMGEBUNG: Einen interessanten Ausflug auf die Cadini di Misurina bietet der Naturpfad zum Rifugio Città di Carpi: Um ihm folgen zu können, sollte man den kleinen Führer dazu in einer der Buchhandlungen von Cortina erwerben. Mit dem Sessellift fährt man vom See aus auf den **Col de Varda** (2115 m), folgt dort dem Weg Nr. 120, der einen Blick auf Sorapis und Marmarole bietet. Leicht absteigend folgt man dem gut beschilderten Naturpfad bis zur **Forcella Maraia**, dem Maraia-Sattel (2098 m), und zum Rifugio Città di Carpi (2100 m). Beim Abstieg verfolgt man denselben Weg, bis er den Weg Nr. 116 kreuzt, dann durch den Wald hinunter in Richtung Pian Maccetto, wo weitere Beobachtungspunkte eingerichtet sind. Der Weg Nr. 13 führt durch bewaldete Hänge zurück nach Misurina.
Dauer: *1 Tag.*
Schwierigkeit: *einfach.*

Die Cadini-Berge bei Misurina

Der Lago di Misurina, im Hintergrund Sorapis

Rifugio Città di Carpi
0435 391 39. Sommer.
Seggiovia Misurina-Col de Varda
0435 390 13. So/Wi.

Bei der Bar Genzianella am Seeufer startet der Bus, der sommers den Rifugio Bosi (2225 m) auf dem **Monte Piana** anfährt. Er beherbergt ein kleines Museum mit Waffen, Munition und

Die Gedächtniskapelle auf dem Monte Piana

Hinterlassenschaften der Opfer des Ersten Weltkriegs. Bei der Erkundung des Berges und seiner Umgebung ist eine kleine Broschüre, die es auf der Schutzhütte zu kaufen gibt, sehr hilfreich. Zwischen den Wiesen verläuft der mit 6a ausgeschilderte Wanderweg, vorbei an Gräben, Bomben- und Minenkratern und Unterständen. Nach etwa einer halben Stunde erreicht man in der Höhe von 2324 m die Carducci-Pyramide, die im Andenken an den Besuch des Dichters im Jahr 1892 errichtet wurde. Der Abstieg Richtung **Forcella dei Castrati** (2272 m) verläuft zwischen Gräben und Grenzmarkierungen, welche die grausame Geschichte der blutigen Kämpfe zwischen Italienern und Österreichern erzählen. Wegweiser zeigen die Richtung zur Guardia Napoleone, die mit Metallseilen gesichert ist. Man kommt an vielen von den Italienern als Unterstand benutzten Höhlen vorbei, u. a. an der Galleria dell'Assalto, die ausgehöhlt wurde, um den Truppen den Weg zum Col di Lana *(siehe S. 133)* zu erleichtern. Am Ende der Guardia Napoleone folgt man dem Hinweis auf Weg Nr. 6, der den Abstieg zur Galleria delle Mine zeigt, von dort geht man weiter zum Valle di Rimbianco. Man überquert den Fluss und wandert an seinem Ufer entlang, vorbei unter der Rimbianco-Alm (1841 m), in der Paul Grohmann vor dem Gipfelsturm auf den Cima Grande di Lavaredo genächtigt hat. Heute ist die Almhütte ein Restaurant. Man erreicht nach ein paar Schritten über die Weiden die asphaltierte Straße nach Misurina.
Dauer: *1 Tag.*
Schwierigkeit: *mittelschwer.*

Rifugio Bosi Monte Piana
0435 390 34. Sommer u. Winter.
Rimbianco-Alm
0435 390 25. Jun–Nov, Weihnachten–Ostern.
Schiffsverbindung Misurina–Piana
336 593 330, 0435 390 16.
tägl. 8–18 Uhr.

Eine weitere beschilderte Wanderung beginnt am **Passo Tre Croci** (1809 m) zwischen Misurina und Cortina: Folgt man dem Weg Nr. 213, erreicht man in 1 1/2 Stunden die Weiden von Tardeiba. Man hält sich links auf dem Weg Nr. 216, der durch ein natürliches Amphitheater hindurch- und auf den Sattel der Malquoira (2306 m) führt. Läuft man dann den Ciadin del Laudo (2602 m) bis zur Kreuzung des Wegs Nr. 223 entlang, kann man Gämsenrudel beobachten. Man nimmt den Weg Nr. 223 zum östlichen Gipfel des Laudo Oriental, der über ein markantes Felsband führt. Danach führt ein steiler Abstieg zur Vandelli-Hütte (1928 m) und weiter zum **Sorapis-See** (1925 m). Um auf dem Weg Nr. 215 zum Passo Tre Croci zurückzugelangen, muss man einen steinigen Überhang passieren, der mit Leitern, Stufen und Seilen gesichert ist.
Dauer: *1 Tag.*
Schwierigkeit: *mittel–schwierig.*

Sorapis-See und Sorapis-Gipfel

Rifugio Vandelli
0435 390 15. So.

Ein Stollen aus dem Ersten Weltkrieg auf dem Monte Piana

Das Cadore

Wandmalereien auf einem Haus in Cibiana di Cadore

Das Cadore war in der Antike von Kelten besiedelt, die es Catubria nannten. Dann wurde es römisch und langobardisch und gelangte im Mittelalter unter den Einfluss des Patriarchats von Aquileia. 1420 begab sich die Bevölkerung unter die Herrschaft und den Schutz der Republik Venedig, und der Holzhandel mit der Serenissima brachte der Region großen Gewinn. 1866 fiel das Gebiet an Italien und wurde Schauplatz schwerer Gefechte im Ersten Weltkrieg. Das Cadore gehört mit dem Monte Pelmo, dem riesigen Antelao und der schroffen Marmarole zu den schönsten Regionen der Dolomiten.

Wehr- und Pfarrkirche von San Vito di Cadore

San Vito und das Val Boite 5

San Vito di Cadore. M *1011.* *1711.* **Touristeninformation**, *Via Nazionale 9.* *0436 9119.* FAX *0436 993 45.* *www.infodolomiti.it* *sanvito@infodolomiti.it*

Das Tal des Boite, das sich von Valle (828 m) bis San Vito (1011 m) erstreckt, wird von den Spitzen des Antelao, der Marmarolegruppe sowie des Sorapis und im Osten von der Silhouette des Monte Pelmo beherrscht. Die ersten Aufzeichnungen über San Vito und seinen gleichnamigen See reichen ins 13. Jahrhundert zurück. Einen Besuch lohnen vor allem die Fresken der **Chiesa della Beata Vergine di Difesa** aus dem 17. Jahrhundert, deren Apsis auf einem noch älteren Kirchenbau ruht. In der Nähe liegt **Borca** (945 m), von wo aus man die senkrechte Wand des Pelmo, die sich zur Pian de Madier hochzieht, sehen kann. Hinter Borca folgt zunächst **Vodo** (910 m) mit der Kirche des Heiligen Johannes aus dem 14. Jahrhundert und ihrem Altarblatt, das Tizian zugeschrieben wird, dann **Valle** (828 m), das mit seinen alten Villen zwischen dem **Sas de Mesdì** (2202 m) auf der einen Seite und Antelao sowie den **Crode de San Piero** (2260 m) auf der anderen Seite liegt. Etwas außerhalb an der Straße, die von Vanes Richtung Zoldano führt, liegt **Cibiana** (984 m) unterhalb des Monte Rite (2183 m): Es ist wegen der modernen Fresken, den *murales,* an seinen Hauswänden einen Besuch wert. Seit dem Sommer 2002 hat Reinhold Messner am **Monte Rite** (2181 m) sein Museum der Dolomiten in einer alten Bergfeste eröffnet.

Infobox

Provinz Belluno. **Straßenkarte** E3.
A27 Pian di Vedoia.
Calalzo.
von Belluno und Venedig, im Sommer auch von Bologna und Milano.
APT 1 Dolomiti, *Piazzetta San Francesco 8, Cortina.* *0436 3231.* FAX *0436 32 35.*
www.infodolomiti.it
cortina@infodolomiti.it

Wanderungen: Man fährt im Auto durchs Vallone di Ru Secco bis zur Hütte Scotter-Palatini (1580 m) und wandert dann auf dem Weg Nr. 226 in einer halben Stunde hinauf nach **San Marco** (1823 m) mit Blick auf den Antelao, die Croda da Lago und den Pelmo. In etwa einer Stunde erreicht man dann die **Forcella Grande** (2255 m), die bis 1918 die Grenze zwischen Italien und Österreich bildete, dabei erblickt man rechter Hand die Torre dei Sabbioni (2531 m). Auf dem Weg Nr. 226 wandert man entlang dem **Valle di San Vito** hinunter zur Bundesstraße Auronzo–Misurina. Ein Naturschutzgebiet, das **Reservat Somadida**, das Ausflugsmöglichkeiten bietet, begrenzt das Tal.

Dauer: *1 Tag.*
Schwierigkeit: *mittelschwer, erfordert Ausdauer.*
Rifugio Scotter-Palatini
0436 990 35. *So/Wi.*
Rifugio San Marco
0436 9444. *So.*
Riserva di Somadida
0435 996 03.

Eine der Wandmalereien von Cibiana di Cadore

Reservat Pelmo-Mondeval-Giau ❻

Abhang zum Boite-Tal.
IAT San Vito di Cadore, *Via Nazionale 9.* *0436 91 19.*
FAX *0436 993 45.*
W *www.apt-dolomiti-cortina.it*
@ *sanvito@infodolomiti.it*
Abhang zum Val di Zoldo *(S. 130f).*
Abhang zum Val Fiorentina *(S. 131).*

Das Gebiet zwischen dem Monte Pelmo und dem Passo di Giau zeichnet sich durch sehr fossilienreiche, sehr unterschiedlich geformte Bergketten aus, die ineinander übergehen. Interessant sind die Almen von Mondeval und Giau, die nach jahrhundertelangen Streitigkeiten zwischen Cortina und San Vito zusammengelegt wurden. Eine im 18. Jahrhundert errichtete, etwa 1.30 Meter hohe Mauer, von der auf dem Weg zwischen dem Passo di Giau und dem Costeana-Fluss noch Überreste stehen, zeugt von diesem Streit. Der Weg Nr. 436 führt über die **Forcella Ambrizzola** (2277 m) zwischen dem Becco die Mezzodì (2602 m) und der Croda da Lago hinauf zur **Forcella Giau** (2360), vorbei am **Lago delle Baste** (2281 m). Hier wurde nahe der oberen Mondeval-Alm das Skelett eines prähistorischen Jägers, der vor dem Neolithikum gelebt haben muss, gefunden. Bei diesem »uomo di Mondeval« fand man einen Kranz aus zersplitterten Steinen, einige Gebrauchsgegenstände und Schmuck – sie sind im Museum von Selva di Cadore *(siehe S. 131)* ausgestellt. Steigt man nach Süden hinunter, sieht man die nördlichen Hänge des **Monte Pelmo** (3024 m) und seines kleinen Bruders, des **Pelmetto** (2990 m), und die tiefe Spalte, genannt »Fisura«, die die beiden trennt. Der östliche Hang des Pelmo weist ins mittlere und tiefe Boite-Tal. Wegen seiner besonderen Form wird er auch Gottesthron oder »Cadregon del Doge« genannt. Erstmals bestiegen wurde dieser »Thron« durch John Ball am 19. September 1857.

Der Kamm der Croda da Lago vom Passo di Giau aus gesehen

Touren: Der klassische Besuch des Monte Pelmo beginnt auf dem Rifugio Venezia (1946 m): Er liegt auf den großen Weiden um den **Passo di Rutorto** (1931 m) zwischen dem Boite-Tal und dem Val di Zoldo und bietet einen beeindruckenden Rundblick von der Civetta bis zum Antelao. Man erreicht den Rifugio Venezia von Vodo aus, indem man das Auto bei Casera Ciauta (1552 m) parkt und eineinhalb Stunden auf dem Weg Nr. 475 aufsteigt oder – mit längerem Atem – von Borca aus: Man fährt das Val Orsolina bis Tiera (1271 m) und geht von dort in drei Stunden den Weg Nr. 470. Vom Rifugio Venezia aus führen zwei anspruchsvolle, mittelschwere Wege, Nr. 480 und Nr. 472, in sechs bis sieben Stunden rund um den **Monte Pelmo**: Man überquert die östlichen Geröllhalden, die Forcella Forada (1977 m), passiert den Rifugio Città di Fiume (1950 m) und wandert auf dem etwas einfacheren Weg Nr. 480 auf der Hochebene entlang der Südwand des Pelmo über den Staulanza-Sattel (1766 m), durchs Val di Zoldo und Val Fiorentina. Hier kann man auf der Fiorentina-Hütte Rast machen.

Rifugio Venezia
0436 9684. *So.*
Rifugio Città di Fiume
0437 720 268. *So.*
Rifugio Staulanza
0436 720 243.
So.

Die Südwand am östlichen Abhang des Pelmo, Götterthron genannt

Antelao und Marmarole ❼

DIE SCHROFFEN FORMEN der Marmarolegruppe und der riesige Antelao (3264 m), der aufgrund seiner Höhe gerne »il re« (der König) genannt wird, bieten dem Monte Pelmo die Stirn und dominieren das Cadore mit ihren Massiven. Die Marmarole verlaufen 13 km lang zwischen den Flüssen Boite und Piave. Sie werden vom Sorapis durch das Valle di San Vito getrennt und durch das Val d'Oten vom Antelao. Antelao als auch die Marmarole sind schwer zu besteigen: Wanderungen sind zwar möglich, bieten auch wunderbare Ausblicke und das Eintauchen in eine unberührte, ursprüngliche Alpenwelt, aber sie sind sehr anstrengend und mehr als herausfordernd.

INFOBOX

Anreise: *Von San Vito zum Rifugio Scotter-Palatini; von Calalzo Richtung Praciadelàn oder Fienili Stua; von Lozzo nach Pian dei Buoi: von Pozzale zum Rifugio Prapiccolo; von Valle zum Rifugio Costapiana.*
0435 996 03.

Rifugio Capanna degli Alpini
0435 310 93. Sommer.

Rifugio Pietro Galassi
0436 9685. Sommer.

Rifugio San Marco
0436 9444. Sommer.

Rifugio Scotter-Palatini
0436 990 35. So/Wi.

Sessellifte Taiarazze-Fedo und Fedo-Pomauria
Von Auronzo auf den Agudo.
0435 999 08. So/Wi.

Sessellifte Tambres und San Marco
Von San Vito. *0436 97 91.*
Winter, San Marco auch Sommer.

Gipfel des Antelao (3264 m)
1863 wurde der Antelao, der eine Fernsicht bis zur Lagune von Venedig bietet, erstmals bezwungen: vom Wiener Bergsteiger Paul Grohmann und dem Jäger Matteo Ossi aus San Vito, der den Gipfel angeblich schon vorher mehrere Male im Alleingang bestiegen hat.

Der Antelao
Der klassische Blick auf den Antelao von San Vito und dem Boite-Tal aus, denn meist ist seine südliche Seite vom Cadore Centrale verdeckt. Von San Vito aus lässt er sich besteigen.

Marmarole
Die Marmarole präsentieren ihre Südseite mit senkrechten Wänden: Hier sind sie vom Antelao aus fotografiert, in der Mitte erstreckt sich das Val d'Oten. Die Nordseite der Marmarole, die ins Valle di Ansiei abfällt, bildet viele Ausläufer. Deren Besteigung begann 1890 mit dem deutschen Alpinisten Darmstädter. Der bekannteste Gipfel, der Cimon del Froppa (2932 m), wurde von Giuseppe Somano bezwungen. Touren, die einen guten Blick auf die Marmarole garantieren, finden Sie auf den Seiten 152f.

Der Rifugio San Marco

Touren

Von San Marco aus führt ein befahrbarer Feldweg durchs Ru Secco-Tal zum Rifugio Scotter-Palatini (1580 m), für den man zu Fuß etwa eineinhalb Stunden braucht. Von der Hütte führt ein Weg zur Gabelung mit dem Weg Nr. 229; im Zickzack steigt man eine Geröllhalde hinauf bis zum Weg Nr. 227, der nach rechts zum **Antelao** und der **Forcella Piccola** (2120 m) unterhalb der Cima Scotter (2800 m) führt. Auf ihm geht man etwa zehn Minuten über die Alpenwiesen zum Rifugio Galassi (2018 m). Von dort kann man auf dem Weg Nr. 225 das **Val d'Oten** zum Rifugio Capanna degli Alpini (1395 m) hinuntergehen oder in Richtung Calalzo wandern. Um nach San Vito zurückzukehren, wird empfohlen, nicht linker Hand auf den Weg Nr. 229 zu biegen, sondern den Hinweisschildern auf Weg Nr. 227 zu folgen: So erreicht man nach einer Stunde den Rifugio **San Marco** (1823 m), der ein bemerkenswertes Panorama auf die nördlichen Hänge des Antelao, die Croda da Lago und die östliche Seite des Pelmo bietet.

Dauer: *1 Tag.*
Schwierigkeit: *mittelschwer.*

Pieve di Cadore ❽

Provinz Belluno. **Straßenkarte:** E3.
M *880.* *3942.*
APT, *Piazza Venezia 1.*
0435 316 44. FAX *0435 316 45.*
www. infodolomiti.it
taidicadore@infodolomiti.it

Zu Füssen der Marmarole erstreckt sich die frühere Hauptstadt des Cadore, weltbekannt für ihren berühmten Sohn Tiziano Vecellio, den Maler Tizian (um 1488–1576). Auf dem Marktplatz, der Piazza Tiziano, steht seine Bronzestatue. Nicht weit von ihr: das zweistöckige Geburtshaus Tizians, das seit 1922 unter Denkmalschutz steht und in dem Hausrat und Gebrauchsgegenstände aus dem 15. Jahrhundert ausgestellt sind. Ebenfalls am Marktplatz zu sehen ist der **Palazzo della Magnifica Comunità del Cadore** aus dem 15. Jahrhundert, der ein archäologisches Museum mit prähistorischen Fundstücken aus der Nähe von Làgole beherbergt. In der Kirche **Santa Maria Nascente**, die zu Beginn des 18. Jahrhunderts wiederaufgebaut wurde, finden sich eine von Tizian gemalte *Madonna mit Heiligen* sowie weitere spektakuläre Werke. Wer an alter Malerei Freude hat, sollte sich in **Pozzale** in der Kirche des Heiligen Thomas das Altarblatt von Vittore Carpaccio ansehen. Im Stadtteil Tai können Interessierte ein Brillenmuseum, das **Museo dell'Occhiale**, besuchen und sich die 2000 Brillen aus den verschiedenen Epochen sowie die Produktionstechniken ansehen. Auch in der Literatur hat Pieve de Cadore seinen Platz gefunden: Giosuè Carducci verfasste hier, im ersten Hotel Pieves, 1873 seine *Ode an Cadore.*

Statue Tizians in Pieve di Cadore

Pieve di Cadore, Küche in Tizians Geburtshaus

Geburtshaus Tizians
Via Arsenale 10. *0435 322 62 (Magnifica Comunità).* *20. Jun–20 Sep: Di–So 9.30– 12.30, 16–19 Uhr (Aug tägl.); Nebensaison: auf Anfrage.* *Sammelkarte für Tizian-Haus, archäologisches und Brillenmuseum.*

Museo Archeologico
Piazza Tiziano 2.
wie Geburtshaus Tizians.

Museo dell'Occhiale
Via degli Alpini 39, Tai di Cadore.
0435 322 62 (Magnifica Comunità). *Sep–Jun: Mo–Sa 8.30–12.30 Uhr; Jul u. Aug: tägl. 8.30–12.30, 16.30–19.30 Uhr.*

Pieve di Cadore am Fuß des Monte Popera di Valgrande

Fresko in der Kirche Madonna di Difesa in Vigo di Cadore

Zentrales Cadore 9

Provinz Belluno. **Straßenkarte** E3.
Calalzo. M *806.* *2412.*
APT, *Via Stazione 37.*
0435 323 48, FAX *0435 323 49.*
www. infodolomiti.it
infocalalzo@ apt-dolomiti-cortina.it
info@cadore.com

Zum Gebiet Cadore gehört neben Pieve di Cadore das Becken des Piave-Flusses von der Mündung des Boite bei Perarolo (527 m) bis zum Passo della Mauria (1295 m). Es wird im Norden von der Marmarolegruppe beherrscht und im Osten durch die Berggruppe, die sich zwischen dem Miaron und der Cridola zu den Spalti di Toro zieht.

Am **Lago di Centro Cadore** liegt **Calalzo** (806 m), sowohl geografisch als auch industriegeschichtlich der wichtigste Ort der Gegend – 1878 schon wurde dort die erste Brillenfabrik gebaut. Besuchen sollte man in Calalzo die Kirche San Biago aus dem 19. Jahrhundert mit ihren Gemälden von Orazio Vecellio, Tizians Sohn, sowie die **Chiesa di Sant'Anna a Rizzios** mit ihren wertvollen venezianischen Gemälden aus dem 17. Jahrundert. In **Lagole** kann man die seit der Antike geschätzten schwefelhaltigen Heilquellen besuchen und nutzen. Auch **Domegge** (775 m) ist nicht nur wegen seines Marktplatzes mit der **Casa Valmassoni,** einem gotischen Palast aus dem 16. Jahrhundert, bekannt, sondern auch wegen seiner uralten Wurzeln, wie keltische Fundstücke beweisen. Ebenfalls seit prähistorischer Zeit bewohnt ist **Lozzo** (756 m), das unterhalb des Pian dei Buoi liegt und schon früh wegen seiner Brunnen und seiner Kirche San Lorenzo gerühmt wurde. Die östlich des Piave liegenden Ortschaften, die zur **Comunità del Centro Cadore** zählen, sind **Vigo**, Laggio und Lorenzaga. Vigo (951 m), der Hauptort, war von den wechselvollen Ereignissen des Risorgimento sehr betroffen. Beeindruckende Sakralbauten sind dort die Kirche Sant' Orsola aus dem 14. Jahrhundert, die sowohl außen als auch innen mit bedeutenden Fresken ausgemalt ist, und die ebenfalls freskenreiche Chiesa della Madonna della Difesa. In **Laggio** (944 m) sollte man die Kirche Santa Margherita, die älteste Kirche des Cadore, besuchen. Von Laggio aus bis zur Hochebene von Razzo, wo sich der Rifugio Fabbro (1783 m) samt Alm befindet, erstreckt sich das Piova-Tal. Lorenzago (883 m) und seine Geschichte sind eng mit dem nur 8 km entfernten **Passo della Mauria** (1295 m) verknüpft: Es war früher Ferienort der wohlhabenden Venezianer, die sich reich verzierte Ferienvillen und eine schöne Pfarrkirche bauen ließen. Südlich von Perarolo beginnt das **Valmontina**, ein vom Duranno (2652 m) und dem Cima Preti (2706 m) beherrschtes, schwer zugängliches Tal.

Trachtler in Lozzo di Cadore

Touren: Von Calalzo steigt man das **Val d'Oten** unterhalb der schroffen Kette der Marmarole hinauf. Den Rifugio Capanna degli Alpini (1395 m) auf der Gravina-Ebene erreicht man, indem man mit dem Auto nach Praciadelàn bis zum Ende der asphaltierten Straße fährt und von dort aus eine Stunde lang die Schotterstraße, Weg Nr. 255, hinaufgeht und nach weiteren eineinhalb Stunden den Rifugio Galassi (2018 m) erreicht. Wenn man jedoch zur nach Dino und Giovanni Chiggiato benannten Berghütte (1911 m) unterhalb der Marmarole wandern möchte, muss man hinter Praciadelàn auf der Höhe von Ponte Diassa rechts auf den Weg Nr. 260 biegen.

Die Sankt Ursula-Kirche in Vigo di Cadore

Dauer: *1/2 Tag.*
Schwierigkeit: *mittelschwer.*

Rifugio Capanna degli Alpini
0435 310 93. *Sommer.*

Rifugio Galassi
0436 96 85. *Sommer.*

Rifugio Dino und Giovanni Chiggiato
0435 314 52. *Sommer.*

Blick auf die Talmulde von Auronzo

Von Lozzo aus gibt es verschiedene schöne Touren: Zum **Rifugio Baiòn** geht man auf dem Weg Nr. 262 eine asphaltierte Straße bis Pian dei Buoi, danach eineinhalb Stunden weiter auf dem Schotterweg; 20 Minuten hinter Pian dei Buoi liegt dann der Rifugio Ciaréido (1969 m). Man erreicht ihn von Lozzo aus auch auf dem Wanderweg Nr. 268 in 3 1/2 Stunden. Er bietet einen Blick auf das Val Comelico und ist Ausgangspunkt für einfache Wanderungen, beispielsweise den einstündigen Aufstieg zur **Forcella Paradiso** auf dem Weg Nr. 272.

Rifugio Baiòn-Elio Boni
0435 760 60. Sommer.
Rifugio Ciaréido
0435 762 76. Sommer.

Auronzo ⑩

Provinz Belluno. **Straßenkarte** E2. **M** *866.* *3714.* **APT**, *Via Roma 10.* *0435 9359, 0435 400 666.* FAX *0435 40 01 61.* **Consorzio turistico Auronzo-Misurina**, *Via Roma 10.* *0435 996 03.* FAX *0435 400 56.* *www. apt-dolomiti-cortina.it* *auronzo@sunrise.it infoauronzo@apt-dolomiti-cortina.it*

Auronzo (866 m), das gerne »der Strand der Dolomiten« genannt wird, liegt am Fuß der **Aiarnola** (2456 m) am Ufer des **Lago di Santa Caterina**, auf dem im Sommer internationale Wettkämpfe im Motorbootsport stattfinden. Als Ferienort war es schon im 19. Jahrhundert bekannt, denn es liegt leicht zugänglich im unteren Teil des bewaldeten Val d'Ansiei. Berühmt aber wurde es durch seine Blei-, Zink- und Silberminen, die heute längst geschlossen sind. Auronzo besitzt mehrere Kirchen, die einen Besuch lohnen: die von Giovanni de Min erbaute **Chiesa Santa Giustina** in Villagrande samt Glockenturm aus dem 15. Jahrhundert, die klassizistische **Chiesa di San Lucano** in Villapiccola, die **Chiesa di Santa Caterina** in der Nähe von Cella und die **Chiesa della Madonna delle Grazie**, die 1743 mit dem Gelöbnis, dass Auronzo den Kampf gegen Toblach um die Almen von Misurina gewinnen möge, errichtet wurde. Der Streit endete 1752 mit einem Vertrag zwischen Österreich und der Republik Venedig, der in Rovereto unterzeichnet wurde.

Umgebung: Neben den Führungen durch das Naturschutzreservat Somadida *(siehe S. 148)* kann man unzählige Wanderungen in die Region um Auronzo machen. Einige davon sind unter dem Stichwort »Umgebung Lago di Misurina« *(siehe S. 146f)* beschrieben. Hier nur zwei schöne Möglichkeiten: Zum **Rifugio Monte Agudo** (1573 m), von wo aus man den Rundblick über die Gipfel des Valle d'Ansiei hat, gelangt man auf dem Weg Nr. 271 in zwei Stunden oder von Reàne aus mit dem Sessellift. Um zum **Rifugio Carducci** (2293 m) zu kommen, benötigt man vier Stunden, wenn man auf dem Weg Nr. 103 durch das **Valle Giralba** geht. Hängt man noch eine Stunde dran, erreicht man den Rifugio Comici (2224 m), der einen berauschenden Blick über das Fischlein-Tal, das Valle di Fiscalina, auf die Croda dei Toni und die Cima Undici bietet.

Rifugio Monte Agudo
0435 93 36. So/Wi.
Rifugio Giosuè Carducci
0435 400 485. So.

Auronzo am Lago di Santa Caterina mit der Aiarnola

Campolongo, im Hintergrund die Terza Media und die Terza Grande

Santo Stefano und Val Comelico ⓫

Provinz Belluno. **Straßenkarte** F2. **Santo Stefano di Cadore.**
M *914.* *2889.*
Piazza Roma 37. *0435 622 30.* **FAX** *0435 620 77.*
Consorzio turistico Val Comelico, *Padola.* *0435 670 21.*
www.infodolomiti.it
santostefano@infodolomiti.it

Das ladinisch geprägte »grüne Comelico« erstreckt sich am Piave-Becken und dem Nebenfluss Padola bis zum Passo Monte Croce di Comelico (1636 m), dem Zugang zum Sexten-Tal. **Santo Stefano di Cadore**, ehemals Zentrum des unteren Comelico, ist am Zusammenfluss zweier Bäche entstanden. **San Pietro di Cadore** (957 m) brüstet sich mit dem im 17. Jh. von Baldassarre Longhena errichteten Palazzo Poli de Pol. In **San Nicolò di Comelico** (1061 m) unterhalb des **Monte Zovo** (1943 m) steht eine Pfarrkirche mit bemerkenswerten Fresken. Erstaunlich in **Comelico Superiore** (1212 m) ist eher das Panorama des Padola-Tals. Die älteste, bereits vor 1000 n. Chr. entstandene Ansiedlung im Comelico ist **Danta di Cadore**. Man erreicht den Ort von S. Stefano aus in eineinhalb Stunden.

Umgebung: Im Nordwesten des Comelico liegt das **Val Visdende**, über die Bundesstraße 355 zu erreichen: Man fährt zunächst bis Pietro di Cadore, nimmt dort die Landstraße, die parallel zum Cordevole-Fluss verläuft, bis Pra Marino (1288 m) oder Costa D'Antola. Eine einfache Wanderung bietet Weg Nr. 170, die **Strada delle Malghe**, die in kleinen Strecken bewältigt werden kann. Ein weiteres schönes Ziel ist das Gebiet, das sich von **Campolongo** (940 m) am Taleingang des Val Frison zum Passo della Digola (1674 m) erstreckt. Der **Passo della Digola** zwischen der Terza Piccola (2334 m) und der Terza Media (2455 m) grenzt das Comelico von der Region um Sappada ab. Von ihm aus hat man eine wunderbare Sicht auf die Marmarole und den Antelao.

Consorzio di promozione turistica Val Visdende
Piazza Roma, Santo Stefano di Cadore. *0435 420 526,*
FAX *0435 625 69.*

Sappada ⓬

Provinz Belluno. **Straßenkarte** F2.
M *1217.* *1396.*
Ufficio Turistico Provinciale di Sappada, *Borgo Bach 11.*
0435 469 131. **FAX** *0435 662 33.*
www.infodolomiti.it
sappada@infodolomiti.it

Sappada liegt am nördlichsten Rand des Alta Valle del Piave, umgeben von den Bergzügen des Monte Ferro, der Terze, der Pesarine-Dolomiten und des Monte Peralba (2694 m), wo der Piave entspringt. Sappada ist eine deutsche Sprachinsel, die sich aus 15 kleinen Ortschaften zusammensetzt, in denen sich alte Dialekte und alte Bräuche erhalten haben, z. B. der Karneval. In diesem uralten Siedlungsraum mit seinen typischen Holzhäusern am Muhlbach lohnt es sich besonders, das **ethnografische Museum** im kleinen Flecken Bach oder das **Casa-Museo della Civiltà Contadina** – das Museum über das Landleben – in Cretta zu besuchen. Ein Kirchenbesuch der Chiesa di Santa Margherita und der **Chiesa di Santo Osvaldo** in Cimasappada ist ebenfalls zu empfehlen.

Casa-Museo della Civiltà Contadina
Borgata Cretta. *0435 469 126.*
1. Jul–15. Sep: nachmittags; außerhalb der Saison auf Anfrage.

Museo Etnografico
Borgata Bach. *0435 469 126.*
1. Jul–15. Sep: nachmittags; außerhalb der Saison auf Anfrage.

Sappada am Fuß des Monte Ferro

Die Quellen der Piave am Monte Peralba

Umgebung: Zu den Quellen des Piave (1830 m) geht man entweder das **Val Sesis** 2–3 Stunden auf der Asphaltstraße hinauf oder fährt das erste Stück mit dem Auto zum Rifugio Piani del Cristo (1410 m). Vom Val Sesis aus kann man zwei schwerere Touren gehen: Die erste, auf dem Weg Nr. 132, führt nach einer Stunde zu den Piave-Quellen und weiter zum Rifugio Calvi auf dem **Monte Peralba** (2167 m). Die zweite, bei der man von Pian delle Bombarde zwei Stunden das Tal des Rio della Miniera auf dem Weg Nr. 138 hinaufsteigt, zu den **Olbe-Seen**.

Die Calvi-Hütte und der Monte Chiadenis

Rifugio Piani del Cristo
0435 469 357.
Sommer (bis 15. Okt).
Rifugio Sorgenti del Piave
0435 469 389. Sommer.
Rifugio P. F. Calvi
0435 469 232. Sommer.

Naturpark Friauler Dolomiten ⓭

Provinz Pordenone, Udine.
Straßenkarte: F3. **Gründung:** *1996.* **Größe:** *3695 ha.*
A28 Pordenone; A27 Pian di Vedoia; A23 Carnia-Tolmezzo.
FS *Dongarone, Montereale Valcellina oder Managio, Calalzo, Carnia, danach mit Bus (dreimal tägl.).*
Belluno, Pordenone, Tolmezzo, Pieve di Cadore (dreimal tägl.).
Via Vittorio Emanuele 27, Cimolais. *0427 873 33, 0427 877 404.* FAX *0427 877 900.*
W *www.parks.it/parco. dolomiti. friulane*
www.regione.fvg.it/aree/parchi.htm
@ *cimolais@agemont.it*

Zwischen den Flüssen Tagliamento, Cellina, Piave und Meduna liegen die herben, urtümlichen Täler Valcellina, Val Vajont, Alta Valle del Tagliamento, Val Tramontina und Val Colvera. Sie sind reich an seltenen Pflanzen und Tieren – wie dem Frauenschuh und dem Königsadler – und ihr geologischer Aufbau ist von großer Vielfalt: Verwerfungen, pyramidenförmige Hügel, Moränen, eiszeitliche Ablagerungen, Türme aus Kalkstein und Karstböden. Das Informationszentrum des Parks ist **Cimolais**, aber verschiedene Stationen erlauben seinen Besuch auch von anderen Orten aus. In **Forni di Sotto** (777 m), der größten Gemeinde im Carnia-Tal, deren Kunstschätze 1944 von deutschen Soldaten komplett zerstört wurden, lohnt der Besuch einer Ausstellung über die Typologie des Waldes. Ein weiterer vom Krieg schwer betroffener Ort ist das Valle de Vajont *(siehe S. 130)*: In den Gemeinden Erto (778 m) und Casso (964 m) rekonstruiert eine Ausstellung die Phasen des Kriegsverlaufs. Der bekannteste und attraktivste Gipfel der

Eine Schlucht im Valcellina

Region ist der **Campanile di Val Montanaia** (2173 m), der zur Kette der Monfalconi-Berge gehört und 1902 erstmals erklommen wurde.

Touren: Die Wanderwege im Park sind für Naturliebhaber eingerichtet, also einfach. Für Geübtere empfiehlt sich der **Sentiero Truoi dai Sclops** oder Sentiero delle Genziane, der von Forni di Sopra aus mit den Nummern 346, 361, 369 und 362 ausgeschildert ist und durch sehr unterschiedliche Bergformationen führt.
Dauer: *1 Tag.*
Schwierigkeit: *leicht, aber lang.*
Sehr schön ist auch der **Sentiero delle Bregoline**, der in Pian Meluzzo – 13 km von Cimolais und wenige Minuten vom Rifugio Pordenone entfernt – beginnt: Der Weg Nr. 370 ermöglicht einen spannenden Blick auf die Spalti di Toro und die Monfalconi-Gruppe.
Dauer: *1 Tag.*
Schwierigkeit: *mittelschwer.*
Rifugio Giaf
0433 880 002. Sommer.
Rifugio Flaiban Pacherini
0433 885 55.
Rifugio Pordenone
0427 873 00. Sommer.

EISACKTAL UND PUSTERTAL

SÜDTIROLS ZWEI GROSSE *deutschsprachige Täler begrenzen die Dolomiten im Westen und Norden. Entlang der von Eisack und Rienz gezogenen Hauptachsen bergen sie ihre Naturschätze v. a. in den Seitentälern. Dort finden sich friedliche Almwiesen, Latschen und Lärchen, bekrönt von imposanten Gipfeln.*

Seit Urzeiten verbinden die beiden Täler die Regionen nördlich des Alpenhauptkamms mit dem Mittelmeerraum und bilden heute mit den Sarntaler Alpen im Westen und den Etschaler Alpen im Norden eine natürliche Grenze zu Österreich. Ab dem 2. Jahrhundert v. Chr. eroberten die Römer diese von Rätern und Kelten besiedelten Gebiete. Neben den Straßen und der Verwaltung brachten sie auch die lateinische Sprache, die sich mit dem Rätischen vermischte. Dieses einst von Graubünden bis zur Adria verbreitete Rätoromanisch wurde durch das Deutsch der germanischen Baiern zurückgedrängt. Nur in wenigen abgeschiedenen Gebieten, wie etwa dem Gadertal (Abteital), hat sich die alte Sprache bis heute erhalten. Die von verschiedenen Kulturen und dem Handel geprägte Region wartet zudem mit den bedeutendsten Kunstschätzen der Dolomiten auf. Sie können in den Klöstern Säben und Neustift, im Zentrum von Brixen und in der Stiftskirche von Innichen bewundert werden. Eisacktal und Pustertal sind die Drehscheiben zwischen Nord und Süd, bieten aber dennoch unberührte Landschaften etwa im Vilnöss- und Enneberger Tal, in den Naturparks Fanes-Sennes-Prags und Sextener Dolomiten – Paradiese für Wanderer mit unzähligen Wegen, Almen und Rastpunkten. Skifahrer locken dagegen der Kronplatz und die Plose, die zum Gebiet des Dolomiti Superski zählen. In den unteren Tälern haben das Frühjahr mit den zarten Farben der Blüten und der Herbst mit den kräftigen Farben der Blätter ihren besonderen Reiz.

Die Sextener Dolomiten mit Schwabenalpenkopf und Drei Zinnen

Mohnfeld und Bauernhof im Südtiroler Volkskundemuseum, Bruneck

Überblick: Eisacktal und Pustertal

Edelweiß

Außer mit den imposanten Geislerspitzen und den Drei Zinnen lockt die Region weniger mit mächtigen Gipfeln als mit lieblichen Gebirgslandschaften. Deren Vielfalt und Schönheit kann man auf unzähligen Wanderungen erkunden. Die beiden Täler Eisacktal/Valle Isarco und Pustertal/Val Pusteria bieten aber auch exquisite Kunst, deshalb lohnt sich auf jeden Fall ein Besuch in Brixen, Innichen, Vahrn oder im nahen Österreich, das man schnell über den Brenner erreicht. Wer gerne Rad fährt, aber Alpenpässe lieber meidet, für den bieten die nicht zu steilen Straßen am Talgrund sowie die Forstwege ideale Bedingungen.

Die Kapelle St. Johann im Vilnösser Tal

Im Eisacktal und Pustertal unterwegs

Der nächste Flughafen liegt in Bozen, das mit Brixen über die Brennerautobahn A4 verbunden ist. Von Brixen durchzieht eine Landstraße das Pustertal bis zur nur wenige Kilometer von Innichen entfernten österreichischen Grenze. Das Hochpustertal erreicht man leicht von Cortina über die Staatsstraße im Höhlensteintal. Per Bahn gelangt man in die Region mit der Brennerlinie bis Klausen, Brixen oder Franzensfeste und der Pustertaler Lokalbahn nach Bruneck, Toblach und Innichen. Ein dichtes Netz von Buslinien verbindet zudem alle größeren Orte. Im Sommer fahren Busse auch auf kleineren Strecken entlang häufig begangenen Touren, die öffentliche Verkehrsmittel erfordern. Lifte und Bergbahnen finden sich v.a. bei Brixen, Bruneck und Sexten.

Hinweis: Aus Platzgründen können nicht alle Bezeichnungen in der Karte zweisprachig aufgeführt werden.

LEGENDE

- Autobahn
- Hauptstraße
- Nebenstraße
- Sonstige Straße

SEHENSWÜRDIGKEITEN AUF EINEN BLICK

1. Klausen (Chiusa)
2. Vilnösstal (Val di Funes)
3. Brixen (Bressanone)
4. Kloster Neustift
5. Bruneck (Brunico)
6. Tauferer Ahrntal
7. St. Vigil in Enneberg
8. Naturpark Fanes-Sennes-Prags
9. Toblach (Dobbiaco)
10. Innichen (San Candido)
11. Naturpark Sextener Dolomiten
12. Drei Zinnen (Tre Cime)

Kleine Seen beim Gipfel des Altenstein

Blühender Schwalbenwurzenzian im Altensteiner Tal

Kloster Säben oberhalb von Klausen

Klausen/Chiusa ❶

Provinz Bozen. **Straßenkarte** C2. **M** *525.* *4000.* **Tourismusverein Klausen**, *Tinneplatz 6.* *0472 847 424.* FAX *0472 847 244.* @ *tourismusverein.klausen@ dnet.it; info@klausen.it*

Das zwischen dem Eisack und dem Felsen von Säben gelegene Klausen hat sich sein mittelalterliches Gesicht bewahrt, lockt mit engen Gässchen, dicht gedrängten Häusern mit bunten Fassaden und gotischen Kirchen. Sehenswert ist die Pfarrkirche **St. Andreas**, deren Portal von 1496 wunderbare Skulpturen zieren. Die ältere Kapelle **St. Sebastian** (1208–13) gehörte ursprünglich zu einem Hospiz für Kreuzfahrer. Durch Klausen führte früher der gesamte Brennerverkehr, der Ort war eine unvermeidbare Station für Pilger und Händler. Der Name des Städtchens leitet sich von der alten Zollstätte ab – heute steht dort das Rathaus. Im ehemaligen Kapuzinerkloster, das auf einem Hügel mit schönem Blick über den Ort und das Tal liegt, residiert heute das **Stadtmuseum** mit dem berühmten prächtigen Loretoschatz. Das Museum zeigt zudem sakrale Kunst sowie Werke von Künstlern, die in Klausen gearbeitet haben. Verewigt wurde Klausen zudem von keinem Geringeren als Albrecht Dürer, der das Städtchen 1494 besuchte und seine Impressionen auf dem Kupferstich *Das große Glück* festhielt. Das beherrschende Bauwerk Klausens ist **Kloster Säben**. Der Komplex steht wahrscheinlich an der Stelle eines alten rätischen Heiligtums. Besonders spektakulär ist die farbenfroh ausgemalte Heilig-Kreuz-Kirche des hier seit 1683 ansässigen Klosters.

Stadtmuseum
Fraghes 1. *0472 846 148.* *Juli–Aug: Mo–Sa 10–12, 16–19 Uhr. Sep–Nov: Mo–Sa 9.30–12, 15.30–18 Uhr.* *Dez–März, So.*

Kloster Säben
Kirchen *Sommer: 8–17 Uhr; Winter: 8–16 Uhr.* *Buchung im Fremdenverkehrsbüro,* *0472 847 424.*

Umgebung: Vom Ort führt der gepflasterte Weg Nr. 1 zum **Kloster Säben** (729 m). Von dort folgt man dem Weg Nr. 12 vorbei an Obstplantagen und Bauernhöfen bis **Feldthurns** (851 m), wo man einen herrlichen Panoramablick auf die Dolomiten genießen kann. Das auf einer Hochfläche zwischen Kastanienhainen gelegene Dorf wartet mit dem 1578 von Kardinal von Madruz erbauten Schloss Veldthurns auf. Dessen kunstvolle Innenausstattung zählt zu den schönsten Renaissance-Arbeiten in ganz Tirol.
Dauer: *2:30 Stunden (mit Besichtigung von Kloster u. Schloss 1/2 Tag).*
Schwierigkeit: *einfach.*

Vilnösstal ❷

Provinz Bozen. **Straßenkarte** C2.
A22 Klausen. FS *Klausen, dann Bus.* *stündl. von Klausen.*
Tourismusverein Vilnöss, *St. Peter 11.* *0472 840 180.*
@ *info@vilnoess.com*

Das bäuerliche Vilnösstal/Val di Funes zählt zu den unberührtesten Tälern der Alpen. Es beginnt nördlich von Klausen und erstreckt sich unterhalb der Geislerspitzen bis tief in die Dolomiten. Die Heimat von Reinhold Messner, der sich in den Geislern seine ersten Klettersporen verdiente, wird von der Vilnöss durchflossen. Typisch für diese Region sind die kleinen malerischen Dörfer, Bauernhäuser und einzeln stehenden Kirchen. Im Zentrum des Hauptorts **St. Peter** beherbergt die kleine Kirche St. Valentin einen sehenswerten Flügelaltar mit drei Skulpturen (Maria mit Kind zwischen den hll. Wolfgang und Valentin). Unterhalb der Geislerspitzen liegt **Ranui** mit dem schön bemalten Jagdsitz der Familie von Jenner, auf dem man heute Ferien auf dem Bauernhof verbringen kann. Daneben steht die 1744 erbaute Kapelle St. Johann (Schlüssel am Hof erhältlich). Der Panoramablick, der sich hier auf Wiesen, Wälder und die mächtigen Türme der Geislerspitzen bietet, zählt zu

Fresken am Jennerschen Jagdsitz

Flügelaltar in St. Valentin, Vilnösstal

Die Geislerspitzen mit dem Sass Rigais (3025 m) in der Mitte, rechts die Furchetta (3025 m)

den berühmtesten Ansichten der Dolomiten. Von Ranui führen zahlreiche Wege zu den Almen unterhalb der Geislerspitzen. Zu den schönsten zählen die **Brogles-** und die **Gschnagenhardt-Alm** (Malga Casagno), die man auch mit einem Taxi mit Vierradantrieb über eine für den Verkehr geschlossene Forststraße erreicht. Wunderschön ist zudem die Panoramastrecke unterhalb der Aferer Geisler, die über das 2003 Meter hohe Würzjoch nach Antermoia ins Gadertal (Abteital) führt.

St. Valentin
San Valentino. *0472 840 180.* *Sommer: Di–Do 16–18 Uhr.*

UMGEBUNG: Vom Parkplatz an der **Zanser Alm** (1685 m) folgt man dem Weg Nr. 32 über die Gampenwiese bis zur Gampen-Alm und weiter zum Rifugio Genova (2297 m). Von dort führt der einfache Höhenweg (AV) Nr. 2 (Markierung Nr. 4) nach Norden auf die **Peitlerscharte** (2357 m). Dort beginnt für Geübte der Anstieg auf den **Peitlerkofel** (2875 m), der teilweise über Klettersteige erfolgt.
Dauer: *3 Stunden.*
Schwierigkeit: *einfach (mit Ausnahme des schwierigen Abschnitts Peitlerscharte – Peitlerkofel).*

Zanser Alm/Malga Zannes
328 892 62 57. *Sommer.*
Rifugio Genova
0472 840 132. *Sommer.*

Ebenfalls von der Zanser Alm verläuft mit dem Geisler-Weg einer der schönsten Wanderwege in den Dolomiten unterhalb der imposanten Geisler-Nordwände. Dazu folgt man ab der Informationsstelle in Zans (1680 m) dem Weg nach Süden entlang dem St.-Zenon-Bach bis nach **St. Zenon** (1868 m). Ab dort verläuft die Strecke weiter nach Westen über den Weg Nr. 35 bis zur **Gschnagenhardt-Alm** (1996 m). Folgt man dem Weg Nr. 34, erreicht man die Duslerhütte und gelangt von dort wieder nach Zans zurück.
Dauer: *1 Tag.*
Schwierigkeit: *einfach.*

Gschmagenhardt-Alm
0472 840 158. *Sommer.*
Duslerhütte/Malga Dussels
0472 840 501. *Juni–Nov, Dez–Apr.*

Vom **Würzjoch** (2003 m) führt eine lohnende Wanderung rund um den **Peitlerkofel**. Dazu parkt man das Auto auf dem Würzjoch und folgt dem Weg Nr. 8 über die Kompatsch-Wiesen zur Nordwest-Seite des Berges. Über ein Geröllfeld erfolgt der Anstieg zur **Peitlerscharte** (2357 m). Von der Scharte führt nun der Weg Nr. 35 über die sanft abfallenden Peitler-Wiesen zum Gömajoch (2100 m). Von dort folgt man dem Weg Nr. 8B zurück zu den Kompatsch-Wiesen und dem Ausgangspunkt am Würzjoch.
Dauer: *1 Tag.*
Schwierigkeit: *mittel–schwierig.*

Der Rifugio Genova (Schlüterhütte, 2297 m) am Peitlerkofel

Brixen / Bressanone ❸

Brixen liegt am Zusammenfluss von Eisack und Rienz, war bis 1803 Fürstbistum und jahrhundertelang die Hauptstadt Südtirols. In den bereits 901 als *Prichsna* erwähnten Ort wurde 993 der Bischofssitz verlegt, im Jahr 1027 übertrug der deutsche Kaiser Konrad II. dem Brixener Bischof riesige Grafschaften an Eisack und Inn im heutigen Tirol. Städtebaulich entwickelten sich in Brixen ab dem 13. Jahrhundert das Kirchenviertel mit dem Domplatz und der bischöflichen Hofburg sowie das Bürgerviertel mit den beiden Laubengassen. In Brixens nur wenig veränderter Altstadt können zahlreiche Kunstwerke bewundert werden, lohnend ist zudem ein Spaziergang durch die am Berg gelegenen Viertel Stufles, Elvas und Kranebitt. Dort können einige schöne alte Adelshäuser entdeckt werden.

Brixen aus der Vogelperspektive

Der Kreuzgang des Doms entstand um 1200

Dom

Domplatz. ☎ *0472 834 034.*
◯ *tägl. 9–12, 15–18 Uhr.*
Domschatz. ◯ *März–Okt: Di–So 10–17 Uhr.* ● *Mo, Nov–Feb.*

Die ursprünglich romanische Kirche brannte im Jahr 1174 ab und wurde durch einen gotischen Bau ersetzt, der wiederum einem zwischen 1745 und 1755 im Stil des italienischen Barock errichteten Komplex wich. Die Fassade des Doms zieren Statuen der drei Bischöfe Ingenuis, Albuin und des Stadtpatrons Kassian, die miteinander zu diskutieren scheinen. Der monumentale, einschiffige Innenraum der Kirche strahlt mit seinen vergoldeten Stukkaturen und dem dunklen Marmor eine düstere Feierlichkeit aus. Beherrschende Kunstwerke sind dort wie in den Seitenkapellen die wunderbaren **Fresken von Paul Troger** (1748–50), das herrliche Altarblatt des Hauptaltars stammt von Michelangelo Unterberger (1752). Die Fresken im Langhaus, ein wahres Meisterwerk barocker Malkunst, bedecken eine Fläche von 250 Quadratmetern. Auf der rechten Seite des Domportals gelangt man durch eine Tür in einen Gang mit den Grabplatten Brixener Bischöfe. Dieser führt zu dem berühmten, um 1200 erbauten **Kreuzgang**. Dort können in 15 von 20 Arkaden fantastische farbenfrohe Fresken bestaunt werden. Diese stellen Szenen aus dem Alten und Neuen Testament dar, zeigen Tugenden und Laster, die sieben Werke der Barmherzigkeit sowie die Martyrien verschiedener Heiliger. Vom östlichen Ausgang des Kreuzgangs gelangt man zum **Domschatz**. Zu den Attraktionen zählen mehrere Paramente, darunter die *Adlerkasel*, ein Messgewand Bischof Albuins aus purpurner byzantinischer Seide aus dem 10. Jahrhundert. Beeindruckend sind auch die gotischen Monstranzen und die silbernen Reliquiare mit Edelsteinen, etwa der hl. Agnes von Valentin Schauer (1490).

Hofburg

Hofburgplatz.
☎ *0472 830 505.*
Diözesanmuseum.
◯ *März–Okt: Mo–Sa 10–17 Uhr.*
● *So, Nov–Feb.*
Krippenmuseum. ◯ *1. Dez–10. Feb: tägl. 14–17 Uhr.*
● *24., 25. Dez.*

Die Hofburg diente als fürstbischöfliche Residenz. Der barocke Palast basiert auf einem Bau von 1270, der mehrmals erweitert und umgebaut wurde. Sehenswert ist der dreistöckige **Loggienhof**. Die Nischen der Galerie im ersten Stock zieren 24 Terrakottastatuen aus der Spätrenaissance, die Persönlichkeiten aus dem Hause Habsburg darstellen. Wunderschön ist zudem die Innenausstattung mit wertvollen Möbeln, Holzvertäfelungen und Stukkaturen.

Fresken im Kreuzgang des Brixener Doms

Saal im Diözesanmuseum der Hofburg

Das **Diözesanmuseum** der Hofburg zeigt eine bedeutende Sammlung sakraler Kunst. Nicht versäumen sollte man die Barockgemälde von Stephan Kessler, Johann Georg Dominikus Grasmair, Franz Sebald Unterpergher, die Bilder von Paul Troger und die romanischen und gotischen Holzskulpturen. Im Erdgeschoss residiert eine interessante Sammlung von 91 Krippen, vorwiegend aus dem 18. Jahrhundert. Besonders wertvoll ist die Serie der Gebrüder Probst, zu der über 5000 aus Zirbelholz geschnitzte Figuren zählen.

Große Lauben

Große Lauben heißt diese Geschäftsstraße aus dem Mittelalter. Hier stehen Häuser aus dem 16. und 17. Jahrhundert mit Giebeln und Erkern. Den Hof des alten Rathauses (Nr. 14) schmückt ein Bild des Salomonischen Urteils.

Pfarrkirche St. Michael

Den kleinen Platz dominiert der um 1500 errichtete mächtige Bau der gotischen Pfarrkirche **St. Michael**. Deren weißer Turm ist eines der Wahrzeichen der Stadt. Den Innenraum zieren Fresken des Wieners Josef Hautzinger (18. Jahrhundert). Ein architektonisches Kleinod ist das 1581 erbaute **Pfaundler-Haus**, eine gelungene Mischung südalpiner und nordalpiner Stilelemente.

Infobox

Provinz Bozen. **Straßenkarte** C2.
M *559.* *17010.*
Tourismusverein Brixen, *Bahnhofstraße 9.* *0472 836 401.* **FAX** *0472 836 067.*
info@brixen.org

Die Fassade des Brixener Rathauses

Das Zentrum von Brixen / Bressanone

Duomo (Dom) ①
Palazzo dei Principi Vescovi (Hofburg) ②
Piazza della Parrocchia (Pfarrplatz) ④
Via de Portici Maggiori (Große Lauben) ③

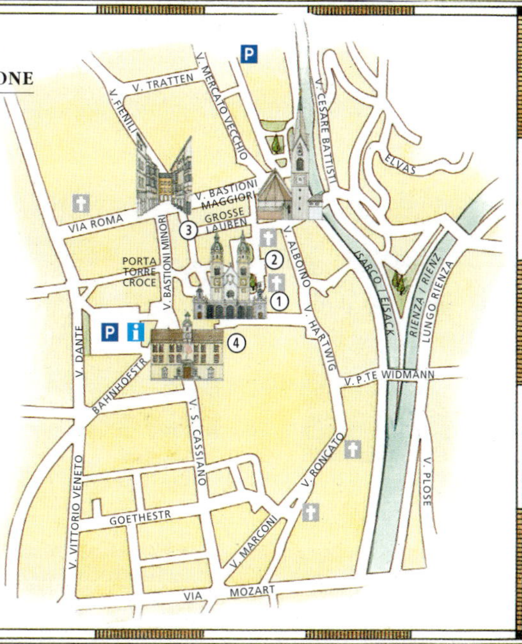

0 Meter 300

Legende

P Parken
i Information
Kirche

Kloster Neustift ❹

DER GROSSARTIGE Komplex wurde 1142 als Augustinerkloster gegründet. Die mit Wäldern und Land reich gesegnete Abtei (Abbazia di Novacella) bildete eine wichtige Station für Reisende auf dem Weg über die Alpen. Der Bau wurde im 15. Jahrhundert angesichts der drohenden Türkengefahr befestigt. Am Eingang zum Haupthof fällt der Blick auf bunte Schindeldächer, die wunderschön mit den Sonnenuhren und Waldmalereien harmonieren. Die prächtige Innenausstattung der barocken Kirchen sowie der Rokoko-Bibliothek straft die außen in schlichter Strenge gehaltene Architektur Lügen.

Inmitten von Wein- und Obstgärten liegt das Kloster Neustift bei Vahrn am Rand des Brixener Tals

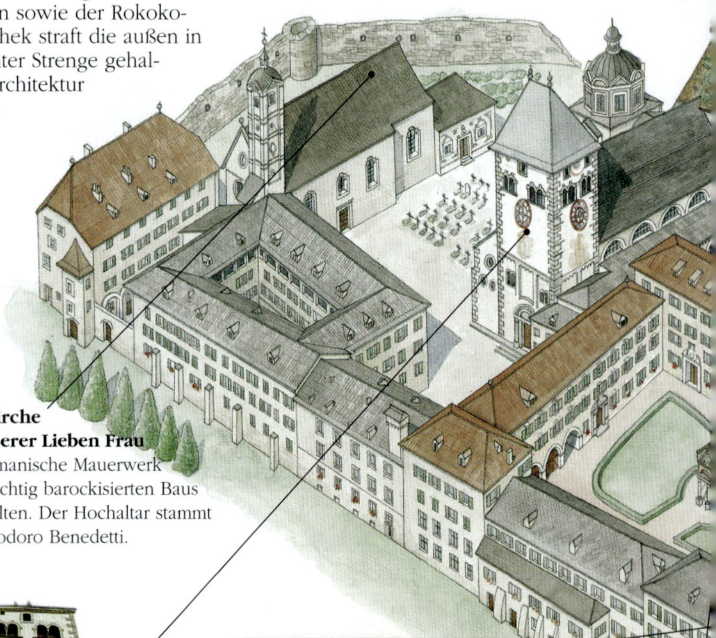

Stiftskirche Zu unserer Lieben Frau
Das romanische Mauerwerk des prächtig barockisierten Baus ist erhalten. Der Hochaltar stammt von Teodoro Benedetti.

Fassadenturm
Den ursprünglich romanischen Bau zieren auf jeder Seite Biforienfenster sowie eine kostbare Sonnenuhr.

Lesesaal
Der Lesesaal mit seiner Galerie sowie den vergoldeten Wand- und Deckenverzierungen stellt ein gelungenes Beispiel eines luftigen Innenraums dar.

Ziehbrunnen
Im Dachfries des überbauten Ziehbrunnens finden sich Gemälde der sieben Weltwunder und Kloster Neustift als achtes Weltwunder.

Kreuzgang
Der gotische Kreuzgang wurde ab dem 15. Jahrhundert mit biblischen Szenen ausgemalt: Die neunte Arkade zeigt die Verkündigung, die dritte die Parabel vom reichen Prasser, die vierte Jesus am Ölberg. Im Kreuzgang liegt zudem Oswald von Wolkenstein begraben.

INFOBOX

Provinz Bozen. **Straßenkarte** C2. *Stiftstraße 1, Vahrn.* ☎ *0472 836 189.*
nur Führungen; Mo–Sa 10, 11, 14, 15, 16 Uhr, Samstag mit Voranmeldung.
So.
www.kloster-neustift.it
info@kloster-neustift.it

Viktorkapelle
Die älteste, romanische Kapelle des Klosters über quadratischem Grundriss ziert an einer Wand ein Fresko mit den Heiligen Drei Königen von 1360.

Pinakothek
Hier sind bedeutende gotische Kunstwerke zu bewundern, etwa die Flügelaltäre der hll. Katharina und Barbara von Friedrich Pacher. Das Original des wunderbaren Kirchenväteraltars von Michael Pacher steht in der Alten Pinakothek in München.

Türkenturm
Zählt zur Verteidigungsanlage gegen einen möglichen Türkenangriff.

Michaelskapelle
Die Kirche des Pilgerhospizes stand außerhalb der Mauern und erinnert als verkleinerte Ausgabe an die römische Engelsburg. Unterhalb des Vordachs am Eingang stellt ein Fresko den Erzengel Michael dar.

Bibliothek
Die Bibliothek im Südflügel des ersten Hofes ist ein fantastisches Rokoko-Juwel und birgt kostbarste Drucke, Handschriften und Inkunabeln.

Stiftskeller
Ebenfalls außerhalb der Mauern werden hier die berühmten Weine des Klosters – etwa Sylvaner – verkauft.

Bruneck / Brunico ❺

Brunecks Häuser zieren häufig Fresken

DER VON EINER mächtigen Burg bewachte Hauptort des Pustertals wird von bewirtschafteten Feldern umgeben. Bruneck wurde 1251 von dem Brixener Bischof Bruno von Kirchberg gegründet, der hier auf einer Anhöhe eine Burg errichtete. Den Stadtkern mit der gedrängten Häuserzeile zwischen Burgberg und Rienz umgaben starke Mauern und Wehrtürme, das reizvolle spätmittelalterliche Flair konnte sich die Altstadt bis heute erhalten. In der Stadt der Künstler und Herrscher befanden sich Werkstätten berühmter Meister wie Michael Pacher und der Sommersitz der Brixener Bischöfe. Heute ist Bruneck sommers wie winters ein lebhaftes Fremdenverkehrszentrum. Hierzu trägt auch die Bergbahn auf den Kronplatz (2237 m) bei, der als Skigebiet bekannt und einer der schönsten Aussichtsberge der Dolomiten ist.

Burg

Schlossweg. *nur Führungen; tägl. 10, 11, 12, 15, 16, 17 Uhr (Informationen im Stadtmuseum, 0474 553 292).*

Umgeben von einem Wald thront die Burg auf einer Anhöhe über dem Tal. Die mächtige Anlage aus dem 13. Jahrhundert wurde im 15. und 16. Jahrhundert umgebaut und steht noch heute unter bischöflicher Verwaltung. Am Tor der Burg prangt, von einer Pechnase geschützt, das Wappen des Bischofs Andreas von Österreich, den schönen Innenhof schmücken dekorative Fresken und die Wappen der Bischöfe. Vom Nordtor führt ein reizvoller, überdachter und mit Schießscharten versehener Weg zu einem imposanten quadratischen Turm. Unterhalb der Burg ragt der Zwiebelturm der Rainkirche auf, der ein Wahrzeichen von Bruneck ist. Er diente früher als Aussichtsturm bei Feuergefahr.

Die Burg aus dem 13. Jahrhundert

Stadtgasse

Die Stadtgasse im alten Geschäftszentrum der Stadt ist die Brunecker Hauptstraße und führt vom Ragen- zum Ursulinentor. Die früher nur teilweise gemauerten Häuser Brunecks mit ihren hölzernen Obergeschossen fielen einer Feuersbrunst zum Opfer und wurden danach wieder aufgebaut. Heute zeigen sie schöne Fassaden mit Fresken, Erkern, Wappensteinen, Portalen, Zinnen und Giebelfeldern. In Haus Nr. 29 befanden sich die Wohnung und Werkstätte des Holzschnitzers und Malers Michael Pacher.

Beim Bummel in der Stadtgasse

Ursulinenkirche

Tschurtschenthalerparkstraße. *0474 544 544. tägl. 8–19 Uhr.*

Durchschreitet man das Ursulinentor nach Westen, erreicht man über eine Treppe die sehenswerte Ursulinenkirche. Durch ein schönes gotisches Spitzbogenportal gelangt man in den mit Sterngewölben überdachten Innenraum der Kirche. Sehenswert sind hier besonders die Reliefs des ehemaligen Flügelaltars. Sie stellen die Anbetung der Könige, Christus im Tempel, Heimsuchung und Tod Mariens dar. Diese veritablen Meisterwerke Südtiroler Schnitzkunst sind vom Stil der böhmischen Hofkunst beeinflusst, der über Kärnten und die Steiermark nach Tirol ausstrahlte.

Stadtmuseum

Bruder-Willram-Straße 1. *0474 553 292. Di–Fr 15–18 Uhr, Sa–So 10–12 Uhr; Juli–Aug: 10–12, 16–19 Uhr.*

Wo man früher Pferde unterstellte und versorgte, ist heute in den schönen restaurierten Räumen der ehemaligen Postställe das **Stadtmuseum** untergebracht; es zeigt eine sehenswerte Sammlung spätgotischer Werke von Micheal Pacher und dessen Schüler Friedrich Pacher. Darüber hinaus kann man Zeichnungen von Albrecht Dürer und

Fassade des Herrenansitzes mit der Sammlung des Südtiroler Volkskundemuseums

Grafiken und Stiche von modernen Meistern ihres Faches wie etwa Oskar Kokoschka und Paul Klee bewundern.

Pfarrkirche

Oberragenstraße.
0474 411 096.
täglich 8–19 Uhr.

Wo heute die Pfarrkirche Zu Unserer Lieben Frau aufragt, stand einst eine 1381 errichtete Kapelle, die man 1515 zu einer gotischen Kirche aus- und 1789 erneut völlig umbaute. Nachdem die Kirche bei einem Brand völlig zerstört worden war, entstand 1850 der heutige neoromanische Bau. Dessen Innenraum schmückte in den 60er Jahren des 19. Jahrhunderts Josef Mader mit Malereien aus, die den Stil der Romanik treffen sollten. Die schönen Deckenfresken stellen einen Marienzyklus dar. Den Altar auf der linken Seite ziert eine bemerkenswerte Pietà aus Steinguss aus dem 14. Jahrhundert, auf der rechten Seite findet ein Holzkruzifix über dem Taufbecken Bewunderung. Das Meisterwerk der Schnitzkunst stammt aus der Pacher-Schule.

Verzierungen am Eingang der Brunecker Pfarrkirche

Südtiroler Volkskundemuseum

Herzog-Diet-Straße 24.
0474 552 087.
Apr–Okt: Di–Sa 9.30–17.30 Uhr, So und Feiertage 14–18 Uhr. *Mo, Nov–März.* *auf Anfrage.*

Das Südtiroler Volkskundemuseum umfasst ein drei Hektar großes Terrain, auf dem Originalbauten von bäuerlichen Wohn- und Wirtschaftsbereichen – beispielsweise Almen, Heuschober, Mühlen und Sägewerke – zu besichtigen sind. In einem Ansitz aus dem 16. Jahrhundert und einem benachbarten Bauernhaus sind alte bäuerliche Gerätschaften, Möbel und Hausrat ausgestellt. Die Sammlung vermittelt einen informativen Überblick über Alltag und Bräuche im alten Südtirol.

UMGEBUNG: In Bruneck beginnt eine einfache, 25 Kilometer lange Radtour hinauf in das **Tauferer Tal**. Sie führt über **Gais** und **Uttenheim** vorbei an den Bauernhöfen von Kematen und zum Weiler Winkel. Dort führt der Weg weiter zu den beeindruckenden **Reinbachfällen**. Von den Wasserfällen aus verläuft die Strecke nach **St. Moritzen**, wo man den Ahrnbach überquert, und weiter nach **Sand in Taufers**. Der Rückweg erfolgt über die gleiche Strecke.
Dauer: *1/2 Tag.*
Schwierigkeit: *einfach.*

Vom Eisstadion in Bruneck steigt man hinauf zum **Gallstöckl** und folgt dem Weg durch die Reischacher Wiesen. Im Zentrum von **Reischach** führt der Weg Nr. 10 zu den Höfen von Unterried. Nach etwa 500 Metern führen die Wege

INFOBOX

Provinz: Bozen. **Straßenkarte** D1. **M** *835.* *12 915.*
A22 Brixen.
Brennerbahnlinie, umsteigen in Franzensfeste.
von Bozen, Brixen und Toblach.
Tourismusverein Bruneck, *Europastr. 26.* *0474 555 722.* www.bruneck.com
Bruneck@DolomitiSuperki.com

Nr. 15 und 16 zur Eisenbahnbrücke von Percha. Der letzte Streckenabschnitt führt auf einem interessanten Naturlehrpfad zurück nach Bruneck.
Dauer: *2 Stunden.*
Schwierigkeit: *einfach.*

Von der Talstation der Bergbahn auf den Kronplatz folgt man der Markierung 5B. Der Weg führt vorbei an den Bauernhöfen Korer und Oberwelliser bis zur Haidenberger Straße (Markierungen 4 und 12). Diese führt direkt zum **Gasthof Haidenberg**, wo man einkehren und eine Rast einlegen kann.
Dauer: *2 Stunden.*
Schwierigkeit: *einfach.*

Gasthof Haidenberg
0474 548 062.
ganzjährig. *nur im Sommer.*

Sand in Taufers, im Hintergrund Burg Taufers

Tauferer Ahrntal / Valle Aurina ❻

Provinz Bozen. **Straßenkarte** D1.
A22 Ausfahrt Brixen.
FS *Bruneck.* *Brixen, Bruneck.*
Tourismusbüro Sand in Taufers, *Josef-Jungmann-Straße 8.*
0474 678 076,
FAX *0474 678 922.*
Tourismusbüro Ahrntal, *Ahrnstraße 22, Luttach.* *0474 671 12 57.* FAX *0474 671 744.*

Von Bruneck führt die Staatsstraße 621 am Ahrnbach entlang das Tauferer Tal/Valle de Tures hinauf, das in dem Abschnitt nach Sand in Taufers Ahrntal genannt wird. Es reicht bis zur Quelle des Ahrnbachs an der österreichischen Grenze, wo der auf Italienisch Vetta (Gipfel) d'Italia genannte Glockenkarkopf (2912 m) aufragt. Das lang gestreckte nördlichste Tal Italiens gehört zwar streng genommen nicht mehr zu den Dolomiten, schließt jedoch unmittelbar an sie an. Zudem bietet es viele Sehenswürdigkeiten, eine großartige Landschaft und ist von Bruneck aus leicht zu erreichen. Im südlichen Abschnitt gleicht es mit seinem weiten Talboden und den intensiv bewirtschafteten Flächen dem Pustertal.

Wanderer im Ahrntal, dem nördlichsten Tal Italiens

Folgt man dem Tal Richtung Norden, wird es zunehmend enger und führt schließlich zu einer Ebene, wo das schöne Mühlwalder Tal und das Raintal zusammentreffen. Dort liegen die Ortschaft Mühlen (856 m) und der Hauptort des Tales, **Sand in Taufers** (874 m). Von hier sieht man schon die imposanten charakteristischen Berge der Region: Zillertaler Alpen, Rieserfernergruppe und vor allem die mächtigen Dreitausender der Hohen Tauern, die das Tal im Norden abschließen. Diese von den Dolomiten sehr verschiedenen Massive entbehren der für die »Bleichen Berge« typischen, jäh aus Wiesen und Geröll aufragenden, schroffen Felswände, sind dagegen mit ausladenden Gletschern bedeckt.

Oberhalb von Sand in Taufers lohnt eine für die Dolomiten historisch und kunsthistorisch bedeutende Sehenswürdigkeit einen Besuch. Auf einem strategisch günstigen Felsen thront dort die gewaltige **Burg Taufers** (957 m). Die riesige Anlage stammt ursprünglich aus dem 13. Jahrhundert und wurde im Lauf der Jahrhunderte mehrfach umgebaut und erweitert. Einige ihrer 64 Säle und Räume sind kunstvoll mit Holz getäfelt, die Glanzstücke der Burg sind der Bibliothekssaal, der Waffensaal, der Rittersaal sowie der Gerichtssaal. Die Säle sind

Die Burg Taufers wurde im 13. Jahrhundert gegründet

mit kostbaren Gemälden und Möbeln ausgestattet. Schön sind auch die Fresken von Michael Pacher oder aus seiner Werkstätte.

Bei der Burg gelangt man durch eine Klamm in den Ahrntal genannten oberen Abschnitt des Tales mit dem grandiosen Panorama des riesigen Gletschers auf dem **Schwarzenstein** (3369 m). Die Straße führt weiter nach **Luttach** (956 m), wo eine schöne Pfarrkirche aus dem 15. Jahrhundert einen Besuch lohnt. Bei Luttach biegt das Tal in einer Kurve Richtung Nordosten ab und verläuft mit Blick auf die majestätischen Massive der Hohen Tauern zum **Glockenkarkopf** und zur österreichischen Grenze.

Burg Taufers
Sand in Taufers, Winkelstraße 4.
0474 678 543.
nur Führungen, auf Anfrage.

Felder und Wiesen bei Enneberg/Pfarre

Bauernhöfe im Enneberger Tal

St. Vigil in Enneberg ❼

Provinz Bozen. **Straßenkarte** D1.
M *1201.* *2600.*
Tourismusverein St. Vigil in Enneberg,
Katharina-Lanz-Straße 14,
0474 501 037.
FAX *0474 501 566.*
sanvigilio@dolomitisuperski.com

IM LADINISCHSPRACHIGEN St. Vigil scharen sich die Häuser rund um die Pfarrkirche. Die herrlich gelegene Ortschaft ist ein Ausgangpunkt für den Skizirkus auf dem Kronplatz (2277 m) sowie das Tor zum Naturpark Fanes-Sennes-Prags *(siehe S. 170–73)*. St. Vigil ist der Hauptort des **Enneberger Tales**, eines Seitentals des Gadertals (Abteitals), das in seinem nördlichen Abschnitt bei St. Lorenzen vom Pustertal abzweigt. Die Straße, die das Pustertal und die Alta Badia verbindet, soll in Zukunft durch einen Tunnel durch den Kronplatz ersetzt werden. Sie ist anfänglich eng und kurvenreich. Das Tal weitet sich jedoch nach der Gabelung bei Zwischenwasser, wo das Enneberger Tal beginnt.

Das von Illyrern bewohnte Tal wurde 15 v. Chr. von Rom erobert. Genaue Aufzeichnungen über die Region tauchen erst im 15. Jahrhundert wieder auf, als das Gebiet an die Grafen von Tirol überging und St. Vigil zum Gerichtssitz für das Enneberger und das Gadertal (Abteital) aufstieg. Zur Volksheldin avancierte in den napoleonisch-österreichischen Kriegen (1797) das »Mädchen von Spinges« Katharina Lanz. Der Überlieferung zufolge stellte sie sich den französischen Truppen mit einer Heugabel entgegen. Zur Gemeinde Enneberg zählen die Ortsteile Pfarre, Zwischenwasser und Welschellen, die mit ihren Bauernhöfen und *viles* noch stark an die bäuerliche Wirtschaft vor den Zeiten des Fremdenverkehrs erinnern.

UMGEBUNG: Eine schöne Wanderung führt zu den ladinischen *viles* der Dörfer Enneberg und Enneberg/Pfarre, zu den weit sichtbaren Weilern Brach, Ciaseles, Frontü, La Costa und Cianorè. Diese sind durch Sträßchen und Wege miteinander verbunden und können leicht erreicht werden.
Dauer: *1/2 Tag.*
Schwierigkeit: *einfach.*

Eine größere Herausforderung ist die Wanderung, die vom Hotel Parraccia über den Weg Nr. 19 zum **Kreuzjoch** führt. Von dort folgt man dem Weg Nr. 24 bis zur **Krippesmulde** und dem Weg Nr. 25 hinunter zum **Lé dla Creda**. Von dort kehrt man nach St. Vigil zurück.
Dauer: *6 Stunden.*
Schwierigkeit: *mittel.*

Beim Wandern im Naturpark Fanes-Sennes-Prags

Naturpark Fanes-Sennes-Prags ❽

DER GRÖSSTE Naturpark der Dolomiten (Parco Fanes-Sennes-Braies) wird im Norden vom Pustertal, im Westen von Gadertal (Abteital) und Enneberger Tal, im Süden von der Bozener Provinzgrenze und im Osten vom Höhlensteintal begrenzt. Zusammen mit den benachbarten Naturparks Sextener Dolomiten *(siehe S. 176f)* und Ampezzaner Dolomiten *(siehe S. 144f)* bildet er ein riesiges, geschlossenes Schutzgebiet. Die vielfältigen Landschaften des Parks geben sich im Osten rau und hochalpin, im Westen dagegen sanfter mit großen Hochebenen. Dort erstreckte sich den Legenden zufolge das sagenhafte Reich der Fanes. Deren einstige Verbündete geben heute dort den Ton an: die Murmeltiere.

Fojedöra
Fojedöra (»hohe Berge«) ist der ladinische Name für das Gebiet zwischen Pragser Wildsee und St. Vigil. Hier finden sich Almen, Wiesen und ein schöner See.

Fosses-Sennes-Hochfläche
Die weite, gewellte, grüne Hochfläche umgeben mächtige Massive, darunter Hohe Gaisl und Seekofel. Dieser Teil des Parks wird weniger besucht.

Fanes-Hochfläche
Auf der weiten Hochebene mit den steilen Außenwänden tagte das sagenhafte »Parlament der Murmeltiere«.

Conturines
Die Conturines überragen St. Kassian und die Ostseite des Gadertals (Abteitals). Hier fand man 1987 in einer Höhle 120 000 Jahre alte Höhlenbärenknochen (*Ursus spelaeus*). Sie sind z. T. im Pic Museo Ladin in St. Kassian ausgestellt *(siehe S. 105)*.

Fanes-Gruppe
Der lange Dolomit-Höhenrücken erstreckt sich im Süden bis zum Piccolo Lagazuoi oberhalb des Passo di Falzarego.

Pragser Wildsee
Im Wasser des für viele schönsten Sees der Dolomiten spiegelt sich die Nordwand des Seekofels. An dem gut erschlossenen und in der Hochsaison oft überlaufenen See kann man Boote mieten, schwimmen, spazierengehen oder zu großen Wandertouren aufbrechen.

INFOBOX

Provinz Bozen. **Straßenkarte** D2.
Gründung: *1980.* **Fläche:** *25 680 ha.*
Tourismusverein Abtei, *Hauptstraße 66, ☎ 0471 847 037.*
Tourismusverein Prags, *Außerprags 78, ☎ 0474 748 660.*
Tourismusverein Toblach, *Dolomitenstr. 3, ☎ 0474 972 132.*
Tourismusverein Wengen *Centro 125, ☎ 0474 843 072.*
Tourismusverein St. Vigil in Enneberg, *Planstraße 97, ☎ 0474 501 037.*
Tourismusverein Olang, *Florianplatz 4, ☎ 0474 496 277.*
Zwei Besucherzentren sind in St. Vigil in Enneberg und Toblach geplant.

LEGENDE

- Hauptstraße
- Nebenstraße
- Sonstige Straße
- Routenempfehlung

Plätzwiese
Auf der Hochfläche am Nordostrand des Parks verläuft der Höhenweg (AV) Nr. 3 und bietet einen grandiosen Blick auf den Monte Cristallo und Dürrenstein.

Hohe Gaisl (3139 m)
Die Hohe Gaisl, hier von Misurina gesehen *(oben)*, ragt an der Grenze zum Naturpark Ampezzaner Dolomiten auf.

Höhlensteintal
In dem Tal an der Ostgrenze des Parks hat man einen herrlichen Blick u. a. auf die Sextener Dolomiten und die Drei Zinnen.

Ein Murmeltier sonnt sich am Kreuzkofel

Touren im Naturpark Fanes-Sennes-Prags

Der Naturpark Fanes-Sennes-Prags bietet die Möglichkeit, alle Landschaftsformen der Dolomiten kennen zu lernen – im Westen große Hochebenen mit ihren Kalk- und Karstformationen, im Osten mächtige Massive in der Umgebung des Pragser Wildsees. Diese vielfältige Naturlandschaft mit Felswänden, Seen, Wasserfällen, Bergwiesen und Wasserläufen bietet der alpinen Tierwelt ideale Lebensräume. Die Bandbreite reicht von den Murmeltieren der Fanes bis zu den Steinböcken der Hohen Gaisl.

Von St. Vigil zum Pragser Wildsee

Bei dieser Wanderung durchquert man den Park in West-Ost-Richtung. Sie vermittelt einen hervorragenden Eindruck von der Vielfalt der verschiedenen Landschaften, die sich im Park finden. Die Tour beginnt in St. Vigil in Enneberg (1201 m) und führt durch das enge, bewaldete **Valle di Fojedöra** bis zum **Kreuzjoch**. Von dort wandert man weiter zu den **Hochalpenseen** und den Bach entlang hinauf zu den Hochalpen-Hütten (2121 m). In diesem Gebiet lassen sich häufig Gämsen beobachten, die sich fast immer in Rudeln und nur selten allein bewegen. Mit schlafwandlerischer Trittsicherheit springen und laufen sie zwischen den Felsen und dem Geröll der karstigen Kare. Die Murmeltiere hingegen machen sich durch schrille Pfiffe bemerkbar, mit denen sie ihre Artgenossen vor drohenden Gefahren warnen.

Die Wanderung führt weiter durch das **Grünwaldtal** und hinunter zum **Pragser Wildsee** (1494 m). Dort kann man im Sommer vor der beeindruckenden Kulisse des Seekofels, der am Südufer aufragt, baden oder sich ein Boot mieten. Nach ausgiebiger Rast kehrt man mit einem Linienbus wieder nach St. Vigil zurück.

Dauer: *1 Tag.*

Schwierigkeit: *einfach, aber anstrengend.*

Kirche im Pragser Tal

Von Toblach zum Dürrensee

Bei einer Wanderung auf der ersten Etappe des Höhenwegs (AV) Nr. 3 *(siehe S. 24f)* kann man die östliche Region des Parks hervorragend erkunden. Diese lange Tour ist besonders im ersten Abschnitt äußerst anstrengend – von Toblach aus muss man etwa 1000 Höhenmeter überwinden. Sie führt von Toblach zum **Suesriedl** zwischen dem Sarlkofel (2378 m) und dem Lungkofel (2282 m), wo sich ein wunderbarer Panoramablick nach Norden auf die gleißenden Gletscher der Zentralalpen weitet. Von der Scharte führt die Wanderung nun weiter in Richtung des imposant aufragenden **Dürrenstein** (2839 m) im Schatten des Gipfels der im Südwesten beeindruckend thronenden **Hohen Gaisl** (3139 m). Der Abstieg erfolgt anfänglich über einen Bergrücken, führt weiter über Wiesen zum Sarlriedl (2099 m) und zum Flodige-Sattel. Von dort ist es nur ein Katzensprung zum Fuß der Nordseite des Dürrensteins. Die Strecke verläuft nun weiter auf dem Weg über die Kirchler Scharte und über den Grat der Kirchler Schoppen, wo man das Panorama des Pragser Tals genießen kann. Folgt man dem Weg weiter, gelangt man auf die Hochalm der **Plätzwiese** mit dem berühmten, wunderschönen Panorama der östlichen Dolomiten und der Türme der Nordwand des Monte Cristallo. Nach der Plätzwiese erreicht man die letzte Etappe der Tour – einen steilen, anstrengenden Abstieg, der über 1000 Höhenmeter entlang der Nordseite der **Strudelköpfe** (2308 m) ins Tal führt. Die Wanderung endet an der Staatsstraße des Höhlensteintals nur wenig nördlich des Dürrensees.

Dauer: *1 Tag.*

Schwierigkeit: *mittel.*

Vorsichtig witternd: ein Gämsbock

Abstieg vom Piz da Peres in Richtung Hochalpenseen

Von St. Kassian zum Rifugio Pederü

Von St. Kassian, der östlichsten Ortschaft des Gadertals (Abteitals, *siehe S. 104f*), folgt man der Straße zum Passo Valparola. Nach etwa drei Kilometern erreicht man die Abzweigung Richtung Capanna Alpina. Dort wählt man am besten den Weg, der auf der rechten Seite an der Schottergruppe vorbeiführt. Immer der Markierung Nr. 11 folgend gelangt man durch Fichtenwälder zu den kleinen Almwiesen des **Plan de Furcia**. Von dort führt ein nun steilerer Steig bis zum **Col de Locia** (2069 m) und weiter durch die große Senke zwischen der Fanes- und der Campestrin-Gruppe im Osten und den Conturines im Westen. Dieser Streckenabschnitt endet am **Ju dall' Ega**. Von dort führt der Weg weiter durch eine ebene Hochfläche mit Bergwiesen. Nach einem etwa dreistündigen Marsch über die **Große Fanesalm** erreicht man nach einem weiteren einfachen Anstieg zum wunderschönen **Lago di Limo** am **Passo di Limo** schließlich den höchsten Punkt der gesamten Wanderung. Vom Pass steigt man hinunter zum Rifugio Fanes (2060 m), der zusammen mit dem benachbarten Rifugio Lavarella (2050 m) im so genannten Murmeltierparlament, einem großen natürlichen Amphitheater, zur Rast einlädt. Von der Hütte führt der Weg Nr. 7 zum **Lago Piciodel** und schließlich zum Rifugio Pederü (1545 m) am Talboden des Rautals. Vom See verläuft die Strecke hinunter nach St. Vigil in Enneberg, wo man mit öffentlichen Verkehrsmitteln nach St. Kassian zurückkehren kann.

Dauer: *1 Tag.*
Schwierigkeit: *einfach.*

Rifugio Fanes
0474 501 097.
Sommer und Winter.
info@ rifugiofanes.com

Rifugio Lavarella
0474 501 079.
Frühling, Winter.
rifugio@ lavarella.it

Rifugio Pederü
0474 501 086.
Sommer und Winter.
pederue@rolmail.net

Eine Tour mit dem Mountainbike

Diese äußerst attraktive Montainbike-Tour führt zu einigen der schönsten Stellen des Naturparks. Auf der fast 45 Kilometer langen Strecke überwindet man insgesamt fast 2000 (1890) Höhenmeter.

Die Tour beginnt oberhalb von St. Kassian an der **Capanna Alpina** bei Armentarola und führt von dort über den Weg Nr. 11 hinauf zum **Col de Locia** (dabei muss man in einem steilen Abschnitt etwa einen Kilometer lang das Fahrrad schieben). Am Gipfel angekommen geht die Fahrt weiter zur **Großen Fanesalm**, wo der Saumpfad Richtung Cortina beginnt. Man fährt nun Richtung Fanestal hinab, bis man eine Asphaltstraße erreicht. Dieser folgt man etwa einen Kilometer und biegt dann auf die Straße ab, die erst zur Malga Ra Stüa und in Folge zum Rifugio Sennes bzw. Rifugio Fodara Vedla führt.

Vom Rifugio Fodara Vedla fährt man nun in hohem Tempo auf einem sehr steilen Weg zum Rifugio Pederü ab und auf einem Schotterweg weiter zum Rifugio Fanes sowie zum **Passo Limo**. Von diesem Pass geht die Fahrt wieder zur Großen Fanesalm und auf dem gleichen Weg wie zuvor zum Col de Locia zurück. Nach einer technisch sehr anspruchsvollen Strecke gelangt man schließlich wieder zur Capanna Alpina.

Zweisprachige Wegweiser am Pragser Wildsee

Rifugio Sennes
0474 501 092.
Sommer und Winter.
sennes@rolmail.net

Rifugio Fodara Vedla
0474 501 093.
Frühling, Sommer.
rifugio@fodara.it

Der Rifugio Fanes steht im Gebiet des »Murmeltierparlaments«

In Altschluderbach verbrachte Gustav Mahler seine Sommerfrische

Toblach/ Dobbiaco 9

Provinz Bozen. **Straßenkarte** E2. **M** *1256.* *3237.* *A22 Brixen.* FS *Toblach.* *von Bruneck, Brixen, Bozen.* **Tourismusverein Toblach**, *Dolomitenstraße 3.* *0474 972 132.* @ *toblach@dnet.com*

Der Ferienort liegt im Hochpustertal am Eingang des **Höhlensteintals**, das nach Cortina und in das Cadore führt. Toblach kann auf eine lange Geschichte zurückblicken, der Ort wurde unter dem Namen Duplago bereits im Jahr 828 urkundlich erwähnt. Tatsächlich handelte es sich um einige Bauernhöfe, die zum Stift Innichen gehörten. Dank seiner strategisch günstigen Lage an der Strada di Alemagna von Venedig nach Augsburg erlebte Toblach im Mittelalter eine Blütezeit. Von diesem »Goldenen Zeitalter« zeugen noch heute einige prächtige Ansitze, darunter die mit Zinnen und Erkern bewehrte Herbstenburg. Sie befindet sich heute im Privatbesitz. Im ältesten Dorfkern scharen sich die Häuser rund um die spätbarocke **Pfarrkirche zum Heiligen Johannes dem Täufer**. Diese beherbergt im Inneren Stukkaturen von Franz Singer und Malereien von Franz Anton Zeiller. Die 1769 entstandenen Fresken zeigen im Langhaus Szenen aus dem Leben von Johannes dem Täufer (1769) und im Chor Zacharias im Tempel. Der prächtige Tabernakelaufbau des Hochaltars ist ein Meisterwerk von Johann Perger, das Altarblatt stammt hingegen von Zeiller. Von der Pfarrkirche führt ein Kreuzweg zur **Rundkapelle St. Joseph**. Seine fünf Kapellen schmücken Michael Paths Reliefs von 1519. Die Kapelle weist schöne Gewölbefresken sowie eine Nachbildung des Heiligen Grabes auf.

Am Eingang zum Höhlensteintal beherbergt das restaurierte Grandhotel u.a. das **Besucherzentrum** der Naturparks Sextener Dolomiten und Fanes-Sennes-Prags. Hier informieren Dioramen über die verschiedenen Vegetationszonen, nachgebaute Schützengräben über den Ersten Weltkrieg und stehen Modelle der Dolomitengipfel. Nur wenig entfernt liegt der von der Rienz gespeiste **Toblacher See**, der eine wichtige Station für Zugvögel darstellt. In **Altschluderbach** verbrachte Gustav Mahler von 1908 bis 1910 im Mahlerhof seine Sommerfrische. In dem heutigen Restaurant kann man die fast gänzlich unveränderte Unterkunft des großen Komponisten besichtigen. Auf der anderen Seite des Tals steht die **Marienwallfahrtskirche** in Aufkirchen. Dort kann man Simon von Taistens Christophorus mit den Fabelwesen bewundern. Schön ist zudem der Besinnungsweg, der nach St. Peter am Kofel führt.

Mahlerhof
Altschluderbach. *0474 972 347.* *nach Voranmeldung.*

Besucherzentrum des Naturparks
Kulturzentrum Hotel Toblach. *0474 414 093.* *Mai–Okt: Di–Sa 9–12, 15–18 Uhr.*

Umgebung: Zur **Plätzwiese** gelangt man mit dem Auto über eine befahrbare Straße durch das Altpragsertal. Vom Rifugio Prato Piazza (1992 m) verläuft die Tour erst über sanftes Gefälle bis zum Weg Nr. 40 hinab. Dieser führt am Südhang des Dürrenstein über Almwiesen zum felsigen Gelände. Der letzte Abschnitt bis zum Gipfel des **Dürrenstein** (2839 m) ist teilweise mit in den Fels gehauenen Stufen und einem Seil ausgestattet.
Dauer: *5 Stunden.*
Schwierigkeit: *mittel–schwierig.*

Rifugio Prato Piazza
0474 748 650. *ganzjährig.*

Diese Wanderung in mittlerer Höhe (1600–1700 m) mit Panoramablick auf die Dolomiten folgt auf dem Weg Nr. 41 dem alten Römerweg durch Wälder und Wiesen bis zum **Kirchberg** (1715 m). Von dort wandert man über Wiesen über den **Eggerberg** und hinunter nach **Welsberg**. Die Rückfahrt erfolgt mit öffentlichen Verkehrsmitteln.
Dauer: *5 Stunden.*
Schwierigkeit: *mittel.*

Schloss Welsperg

Innichen ⑩

Provinz Bozen. **Straßenkarte** E2. **M** *1157.* *3119.* *A22 Brixen.* *Innichen.* *von Bruneck, Brixen, Bozen.* **Tourismusverein Innichen**, *Platz des Magistrats 1.* *0474 913 149.* *info@innichen.it*

NUR WENIGE Kilometer von der österreichischen Grenze entfernt liegt Innichen/San Candido am Eingang des Sextener Tales auf geschichtsträchtigem Boden. Das Städtchen mit den eleganten bemalten Häusern hieß in römischer Zeit *Littanum* und wurde während der germanischen Invasionen zerstört. Der Ort gruppiert sich um die **Stiftskirche**, ein wahres Juwel romanischer Architektur in den Ostalpen. Noch heute bildet sie das Zentrum des Städtchens, in dem sich die typischen Häuser mit dicken Mauern, kleinen Fenstern und Holzbalkonen drängen, die leuchtend rote Geranien schmücken. Innichen entstand um 1280 bei einem Benediktinerkloster aus dem 7. Jahrhundert, das von Kaiser Otto I. mit Schenkungen bedacht worden war. Der hohe, massive Glockenturm der Kirche wurde von 1320 bis 1326 errichtet. Wunderschön ist das rechte Südportal mit dem Majestas-Domini-Relief im Tympanon und den meisterhaften Fresken von Michael Pacher, die um 1450 entstanden und Kaiser Otto II. zwischen den Heiligen Korbinian und Candidus darstellen. Den Innenraum der dreischiffigen, dreiapsidialen Basilika dominiert eine beeindruckende holzgeschnitzte Kreuzigungsszene, ein monumentales Meisterwerk eines Bildhauers aus dem Tal. Die wunderbaren Kuppelfresken zeigen die Schöpfungsgeschichte, sehenswert ist das Fresko des Meisters Leonhard von Brixen, das den Gekreuzigten zwischen Heiligen zeigt.

Die Stiftskirche in Innichen

In unmitelbarer Nähe zur Stiftskirche steht das teilweise aus dem 10. Jahrhundert stammende, mit Fresken und Dekorationen verzierte **Archivgebäude** mit Kapitelsaal und Bibliothek. Heute residiert in den schönen Räumen das **Stiftsmuseum**. Hier kann man Miniaturen, Sakralgegenstände, Gemälde und Skulpturen bewundern sowie eine bedeutende Auswahl aus dem Bücherbestand der Stiftsbibliothek. Nur einen Katzensprung von der Stiftskirche entfernt befindet sich zudem die **Pfarrkirche**. Die ursprünglich romanische Kirche zeigt sich heute barockisiert – vom Originalbau ist nur der Glockenturm erhalten. Wände und Gewölbe des Innenraums zieren Fresken von Anton Mayr aus Schwaz. Seine barocke Malerei nimmt das mittelalterliche Thema des Kampfes zwischen Gut und Böse auf. Interessant ist zudem der Komplex der **Heilig-Grab-Kirche**, der aus den ineinander verschachtelten Altöttinger und Heilig-Grab-Kapellen besteht. Sie sind Nachbildungen des Marienheiligtums von Altötting und der Grabeskirche von Jerusalem.

Tympanon am Südportal der Stiftskirche in Innichen

Wälder in der Umgebung von Innichen

Stiftsmuseum

Attostraße. *0474 913 278.*
Juni–Okt: Do–Sa 17–19 Uhr, So 10–11 Uhr; Juli–Aug: Di–Sa 10–11, 17–19 Uhr; Di auch 20–22 Uhr.

UMGEBUNG: Von der Bergstation der Sesselbahn auf den Haunold (1499 m) folgt man dem Weg Nr. 7 zur Schmiedelwiese und weiter zur Gemeinde Kaser. Von dort führt die Wanderung weiter durch den Wald und auf dem Weg Nr. 7a durch das äußerst reizvolle **Innerfeldtal** auf das **Haunoldköpfl** (2160 m).

Dauer: *3:30 Stunden.*
Schwierigkeit: *mittel.*

Rifugio Baranci
0474 913 676.
Sommer und Winter.

Die Strecke Innichen–Lienz zählt zu den Klassikern unter den Radtouren. Sie verläuft 44 Kilometer lang in einem leichten Anstieg auf einem schönen Radweg, der dem Lauf der Drau folgt. Die Strecke verläuft zum großen Teil auf österreichischem Gebiet und passiert Sillian, Mittewald und Asslig. Der Rückweg erfolgt äußerst bequem mit einem der häufig und regelmäßig verkehrenden Regionalzüge der Linie Lienz–Innichen.

Dauer: *1 Tag (einschließlich der Rückfahrt mit dem Zug).*
Schwierigkeit: *einfach.*

Naturpark Sextener Dolomiten ⓫

Der Park (Parco Naturale Dolomiti di Sesto) erstreckt sich vom Pustertal bis zur Provinz Belluno. In dieser Region wurde ein wichtiges Kapitel der Geschichte des Bergsports geschrieben, mit Protagonisten wie Innerkofler, Zsigmondy und Comici und legendären Bergen wie Haunold, Rotwandspitze, Elferkofel oder Drei Zinnen. An die schrecklichen Schlachten des Ersten Weltkriegs erinnern dagegen zahlreiche Hinterlassenschaften wie Schießscharten und Unterstände. Im Vergleich mit den Zentraldolomiten sind die Sextener Dolomiten rauer, weisen weniger Hochflächen und Almen auf, jedoch unzählige Zacken und schier unüberwindbar erscheinende Gipfel. Noch heute leben Adler in dieser wilden Naturlandschaft, deren Berge Respekt und Bewunderung einflößen.

Die Quellen der Drau
Sie entspringt am nördlichen Rand des Parks in der Haunold-Birkenkofel-Gruppe und fließt weiter nach Kroatien, wo sie in die Donau mündet.

Toblacher Sattel
Hier verläuft eine der wichtigsten Wasserscheiden Europas. Sie trennt die Wasserläufe, die zum Mittelmeer bzw. wie die Drau zum Schwarzen Meer fließen.

Höhlensteintal
Wo das Höhlensteintal mit dem Rienztal zusammentrifft, liegt ein wunderschöner See.

Die Dreischusterspitze (3145 m) *ist einer der markantesten Gipfel der Region.*

Monte Piano
Die nördliche Spitze des Monte Piana *(siehe S. 147)*.

Drei Zinnen
(siehe S. 180–83)

Fischleintal / Val Fiscalina
Das wohl schönste Tal des Parks verläuft zwischen Sextener Sonnenuhr und Dreischusterspitze. Am Talschluss befinden sich in der Nähe des Rifugio al Fondovalle Reste einer österreichischen Befestigung, die möglicherweise auf einem prähistorischen Kultort errichtet wurde – fantastischer Blick auf die Sextener Sonnenuhr!

INFOBOX

Provinz Bozen.
Straßenkarte E2.
Fläche: *11 650 ha.*
Gründung: *1981.*
Gemeinde Toblach, *Dolomitenstraße 1.* *0474 972 109.* **Gemeinde Sexten**, *Dolomitenstraße 9.* *0474 710 323;* **Gemeinde Innichen**, *Pflegplatz 1.* *0474 913 132.*
www.innichen.it
sancandido@gvcc.net

Sextener Sonnenuhr
Die Gipfel der Sonnenuhr – Rotwandspitze, Elferkofel, Zwölferkofel und Einserkofel (im Bild von links nach rechts) bilden das Ziffernblatt einer gigantischen Sonnenuhr.

Rotwandspitze (2965 m)
Die Kalkfelsen der Rotwandspitze erscheinen im Regen braun-rot – daher der Name.

LEGENDE

- Hauptstraße
- Nebenstraße
- Sonstige Straße
- Routenempfehlung

Strada degli Alpini
Der im Ersten Weltkrieg angelegte Weg am Elferkofel gilt zusammen mit dem Bocchette-Weg *(siehe S. 70f)* als einer der schönsten Klettersteige in der Felsenwelt der Dolomiten.

Hochbrunner Schneid (3046 m)
Als einer der wenigen Berge des Parks mit ewigem Eis bedeckt.

0 Kilometer 2

Touren im Naturpark Sextener Dolomiten

Die Erkundung der Sextener Dolomiten hat Generationen von Bergsteigern beschäftigt und wahre Bergführerdynastien, etwa die Sextener Familie Innerkofler, hervorgebracht. Auch wenn heute alle Gipfel »bezwungen« sind, so ziehen diese Berge noch immer die Menschen dank ihrer außergewöhnlich vielfältigen Landschaft in den Bann. Auf Dutzenden von Wanderwegen kann man die Region in allen Richtungen gefahrlos und im Einklang mit der Natur entdecken. Die hier beschriebenen Touren sind besonders schön, bieten aber nur eine kleine Auswahl der gebotenen Wandermöglichkeiten.

Die Seilbahn von Bad Moos auf die Rotwandwiesen

Rund um die Rotwandspitze

Für diese reizvolle Rundwanderung parkt man das Auto in Bad Moos und gelangt von dort mit der Seilbahn auf die **Rotwandwiesen**. Dort laden zwei Hütten und ein großer Kinderspielplatz zur ausgedehnten Rast ein. Wer sich jedoch nicht zu lange aufhält, kann von den Rotwandwiesen zu unterschiedlich schwierigen Wanderungen zur Rotwand aufbrechen und darüber hinaus über die Wege Nr. 15 und 151 in etwa zwei Stunden nach Moos absteigen. Der neue Familienweg, der auf der **Rotwand** angelegt wurde, ergänzt die traditionelle Strecke, die auf dem Grat entlangführt. Von dort kann man einen herrlichen Panoramablick genießen – der teilweise als Klettersteig angelegte Weg eignet sich jedoch nur für erfahrene und auf jeden Fall trittsichere Bergwanderer.

Richtung Osten führt von den Rotwandwiesen der gut markierte Weg 15A zum Fuß des Burgstalls und weiter zu den Geröllfeldern des **Neunerkofels**. Schließlich erreicht man die Bergstation einer Seilbahn und steigt von dort über Wiesen zum **Kreuzbergpass** ab. Der Rückweg nach Moos erfolgt entweder auf Schusters Rappen durch den Wald oder bequemer mit dem Autobus.

Dauer: *1/2 Tag.*
Schwierigkeit: *einfach.*

Am Fuße des Gsellknotens

Diese Wanderung ist aus zwei Gründen empfehlenswert. Zum einen bietet sie einen fantastischen Blick auf alle Gipfel der so genannten Sextener Sonnenuhr, zum anderen können historisch Interessierte auf dem Innergsell zahlreiche Unterstände und Schützengräben aus dem Ersten Weltkrieg erkunden.

Man parkt das Auto in Sexten und überquert die mit Lärchen bestandenen Wiesen von Frohne in Richung Außergsellbach, der am Gsellknoten entspringt. Am Waldrand gabelt sich der Weg: Folgt man der Markierung 12C, gelangt man auf den **Innergsell**, der Weg Nr. 12D führt hingegen zum **Außergsell**. Man muss nun an dieser Stelle endgültig entscheiden, ob man über ein weites Geröllfeld am Fuß des Gsellknoten zum Außergsell aufsteigen oder über den Weg Nr. 12C durch eine liebliche Landschaft durch Wiesen und die für die Westseite des Fischleintals typischen Lärchenwälder wieder nach Sexten zurückkehren möchte.

Dauer: *mindestens 1/2 Tag.*
Schwierigkeit: *einfach.*

Durch das Fischleintal zur Sextener Sonnenuhr und zu den Drei Zinnen

Die lange, spektakuläre Wanderung ist für Ausdauernde zweifellos die schönste Tour im Naturpark. Hierzu fährt man mit dem Auto von Bad Moos auf der befahrbaren Straße Richtung Fischleintal zum Fischleinboden, wo man am Hotel Dolomiti parkt. Von dort wandert man zum Rifugio al Fondovalle (1548 m) am

An den mit Spielplatz ausgestatteten Rotwandwiesen beginnen zahlreiche Wanderungen und laden zwei Hütten zur Rast ein

Den Altenstein passiert man beim Abstieg vom Rifugio Locatelli

Talschluss, wo man einen grandiosen Blick auf die Sextener Sonnenuhr und das atemberaubende Massiv der Dreischusterspitze genießen kann. Von der Hütte folgt man einem kurzen Abschnitt auf dem Weg Nr. 102 durch das reizvolle **Altensteiner Tal** und biegt dann nach links auf den Weg Nr. 103 ab, der zum Fuß des Einserkofels führt. Von dort reicht der Blick auf eine wunderbare Berglandschaft bis zum Elferkofel. In weiter Ferne sind sogar Teilstrecken der Strada degli Alpini und der Hochbrunner Schneid zu erahnen. Dieser Abschnitt der Wanderung führt zum Rifugio Zsigmondy-Comici (2224 m) direkt unterhalb des Zwölferkofels. Von der Hütte folgt man dem Weg weiter bis zum südlichen Endpunkt der Wanderung – die **Forcella Pian di Cengia** an der Grenze des Parkgebiets. Von der Scharte öffnet sich an klaren Tagen ein unvergleichlicher Blick auf Elferkofel und Zwölferkofel, auf Marmarole und Antelao, Sorapis, Paternkofel und Schusterplatte. In dem ganzen Gebiet erinnern Schützengräben und andere Anlagen aber auch an den Ersten Weltkrieg, der hier viele Menschenleben forderte.

Der Weg führt nun weiter in einem sanften Abstieg zum Fuß des Paternkofels und in der Ebene unterhalb des Berges bis zum **Rifugio Locatelli**. Von dieser berühmten Hütte kann man den nicht minder berühmten, wahrlich fantastischen Blick auf die Nordwände der Drei Zinnen bewundern, die sich hier in ihrer ganzen bizarren Grandezza präsentieren *(siehe S. 180ff)*. Vom Rifugio steigt man dann wieder ins Altensteiner Tal ab und wandert durch das Gebiet der beiden Bödenseen zurück ins Fischleintal.

Dauer: *1 Tag.*
Schwierigkeit: *einfach, aber sehr anstrengend.*

Rifugio al Fondovalle
0474 710 606.
Sommer und Winter.

Rifugio Zsigmondy-Comici
0474 710 359.
Sommer.

Vom Innerfeldtal zum Höhlensteintal

Das Innerfeldtal verläuft unterhalb der Felswände des Gsell und der Dreischusterspitze im Osten und wird im Westen vom Grat des Haunold überragt. Das schöne Tal kann mit einer interessanten Tier- und Pflanzenwelt aufwarten. Im ersten Abschnitt des Tales fährt man mit dem Auto bis Antoniusstein, wo man parkt. Von dort wandert man in etwa 30 Minuten zum **Rifugio Tre Scarperi** (1626 m), wo schier unzählige Tourenmöglichkeiten zur Wahl stehen – nach Osten in das Gebiet des Gsell, nach Süden zu den Drei Zinnen oder nach Westen Richung Höhlensteintal. Diese Wanderung ist deshalb so faszinierend, weil sie durch eine weitgehend unberührte Landschaft führt. Nach rund drei Stunden erreicht man die **Birkenscharte** (2537 m) mit großartigem Blick auf die Dreischusterspitze. Von dort führt der Weg in das von imposanten Felswänden begrenzte **Birkental**, in dem viele Gämsen leben. Nach etwa zwei Stunden erreicht man das andere Ende des Tals etwas südlich des Toblacher Sees. Im nur noch 45 Gehminuten entfernten Toblach nimmt man den Autobus zurück zum Ausgangsort.

Dauer: *1 Tag.*
Schwierigkeit: *einfach.*

Rifugio Tre Scarperi
0474 966 610.
Sommer.

Blick vom Gsellknoten auf Paternkofel (rechts), Zwölferkofel (Mitte) und Hochbrunner Schneid (links)

Gedenkstein bei den Drei Zinnen

Drei Zinnen / Tre Cime ⓭

AM SÜDRAND des Naturparks Sextener Dolomiten *(siehe S. 176–79)* ragen an der Grenze zwischen Südtirol und dem Veneto die wohl berühmtesten Zacken der Dolomiten auf: die Drei Zinnen. Die Erstbesteigungen der *fantastica Trinità,* der »Fantastischen Drei«, im 19. und 20. Jahrhundert sind Meilensteine in der Geschichte des Alpinismus und mit legendären Größen des Bergsports verbunden. Die Drei Zinnen besitzen zudem historische und geologische Bedeutung (sie bestehen aus Dolomit, *siehe S. 14f)* und spielen selbstverständlich eine wichtige Rolle für den Fremdenverkehr. Heute bilden sie nicht nur für Kletterer eine Herausforderung, sondern können dank einer Zufahrtsstraße auch von »Fußkranken« bewundert werden.

Die Nordwand
Die teilweise überhängende Felswand galt bis zur Erstersteigung 1933 durch Emilio Comici *(oben)* und die Gebrüder Giuseppe und Angelo Dimai als schlicht unbezwingbar. Für Viele war dies der Beginn der Ära des sechsten Grades.

Preußturm
La Piccolissima
(2700 m)
1911 vom genialen Paul Preuß erstmals bestiegen.

Punta Frida
(2792 m)

Kleine Zinne
Cima Piccola (2857 m)
Ihre Erstbesteigung gelang 1881 Sepp Innerkofler.

Große Zinne
Cima Grande
(2999 m)

Von der Prähistorie zum Weltkrieg

Ein Fossil aus dem Museo DoloMythos

Man kann sich nicht wirklich vorstellen, dass sich dort, wo heute die Drei Zinnen aufragen, vor 220 Millionen Jahren eine sumpfige Ebene erstreckte *(siehe S. 14f)*, auf der Dinosauerier und andere Urtiere lebten. Die Fossilien der prähistorischen Lebewesen kann man heute im Museum DoloMythos in Innichen bewundern. Im Ersten Weltkrieg waren die Drei Zinnen Schauplatz schrecklicher Schlachten an der italienisch-österreichischen Front. Daran erinnern die Cappella degli Alpini am Weg zwischen Rifugio Auronzo und Rifugio Lavaredo, die Ruinen einer Befestigungsanlage beim Rifugio Lavaredo *(siehe S. 183)* und Schützenstände am Fuß der Südseite.

Infobox

Sraßenkarte E2.
Tourismusverein Innichen, *Pflegplatz 1. 0474 913 149.*
www.innichen.it
info@innichen.it
Informazion Lago di Misurina, Via Misurina, Misurina. *0435 390 16. von Misurina, 8 km (Mautstraße).*
Museum DoloMythos
Rainerstraße 11, Villa Wachtler, Innichen. 0474 913 462, 0476 913 255.
1. Juni–15. Okt: Mo–Sa 9–12, 15–18 Uhr; Aug auch So.
info@dolomiten.net

Nordwand der Westlichen Zinne
Die stark überhängende Wand wurde 1935 während eines Sturms von Riccardo Cassin und Vittorio Ratti erstmals erstiegen.

Westliche Zinne Cima Ovest (2973 m)

Geröllfeld
Der kaum trassierte Weg durch das Geröllfeld ist für Kinder und weniger trittsichere Wanderer nicht zu empfehlen.

Die Südseite
Als erste Zinne wurde die Große Zinne über die leichter zugängliche Südwand 1869 von Paul Grohmann zusammen mit Peter Salcher und Franz Innerkofler erstmals erstiegen. Grohmann war 1864 auch die Erstbesteigung der Punta Penia in der Marmolada gelungen *(siehe S. 112f)*. Auch heute erfolgt der große Ansturm auf die Drei Zinnen meist über die Südseite. Dorthin führt eine Mautstraße vom Lago di Misurina zum Rifugio Auronzo.

Die Nordseite
Das Foto *(links)* zeigt die bekannteste Panorama-Ansicht der Drei Zinnen: den Blick auf die Nordseite unweit des Rifugio Locatelli *(siehe S. 182f)*. Unterhalb der Drei Zinnen erstrecken sich ein riesiges, steiles Geröllfeld und die Hochfläche der Langen Alm.

Rund um die Drei Zinnen

Die Kleine Zinne von Südosten

Sobald man die »Fantastischen Drei« erreicht, möchte man das einzigartige Naturdenkmal umrunden, um die majestätischen Felswände von allen Seiten bewundern zu können. Bei einer Rundwanderung kann man jedoch nicht nur den ständig wechselnden Blick auf die Drei Zinnen genießen, sondern auch fantastische Panoramablicke auf die Ampezzaner Dolomiten bis zu den Marmarole im Süden oder die Sextener Dolomiten mit Dreischusterspitze und Hoher Gaisl im Norden. Im Gegensatz zu den fast unbezwingbaren Drei Zinnen sind die Wege zu Füßen der Felsmassive leicht zugänglich und einfach zu gehen.

Touren

Vom Rifugio Auronzo wandert man bequem auf dem Weg Nr. 101 bis zur Cappella degli Alpini und zum Rifugio Lavaredo. Danach führt die Strecke über den Paternsattel, wo das Geröllfeld unterhalb der Nordwand Trittsicherheit erfordert. Schließlich erreicht man den Rifugio Locatelli und kann von dort Richtung Osten auf dem Weg Nr. 101 Richtung Zwölferkofel weiterwandern oder Richtung Norden auf den Wegen Nr. 10-11 und 105 in das Gebiet der Dreischusterspitze. Die Rundwanderung um die Drei Zinnen führt hingegen vom Rifugio Locatelli auf dem Weg Nr. 105 weiter. Dieser ist zugleich ein Abschnitt des Dolomitenhöhenwegs (AV) Nr. 4 *(siehe S. 24f)* und führt über den Rienzboden und die Forcella di Col Mezzo zurück zum Rifugio Auronzo.

Dauer: etwa *4 Stunden.*

Schwierigkeit: *einfach.*

Legende

- Hauptstraße
- Nebenstraße
- Sonstige Straße
- Routenempfehlung

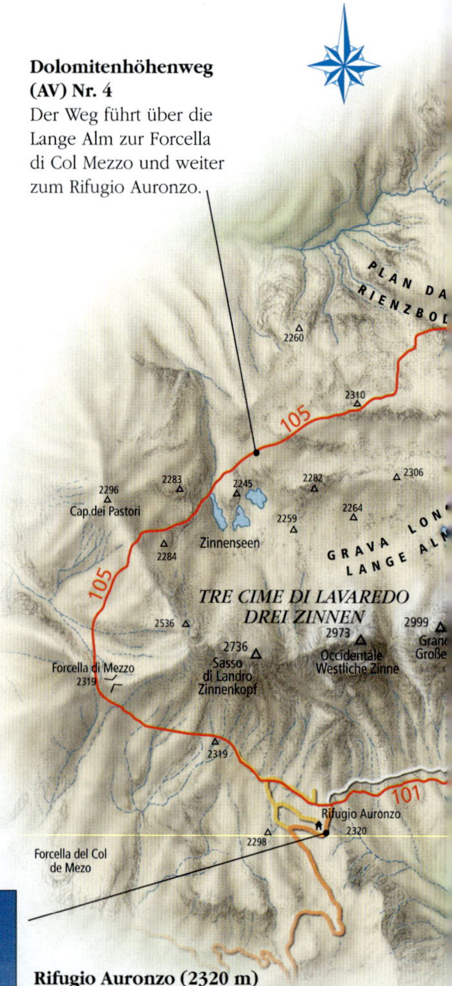

Dolomitenhöhenweg (AV) Nr. 4
Der Weg führt über die Lange Alm zur Forcella di Col Mezzo und weiter zum Rifugio Auronzo.

Rifugio Auronzo (2320 m)
An der mit dem Auto erreichbaren Auronzohütte hat man einen herrlichen Blick auf Auronzo und Cadore. Sie ist der Ausgangspunkt für die meisten Wanderer, da von dort ein Weg zur Südseite der Drei Zinnen führt *(links)*.

Rifugio Locatelli (2438 m)
Der Rifugio Locatelli ist Station für Wanderungen im Gebiet der Drei Zinnen *(siehe Kasten)* und Ausgangspunkt für Touren zu den Sextener Dolomiten.

Paternsattel/La Forcella di Lavaredo (2457 m)
Von hier hat man den wohl faszinierendsten Blick, um das Panorama genießen zu können.

Infobox

Rifugio Auronzo
0435 626 82.
info@rifugioauronzo.it
Sommer.

Rifugio Lavaredo
0435 935 59 (APT n1 Dolomiti) oder 0336 494 617. *Sommer.*

Rifugio Locatelli
0474 972 002.
Sommer.

Klettern: *Wetterinfos im Rifugio Lavaredo erhältlich. Anstiege in der Nordwand der Gr. Zinne.*
www.planetmountain.com/rock/dolomiti/lavaredo

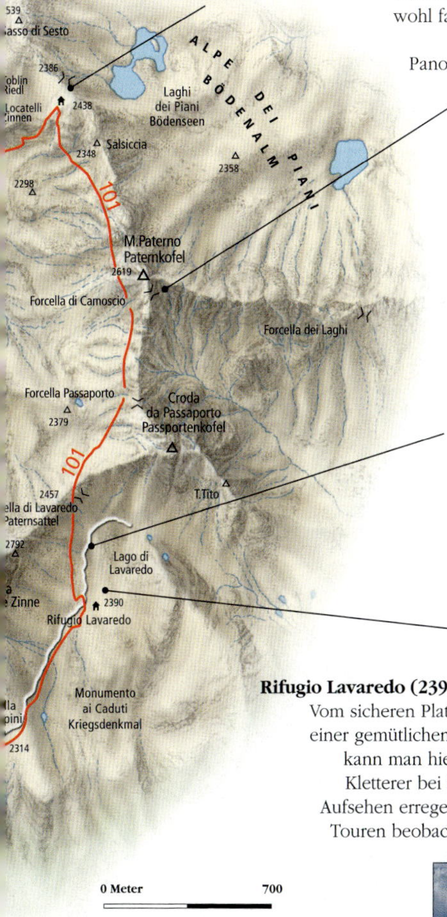

Ruinen der Befestigungsanlagen
Etwas nördlich des Rifugio Lavaredo erinnern diese Ruinen an den Ersten Weltkrieg. Damals lagen die Drei Zinnen an der schwer umkämpften italienisch-österreichischen Front.

Rifugio Lavaredo (2390 m)
Vom sicheren Platz bei einer gemütlichen Rast kann man hier die Kletterer bei ihren Aufsehen erregenden Touren beobachten.

Der Blick nach Süden
Über die Zacken der Cadini-Gruppe reicht der Blick bis zu den Mamarole. Im Hintergrund rechts die Antelao-Gipfel *(rechts)*.

NERO DEL TONDO
CA' DEL BOSCO
1991

Zu Gast in den Dolomiten

Typisches Hotel in San Martino di Castrozza

Übernachten

ZIMMER MIT Aussicht auf steile Felswände, kuschelige Plumeaus und Blumenbalkone – alpinen Charme bieten in den Dolomiten Unterkünfte in allen Preisklassen. Die Palette umfasst Pensionszimmer auf dem Bauernhof ebenso wie Suiten in Luxusherbergen. Fast alle teureren Hotels warten mit Schwimmbädern und Wellnesseinrichtungen auf, doch schon in Drei-Sterne-Häusern können die Gäste mit erstklassigem Service und einer Ausstattung rechnen, die im Allgemeinen nur sehr gute Hotels bieten. Sehr schön (und preisgünstig) sind Unterkünfte auf in der Regel herrlich gelegenen Bauernhöfen. Auf diese Weise lernt man auch mehr über das Leben in den und die Traditionen der Dolomiten kennen. (Informationen zu Hotels *siehe S. 190–197.*)

Elegante Gemeinschaftsräume im Hotel Elephant, Brixen

HOTELKATEGORIEN

WIE IN GANZ Italien üblich werden auch in den Dolomiten die Hotelkategorien durch Sterne gekennzeichnet. Diese reichen von einem Stern für Gasthäuser mit einfacher Ausstattung bis zu fünf Sterne für Luxushotels mit allem erdenklichen Komfort, großen Sälen, namhaften Restaurants, geräumigen und stilvoll eingerichteten Zimmern. Zu diesen Nobelhäusern zählen etwa das berühmte Hotel Elephant in Brixen, das Miramonti Majestic in Cortina d'Ampezzo oder das Parkhotel Corona in Vigo di Fassa.

Mit vier Sternen bedachte Häuser bieten in der Regel einen erstklassigen Service, die Preise sind etwas erschwinglicher. Typische Vier-Sterne-Hotels sind etwa das Romantik Hotel Perla in Corvara, das Romantik Turm in Völs am Schlern oder das Adler in St. Ulrich.

Ein überraschend gutes Preis-Leistungs-Verhältnis bieten häufig die mit zwei oder drei Sternen gekennzeichneten Hotels. In diese Kategorie fallen beispielsweise das Orso Grigio in Innichen oder das Chalet Maso Doss in Pinzolo. Wer ein Faible für originelle Unterkünfte pflegt, sollte sich in einer der Burgen oder einem der Schlösser einquartieren, die zahlenden Gästen ihre altehrwürdigen Portale öffnen.

Fast alle Vier-Sterne-Häuser sowie die meisten Hotels mit drei Sternen warten mit Schwimmbad, Sauna und Dampfbad auf. Viele haben zudem ein mehr oder minder breites Wellness-Angebot im Haus, beispielsweise mit Wassermassage, Kosmetiksalons, Massagen, Fitnesscenter und Diätküche.

In Südtirol zählen einige dieser Häuser zur Hotelkette Belvita Hotel. Sie bieten spezielle Fitness- oder Wellness-Wochenenden oder Wochen an, in denen sich die Gäste wieder in Form bringen können.

Die großen Hotels organisieren zudem für ihre Gäste sportliche Aktivitäten oder entspannende Unterhaltung. Zum typischen Angebot gehören geführte Ausflüge in die Wälder und auf die Gipfel, Touren mit dem Mountainbike, Hüttenabende auf der Alm, aber auch Aufführungen und Konzerte. Viel Aufmerksamkeit widmet man zudem den Kindern, die in den Familienhotels Unterhaltung ganz nach ihrem eigenen Geschmack finden: Spielplätze, Feste, Animation und Wettbewerbe sowie spezielle Kindergerichte.

Zu den meisten Hotels gehören Restaurants mit guter Regionalküche, die in der Regel nicht nur für Hausgäste geöffnet sind. Dies gilt auch für Zwei-Sterne-Unterkünfte. Einrichtungen für behinderte Reisende sind dagegen nur in wenigen – meist neuen oder frisch renovierten – Häusern vorhanden.

In immer mehr Hotels wird der Umweltschutz groß geschrieben, achtet man mit großer Sorgfalt auf die Müllentsorgung, auf Energiesparmaßnahmen, versucht mit Wasser und anderen Ressourcen sparsamer umzugehen und den Verkehr zu reduzieren. In Südtirol werden Ökohotels mit einem Qualitätssiegel ausgezeichnet: einer goldenen Scheibe mit sieben Sonnen.

Das exklusive Miramonti Majestic in Cortina

Hotelpreise

In jedem Hotelzimmer muss eine Tabelle aushängen, auf der die während des Jahres gültigen Höchstpreise verzeichnet sind. Diese dürfen nicht überschritten werden. Bei den auf der Tabelle angegebenen oder bei der Reservierung genannten Preisen sind die Steuern, Abgaben und der Service inbegriffen. Im Allgemeinen ist auch das Frühstück im Preis enthalten – zur Sicherheit erkundigt man sich jedoch beim Buchen. Viele Hotels bieten zudem besonders in der Hochsaison im Sommer und Winter fast ausnahmslos Halb- und Vollpension an. Dabei sind in der Pauschale weder die Getränke zum Essen noch der Zimmerservice inbegriffen, auch nicht die Getränke aus der Minibar und schon gar nicht die Telefongespräche vom Apparat des Hotelzimmers. Im Gegensatz zur Hauptsaison ist es in der Nebensaison jedoch leichter möglich, Zimmer mit Übernachtung und Frühstück zu mieten.

Öffnungszeiten und Reservierung

In den Ferienorten haben die meisten Hotels nur während der Saison geöffnet: von Weihnachten bis Ostern und von Juli bis September. In den größeren Orten findet man jedoch auch in der Nebensaison Unterkünfte, und in den Städten stehen die Hotels sowieso ganzjährig Gästen offen. Im August und in den Weihnachtsferien sowie von Mitte Februar bis Mitte März herrscht absolute Hochsaison. Zu diesen Zeiten sollte man auf jeden Fall Zimmer schon eine gewisse Zeit im Voraus reservieren. Beim Buchen wird man in der Regel um eine Anzahlung oder die Nummer der Kreditkarte gebeten.

Campingplätze

Campen ist im Sommer eine preisgünstige und naturverbundene Alternative zum Hotel, Bungalows und Wohnmobile sind sogar für den Winter gerüstet. Die Campingplätze in den Dolomiten sind nicht nur gut ausgestattet, sie bieten in der Regel auch ein großartiges Alpenpanorama. Sie liegen zudem alle in einer schönen Umgebung, in großen Wäldern oder an Seeufern, und sind optimal für Erholung in der Natur eingerichtet.

Mehr oder minder alle Campingplätze bieten neben den üblichen Zeltplätzen und Stellplätzen für Wohnwagen Bungalows oder kleine Häuschen zum Mieten an, die über eigene Sanitäreinrichtungen und Kochgelegenheiten verfügen. Den Gästen stehen zudem Restaurant und Animationsangebote zur Verfügung. Manche Campingplätze locken darüber hinaus mit Pool, Wassermassage und Diskothek. Wer einen längeren Aufenthalt plant, sollte jedoch schon weit im Voraus buchen, und in der Hochsaison kann es sich lohnen, auch bei nur einer Übernachtung vorab telefonisch nach freien Plätzen zu fragen. Die meisten Campingplätze sind von Ostern bis Oktober geöffnet *(siehe S. 189)*. Wer auf Privatgrund wild zelten möchte, muss den Eigentümer um Erlaubnis bitten.

Hütten

Zu den Hütten an besonders eindrucksvollen Orten oder auf Aussichtsbergen gelangt man oft bequem mit dem Auto oder der Seilbahn. Andere Hütten wiederum erreicht man nur per pedes als Ziel einer Schweiß treibenden Wanderung. Unter der Bezeichnung »Hütte« *(rifugio)* rangieren komfortable Häuser ebenso wie spartanische Biwake. In der Regel sind sie von Mitte Juni bis Mitte September geöffnet, im Winter stehen Skitourengängern unbewirtschaftete Hütten offen.

Im Juli und August läuft man leicht Gefahr, in den überlaufenen Hütten keinen Schlafplatz zu ergattern – sicherheitshalber sollte man deshalb vorab Plätze reservieren. Die Schlafgelegenheiten sind von Hütte zu Hütte unterschiedlich, reichen von Bettenlagern zu Zimmern mit zwei oder drei Betten (bisweilen mit Bad). Manchmal kann man nur übernachten, manchmal gibt es Halbpension. Im Allge-

Malerische Hütte im Vilnösstal

meinen ist die Küche auf Hütten gut – manche Häuser werden besonders deshalb gern angesteuert. Dies gilt etwa für den Rifugio Scotoni in der Alta Badia oder von Emilio Comici im Grödnertal. Auf Berghütten müssen einige Regeln beherzigt werden: Man macht keinen Lärm, trägt seinen Abfall wieder ins Tal und hinterlässt die Zimmer ordentlich *(siehe S. 212f)*.

Ferien auf dem Bauernhof

Urlaub auf einem Südtiroler Bauernhof, einem Weingut oder einer Obstplantage ist angenehm, preiswert und informativ. Man lernt den bäuerlichen Alltag, aber auch die Feste und Traditionen kennen. Ferien auf dem Bauernhof werden v. a. in Trentino-Südtirol angeboten, häufig mit einem hohen Niveau an Gastlichkeit. Während man im Trentino eher bei Wein- oder Apfelbauern unterkommt, kann man sich in Südtirol auch auf Bergbauernhöfen einmieten. Diese liegen über 1000 Meter hoch in den Bergen und betreiben Mischwirtschaft. Die Höfe sind je nach Ausstattung kategorisiert – einige bieten sogar Pool, Spielplatz und Reitgelegenheiten. Neben Zimmern (in der Regel mit Bad) werden auch kleine Wohnungen mit Bad und Küche vermietet.

Meist werden die Zimmer mit Halb- oder Vollpension angeboten, in der Hochsaison sind sie häufig nur wochenweise zu mieten. Die Preise hängen von der Saison, der Aufenthaltsdauer und bei Wohnungen von der Anzahl der Gäste ab. Die auf den Bauernhöfen servierten, oft recht gehaltvollen Gerichte werden aus hauseigener Produktion zubereitet – Honig, Marmelade und Brot zum Frühstück, zu anderen Mahlzeiten Gemüse, Käse und Speck. Für Liebhaber einer legeren Umgebung oder für Familien mit Kindern sind Ferien auf dem Bauernhof ideal.

Ferienhäuser und Ferienwohnungen

Für Familien oder Gruppen ist es am günstigsten, für zwei oder mehrere Wochen eine Wohnung zu mieten. Besonders für Familien mit kleinen Kindern sind Ferienwohnungen optimal. Für kürzere Aufenthalte lohnt der Aufwand jedoch meist nicht, da einige Kosten – etwa für die Reinigung – stets gleich sind.

Ferienhäuser findet man über die lokalen Fremdenverkehrsbüros, zudem gibt es in allen größeren Orten Immobilienmakler, die Wohnungen und Häuser auch kurzfristig vermieten. Einfacher, aber auch etwas teurer ist es, Häuser über Reiseveranstalter zu mieten, die Häuser oder Wohnungen in Ferienanlagen anbieten. In diesem Fall sind die Preise üblicherweise wochenweise berechnet. Wer privat auf die Suche geht, sollte sich auf jeden Fall nach den Kosten für Strom und Gas erkundigen, häufig sind diese nämlich im Preis nicht inbegriffen.

In Südtirol kann man auch einzelne Zimmer mit Frühstück mieten. Dort hängen in der ganzen Region an Häusern die bekannten Schilder »Zimmer frei« aus.

Typisches Südtiroler Bauernhaus

Auf einen Blick

Fremdenverkehrsbüros

Südtirol Marketing
Pfarrplatz 11, Bozen.
0471 413 808.
www.hallo.com

APT del Trentino
Via Gian Domenico Romagnosi 11, Trento. 0461 839 000.
www.trentino.to

APT Dolomiti di Cortina, Agordino, Cadore, Comelico, Sappada, Val Boite e Valzoldana
Sede di Cortina,
Piazza San Francesco 8.
0436 3231.
www.infodolomiti.it

Hotelreservierung

Belvita Hotels
Pfarrplatz 11, Bozen.
0471 993 846.
www.belvita.it

Consorzio Dolomiti
Piazza dei Martiri 16, Belluno.
0437 215 111.

Familienhotels Südtirol
Pfarrplatz 11, Bozen.
0471 993 846.
www.familienhotels.com

Ferienwohnungen und Ferienhäuser

Nützliche Internetadressen
www.itacasa.de
www.sudtirol.com
www.traum-ferienwohnungen.de

Residencehotels nelle Dolomiti
Via Gorizia 76, Trento.
0461 933 400.
www.residencehotel.it

Campingplatz-Reservierungen

Faita Trentino-Alto Adige
Via Solteri 74, Trento.
0461 880 111.

Faita Veneto
Via Fausta 406/a, Treporti (Ve).
041 537 10 24.

Campingplätze

Camping Corones
Rasen-Antholz.
☎ *0474 496 490.*

Camping Dolomiti di Brenta
Via Gole 105, Dimaro.
☎ *0463 974 332.*

Camping Olympia
Camping 1, Toblach.
☎ *0474 972 147.*

Camping Palafavera
Ortsteil Val di Zoldo, Zoldo Alto. ☎ *0437 788 506.*

Camping Vidor
Ortsteil Vidor, Pozza di Fassa.
☎ *0462 763 247.*

Caravan Park
St.-Josefstr. 54, Sexten.
☎ *0474 710 444.*

Civetta Camping
Ortsteil Pecol, Piazza Rodolfo Balestra 4, Zoldo Alto.
☎ *0437 789 146.*

Hütten

Cai Convegno Trentino Alto Adige – TAA
Obstmarkt 46, Bozen.
☎ *0471 978 172.*

Convegno Veneto Friulano Giuliano – VFG
Piazza San Giovanni Bosco 11, Belluno. ☎ *0437 931 655.*
Via G. Marconi, Cortina d'Ampezzo.

S.A.T. – Società Alpinisti Tridentini
Via Manci 57, Trento.
☎ *0461 980 211.*

Ferien auf dem Bauernhof – Organisationen

Agriturist Alto Adige
Schlachthofstr. 4/D, Bozen.
☎ *0471 999 308.*

Agriturist Trentino
Via Jacopo Aconcio 13, Trento.
☎ *0461 235 323.*

Agriturist Veneto
Via Monteverdi 15, Mestre.
☎ *041 987 400.*

Terranostra Bolzano
Crispistr. 15, Bozen.
☎ *0471 999 434.*

Terranostra Trentino
Via Jacopo Aconcio 13, Trento.
☎ *0461 235 323.*

Terranostra Veneto
Via Orsato 22, Marghera.
☎ *041 930 033.*

Ferien auf dem Bauernhof

Agriturismo Bonifacio
Via Pescul 53, Selva di Cadore.
☎ *0437 720 358.*

Agriturismo Pezzei
Via Pescosta 10, Ortsteil Ornella, Livinallongo.
☎ *0436 7163.*

Agriturismo Pontil
Pramarino, San Pietro di Cadore.
☎ *0435 460 572.*

Albein
Klerant 193, Brixen.
☎ *0472 852 044.*

Azienda Giorgio Tretter
Tuenno.
☎ *0463 451 276.*

Bachlechner
Aufhofen 9, Bruneck.
☎ *0474 551 195.*

Burgerhof
St. Leonard 135, Brixen.
☎ *0472 833 706.*

Col
Col 9, Corvara.
☎ *0471 836 301.*

Eggererhof
Prent 3, Deutschnofen.
☎ *0471 616 573.*

Flesshof
Pikolein 39, St. Martin in Thurn. ☎ *0474 523 188.*

Florerhof
Peterbuhlweg 3, Völs am Schlern.
☎ *0471 725 341.*

Gadenhof
Elzenbachstr. 1, Innichen.
☎ *0474 913 523.*

Grafhof
St. Michael 11, Kastelruth.
☎ *0471 700 115.*

Grunserhof
Grones 4, St. Vigil in Enneberg.
☎ *0474 403 221.*

Guton
Daunei 39, Wolkenstein.
☎ *0471 795 468.*

Hansenhof
Aufkirchen Mellaten 14, Toblach.
☎ *0474 972 331.*

Hubehof
Vals 40, Mühlbach.
☎ *0472 547 008.*

Jung
Furcia-Str. 5, St. Vigil in Enneberg.
☎ *0474 501 499.*

Malga Federa
Sotto il Picco di Mezzodì, Cortina d'Ampezzo.
☎ *0436 861 447.*

Messnerhof
St. Georgstr. 127, Tiers.
☎ *0471 642 108.*

Mitterplatz
St. Valentin 34, Vilnösstal.
☎ *0472 840 019.*

Moserhof
Karerseestr. 45, Welschnofen.
☎ *0471 613 052.*

Niederunterer
Rein 35, Sand in Taufers.
☎ *0474 672 508.*

Schlosshof
Schlosshof 130, St. Martin in Thurn.
☎ *0474 523 012.*

Treffhof
St. Valentin 5, Kastelruth.
☎ *0471 706 576.*

Waldruhe
Altschluderbach 2, Toblach.
☎ *0474 972 354.*

Hotelauswahl

Die Hotels in diesem Führer wurden nach Qualität, Ausstattung, Kinderfreundlichkeit und Lage ausgesucht. Die Einträge sind nach Regionen unterteilt und innerhalb der jeweiligen Regionen nach Ortschaften und Preiskategorien geordnet. Eine Legende der Symbole finden Sie auf der hinteren Umschlagseite.

Brentagruppe	Kreditkarte	Schwimmbad	Wellness	Kinder	Parken	Restaurant
Andalo: *Piccolo Hotel Andalo* €€ Via Pegorar 2. **Straßenkarte** A4. ☎ *0461 585 710.* @ *piccolo.hotel@interline.it* Ein hübsches Haus mit Bibliothek, Teesalon, Enoteca mit Weinen aus der Region, Kellerbar für Aperitif und Nachspeisen, Billard und Bühne. Im Sommer Animation. Exklusiv: die vier »King Suites«. **Zimmer:** *32*	●	■		■	●	■
Cles: *Cles* €€ Piazza Navarino 7. **Straßenkarte** A3. ☎ *0463 421 300.* @ *albergoclesl@tin.it* Der im Zentrum gelegene Familienbetrieb überzeugt mit hübschem Garten, bequemen Zimmern und guter Küche. **Zimmer:** *37*	●				●	■
Fai della Paganella: *Sport Hotel Panorama* €€ Via Carletti 6. **Straßenkarte** A4. ☎ *0461 583 134.* @ *sporthp@tin.it* Alles, was das Sportlerherz begehrt: sieben Tennisplätze, Hallenfußball, Bogenschießen, Golf, Fitnesscenter, Volleyballfeld. Gutes Restaurant. **Zimmer:** *64*	●	■	●	■	●	■
Madonna di Campiglio: *Diana* €€ Via Cima Tosa 52. **Straßenkarte** A4. ☎ *0465 441 011.* @ *info@hoteldiana.net* Nur einen Katzensprung vom Zentrum entfernt, mit Holzbalkonen, schönen öffentlichen Räumen und Frühstücksbüfett im Speisesaal. Hervorragende Küche. Jede Woche Galadiner mit Spezialitätenmenü. **Zimmer:** *27*	●		●	■	●	■
Madonna di Campiglio: *Golf Hotel* €€€ Via Cima Tosa 3. **Straßenkarte** A4. ☎ *0465 441 003.* Seit über 100 Jahren garantiert das Hotel gepflegte Gastlichkeit, die Zimmer bieten jeden Komfort. Das Haus neben der Seilbahn auf den Grostè wartet zudem mit schönem Aufenthaltsraum mit Kamin, elegantem Speisesaal, Golfclub und Skischule auf. Auch für Kongresse. **Zimmer:** *124*	●		●	■	●	■
Madonna di Campiglio: *Bertelli* €€€€ Via Cima Tosa 80. **Straßenkarte** A4. ☎ *0465 441 013.* @ *info@hotelbertelli.it* W *www.hotelbertelli.it* Familienbetrieb neben der Kabinenbahn Pradalago, mit exzellenter Küche. Skischule für Kinder. **Zimmer:** *49*	●	■	●	■	●	■
Madonna di Campiglio: *Spinale Club Hotel* €€€€ Via Monte Spinale 39. **Straßenkarte** A4. ☎ *0465 441 116.* @ *hotspinale@editeltn.it* Reizendes Hotel neben der Seilbahn. Geschmackvolle freundliche Gemeinschaftsräume, große Zimmer, exzellente Küche. **Zimmer:** *55*	●	■	●	■	●	■
Malé: *Bella di Bosco* €€ Via 4 Novembre 36. **Straßenkarte** A3. ☎ *0463 901 990.* @ *belladibosco@valdisole.net* Das ruhig gelegene Hotel ist von einem Garten umgeben. Das Restaurant zum Garten serviert Spezialitäten. Bequeme Zimmer. **Zimmer:** *25*	●		●	■	●	■
Molveno: *Gloria* €€ Via Lungolago 15. **Straßenkarte** A3. ☎ *0461 586 962.* @ *hotelgloria@tin.it* Ruhig gelegener Familienbetrieb mit Terrasse zum See und großem Park. Restaurant mit bürgerlicher Küche. **Zimmer:** *37 und 4 Suiten*	●			■	●	■
Molveno: *Alexander Hotel Cima Tosa* €€ Piazza Scuole 7. **Straßenkarte** A4. ☎ *0461 586 928.* @ *alexander@interline.it* Der Familienbetrieb liegt zentral. Das freundliche Restaurant wartet mit einer Stube auf. Mountainbikes und kleines Fitnesscenter sind vorhanden. Von Mai bis September Wassermassage im Freien. **Zimmer:** *34*	●			■	●	■
Molveno: *Belvedere* €€€ Via Nazionale 9. **Straßenkarte** A4. ☎ *0461 586 933.* @ *info@belvedereonline.com* Das Hotel im Ortszentrum bietet mit Holz ausgestattete Zimmer und vermietet auch Ferienwohnungen. Bar mit Billard, kleine Bibliothek, Bocciaplatz, Mountainbike, Fitnesscenter. **Zimmer:** *59*	●	■	●	■	●	■

Preiskategorien für ein Doppelzimmer, Frühstück inbegriffen, einschließlich Service, Abgaben und Mehrwertsteuer:

- € unter 50 Euro
- €€ 50–100 Euro
- €€€ 100–150 Euro
- €€€€ 150–200 Euro
- €€€€€ über 200 Euro

KREDITKARTE
Die gängigen Kreditkarten werden akzeptiert.
SCHWIMMBAD
Mit Pool oder Hallenschwimmbad
WELLNESS
Sauna, Wassermassage, Kosmetik.
KINDER
Spielplatz und Kinderermäßigung.
PARKEN
Bewachter Parkplatz im oder am Hotel.
RESTAURANT
Restaurant nicht nur für Hotelgäste.

PINZOLO: *Alpina* €€
Via XXI Aprile 1. **Straßenkarte** A4. ☎ *0465 501 010.* @ *hotelalpina@pinzolo.it*
Familie Collini verwöhnt ihre Gäste mit guter Küche und freundlichen Zimmern, z. T. mit Balkon. Aufenthaltsraum mit Kachelofen. **Zimmer:** *30*

PINZOLO: *Centro Pineta* €€€
Via Matteotti 43. **Straßenkarte** A4. ☎ *0465 502 758.* @ *info@centropineta.com*
Das in einem Wald gelegene Hotel bietet große Gemeinschaftsräume und einfach eingerichtete Zimmer. Küche und Frühstück gut. **Zimmer:** *24*

PINZOLO: *Chalet Maso Doss* €€€€
Ortsteil Sant'Antonio di Mavignola, via Brenta. **Straßenkarte** A4.
☎ *0465 502 758.* @ *info@masodoss.com*
Kleines Hotel im Grünen, Antiquitäten auf den Zimmern, bestickte Wäsche und Parkett. Aufenthaltsraum mit großem Kamin, Sauna. **Zimmer:** *6*

ZENTRALDOLOMITEN

ARABBA: *Olympia* €€€
Via Colese 57. **Straßenkarte** D3. ☎ *0436 791 35.* @ *olympia@arabba.com*
Familie Grones führt das wunderbar gelegene Hotel. In der Stube werden am Kamin Spezialitäten gereicht. **Zimmer:** *42*

CANAZEI: *Tyrol* €€
Viale Cascata 2. **Straßenkarte** D3. ☎ *0462 601 156.*
Im Stil des Tales erbaut, in der Nähe des Ortskerns. Der Familienbetrieb bietet einheimische Küche, zur Unterhaltung Tischtennis und Darts. Die gepflegten Zimmer haben schöne Balkone. **Zimmer:** *36*

CANAZEI: *Astoria* €€€€
Via Roma 88. **Straßenkarte** D3. ☎ *0462 601 302.* @ *hotelastoria@acomedia.it*
Teures Hotel im Familienbetrieb, Zimmer mit Balkon und Wohnraum. Gutes Restaurant; Sauna, Fitnesscenter. Kostenlose Benutzung des 200 Meter entfernten Bads, Ermäßigung für das nahe Wellnesscenter. **Zimmer:** *39*

CANAZEI: *Croce Bianca Vivenes* €€€€
Via Roma 3. **Straßenkarte** D3. ☎ *0462 601 111.* @ *office@hotelcrocebianca.com*
Komforthotel mit Beautyfarm, gut für Wellnessurlaub mit Sauna und Fitnesscenter. **Zimmer:** *45*

CORVARA: *Royal* €€
Via La Sieia 10. **Straßenkarte** D2. ☎ *0471 836 231.* @ *royal@altabadia.it*
Gemütliches Hotel nahe dem Ortszentrum mit großem Garten. **Zimmer:** *34*

CORVARA: *Sassongher* €€€€
Strada Sassongher 45. **Straßenkarte** D2.
☎ *0471 836 085.* @ *sassongher@altabadia.it*
Große Zimmer mit schönem Panorama, gut für Familien mit Kindern: Zum Angebot zählt auch Babysitting. **Zimmer:** *54*

CORVARA: *Romantikhotel La Perla* €€€€€
Strada Col Alto 105. **Straßenkarte** D2.
☎ *0471 836 132.* @ *la-perla@romantik.de*
Tiroler Stil des 15. und 16. Jahrhunderts. Das Hotel verfügt über ein Heilwasserzentrum, Enoteca, Boutique, Friseur und Kunstgalerie. Im Restaurant »La Stua di Michil« kann man zum Essen zwischen 600 Weinsorten wählen. Fitnesscenter, Minigolf, Mountainbike und Golf. **Zimmer:** *52*

KASTELRUTH: *Zum Wolf* €€
Oswald-von-Wolkenstein-Straße 5. **Straßenkarte** C3. ☎ *0471 706 332.*
Faszinierendes Gebäude aus dem 16. Jh. in der Altstadt. Angenehme Gemeinschaftsräume mit ortstypischer Ausstattung. Großes Frühstücksbüfett. **Zimmer:** *23*

	Kreditkarte	Schwimmbad	Wellness	Kinder	Parken	Restaurant
Pinzolo: Alpina	●			■		■
Pinzolo: Centro Pineta	●			■	●	■
Pinzolo: Chalet Maso Doss	●				●	■
Arabba: Olympia	●		●	■	●	■
Canazei: Tyrol	●			■	●	■
Canazei: Astoria	●			■	●	■
Canazei: Croce Bianca Vivenes	●		●	■	●	■
Corvara: Royal	●	■	●	■	●	■
Corvara: Sassongher	●	■	●	■	●	■
Corvara: Romantikhotel La Perla	●	■	●	■	●	■
Kastelruth: Zum Wolf	●				●	■

Zeichenerklärung siehe hintere Umschlagklappe

Preiskategorien für ein Doppelzimmer, Frühstück inbegriffen, einschließlich Service, Abgaben und Mehrwertsteuer:

- € unter 50 Euro
- €€ 50–100 Euro
- €€€ 100–150 Euro
- €€€€ 150–200 Euro
- €€€€€ über 200 Euro

Kreditkarte
Die gängigen Kreditkarten werden akzeptiert.
Schwimmbad
Mit Pool oder Hallenschwimmbad.
Wellness
Sauna, Wassermassage, Kosmetik.
Kinder
Spielplatz und Kinderermäßigung.
Parken
Bewachter Parkplatz im oder am Hotel.
Restaurant
Restaurant nicht nur für Hotelgäste.

Kastelruth: *Goldenes Rössl* €€
Krausplatz. **Straßenkarte** C3. ☎ *0471 706 337.* @ *cavallino@cavallino.it*
In dem am Hauptplatz gelegenen Haus aus dem 14. Jahrhundert ist jedes Zimmer verschieden. Zu den Gemeinschaftsräumen zählen zwei Stuben aus dem 17. Jahrhundert und antike Möbel. Das Frühstücksbüfett bietet hausgemachtes Gebäck, Speck und Käse. Private Ski- und Langlaufschule. **Zimmer:** *21*

Kolfuschg: *Cappella* €€€€
Peceistraße 17. **Straßenkarte** D2. ☎ *0471 836 183.* @ *info@planac.com*
Schönes Hotel mit Panoramablick und in der Hochsaison mit Animation. Idealer Ausgangsort für schöne Spaziergänge im nahen Wald und für Radtouren. Fahrradverleih in der Nähe. **Zimmer:** *36*

Moéna: *Catinaccio Rosengarten* €€
Via Someda 6. **Straßenkarte** C3. ☎ *0462 573 235.*
Garantierte Ruhe und Komfort in dem Hotel mit Bar, Restaurant und Kellerbar mit herzlicher Atmosphäre. Zentrale Lage mit Panorama. **Zimmer:** *42*

Moéna: *Monza* €€
Via Val Santa Maria 16. **Straßenkarte** C3. ☎ *0462 573 205.*
Freundliche und sehr gepflegte Zimmer. Gutes Restaurant, eigener Minibus, Mountainbikes für die Sportlichen. **Zimmer:** *22*

Seiser Alm: *Sporthotel Floralpina* €€
Saltria. **Straßenkarte** C2. ☎ *0471 727 907.* @ *info@floralpina.com*
Ideal für den Erholungsurlaub. Das Hotel bietet neben einem Tennisplatz eine gepflegte Küche (auch Diätküche). **Zimmer:** *48*

Seis am Schlern: *Bad Ratzes* €€€
Ratzesweg 29. **Straßenkarte** C2. ☎ *0471 706 131.* @ *info@badratzes.it*
Wiesen und Wälder umgeben diese friedliche Oase. Das Hotel bietet Animation und ist kinderfreundlich (Kinderwagen, Kraxen). **Zimmer:** *43*

Stern: *La Villa* €€€
Boscdaplanstraße 176. **Straßenkarte** D2. ☎ *0471 847 035.* @ *lavilla@altabadia.it*
Bed & Breakfast mit Hotelkomfort. Kegelbahn, Bocciaplatz, Schach im Garten. Großzügiges Frühstück. **Zimmer:** *27*

St. Christina: *Sporthotel Diamant* €€€
Skasastraße 1. **Straßenkarte** D2. ☎ *0471 796 780.*
Zum Hotel der Familie Mussner zählt das Vital Center Dòna Dìndia mit Heu- und Fangobädern, Aromatherapie und Kosmetik. Animation, Galadiner, Schlittenpartien und Ausflüge. **Zimmer:** *38*

St. Kassian: *Ciasa Salares* €€€€
Pre-De-Vi-Straße 31. **Straßenkarte** D2.
☎ *0471 849 445.* @ *salares@siriolagroup.it*
Nahe am Wald mit großem Garten, ein elegantes Hotel in der Nähe des Naturparks Fanes-Sennes-Prags; bietet Panoramablick und Ruhe, Boccia und Bikes. Das Restaurant La Siriola zählt zu den besten Italiens.
Zimmer: *43*

St. Kassian: *Armentarola* €€€€
Pre-De-Vi-Straße 12. **Straßenkarte** D2. ☎ *0471 849 522.* @ *info@armentarola.com*
Ideal für Liebhaber von Sport im Freien: Reiten, Tennis, Fahrradverleih, Golf, Wandern. Im Winter steht das Hotel direkt auf der Skipiste. Familie Wieser unterhält zudem eine sehr gepflegte Küche. **Zimmer:** *52*

St. Ulrich: *Classic Am Stetteneck* €€€
Reziastraße 14. **Straßenkarte** C2. ☎ *0471 796 563.*
Freundliches Hotel, Zimmer mit Parkett und Einbaumöbeln. Garten mit Liegen zum Sonnenbaden. Gäste können kostenlos an den Ausflügen der Skischule teilnehmen. **Zimmer:** *25*

	Kreditkarte	Schwimmbad	Wellness	Kinder	Parken	Restaurant
Kastelruth: Goldenes Rössl	●		●	■	●	■
Kolfuschg: Cappella	●		●	■	●	■
Moéna: Catinaccio Rosengarten	●	■	●	■	●	■
Moéna: Monza	●		●	■	●	■
Seiser Alm: Sporthotel Floralpina	●	■	●	■	●	■
Seis am Schlern: Bad Ratzes	●	■	●	■	●	■
Stern: La Villa	●		●	■	●	■
St. Christina: Sporthotel Diamant	●	■	●	■	●	■
St. Kassian: Ciasa Salares	●	■	●	■	●	■
St. Kassian: Armentarola	●	■	●	■	●	■
St. Ulrich: Classic Am Stetteneck	●			■	●	■

St. Ulrich: *Adler* €€€€
Reziastraße 7. **Straßenkarte** C2. ☎ *0471 775 000.* @ *info@hotel-adler.com*
Seit 1810 bietet Familie Sanoner außergewöhnliche Gastlichkeit. Große Zimmer, exzellentes Restaurant, Fitnesscenter und großer Park. Ausflüge mit Führer, im Winter auch geführte Skitouren. **Zimmer:** *49*

Tiers: *Cyprianerhof* €€€€
Zyprianstraße 88/a. **Straßenkarte** C3.
☎ *0471 642 143.* @ *hotel@cyprianerhof.com*
Das Hotel ist ein kleines Juwel mit gepflegten, freundlichen Zimmern. Durch die Fenster strömt der Duft des nahen Waldes, auf der Terrasse fantastischer Blick auf den Rosengarten. Frühstücksbüfett. **Zimmer:** *34*

Vigo di Fassa: *Parkhotel Corona* €€€€
Dolomitenstraße 8. **Straßenkarte** C3. ☎ *0462 764 211.*
Im Tiroler Stil, eines der renommiertesten Hotels in den Dolomiten. Familiäre Atmosphäre, exzellente Spezialitäten- und internationale Küche, Bar, Stube mit Ofen, Pianobar, Schwimmbad, Sauna, Sport- und Heilmassage, Solarium. **Zimmer:** *60*

Völs am Schlern: *Heubad* €€
Schlernstraße 13. **Straßenkarte** C3. ☎ *0471 725 020.* @ *hotel.heubad@dnet.it*
Freundlich, mit großen Zimmern, ideal, um sich in Form zu bringen: Heubad, Sauna, gute Küche und reichliches Frühstück. **Zimmer:** *43*

Völs am Schlern: *Romantik Hotel Turm* €€€
Kirchplatz 9. **Straßenkarte** C3. ☎ *0471 725 014.* @ *info@hotelturm.it*
Das Bauwerk aus dem 13. Jahrhundert war Burg, Gericht und Gefängnis. Heute ist es ein freundliches Hotel mit gepflegten Zimmern und bemalten oder schmiedeeisernen Türen. **Zimmer:** *26*

Welschnofen: *Angelo Hotel Engel* €€€
Valentinstraße 3. **Straßenkarte** C3. ☎ *0471 613 131.* @ *hotel.engel@acs.it*
Das freundliche Hotel bietet einen Aufenthaltsraum mit Kamin, Bar-Stube und hervorragendem Restaurant. Henry-Chenot-Behandlungen, Massagen, ätherische und Heubäder. Tennis, Golf und Mountainbikes. **Zimmer:** *70*

Wolkenstein: *Alpenroyal Sporthotel* €€€€€
Meisulesstraße 43. **Straßenkarte** C2. ☎ *0471 795 178.* @ *info@alpenroyal.com*
Zu dem Hotel mit 15 000 Quadratmeter großem Park gehören das Beautycenter Eghes, beheiztes Schwimmbad, Dampfbad, Liegewiese, Golfplatz mit Lehrer und Billardzimmer. Gepflegte Zimmer meist mit Balkon. **Zimmer:** *39*

Marmolada, Palagruppe, Belluneser Dolomiten

Agordo: *Erice* €€
Via IV Novembre 13/b. **Straßenkarte** D3. ☎ *0437 650 11.*
Kleines Berghotel, ruhige Lage in einem schönen Garten. Herzliche Gastlichkeit und bürgerliche Küche. **Zimmer:** *15*

Agordo: *Villa Imperina* €€
Via Pragrande 5. **Straßenkarte** D3. ☎ *0437 620 46.* @ *hotelimperina@dolomiti.it*
Die in einem Park gelegene Villa von 1870 bietet einen herrlichen Blick auf die Berge. Sehr gepflegte Zimmer, besonders die Suiten. Exzellente Küche. Im Nebenhaus Apartments. **Zimmer:** *32*

Alleghe: *Alpenrose* €€
Via Coldai 85. **Straßenkarte** D3. ☎ *0437 723 647.* @ *hotelalpenrose@dolomiti.it*
Freundliche und familiäre Atmosphäre, schöne Naturlage. Die hübschen Zimmer verbinden geschickt Altes und Moderne, haben fast alle Blick auf den Lago di Alleghe. Das Restaurant serviert einheimische Spezialitäten. **Zimmer:** *22*

Alleghe: *Sport Europa* €€
Via Europa 10. **Straßenkarte** D3. ☎ *0437 523 362.* @ *eurhotel@dolomites.com*
Familie Case führt das Hotel am Ufer des Lago di Alleghe. Komfortable Zimmer mit sehr schönen Badezimmern. Schöne Gemeinschaftsräume, hervorragendes Frühstücksbüfett. **Zimmer:** *36*

Alleghe: *Valgranda* €€
Corso Italia 15. **Straßenkarte** D3.
☎ *0437 523 342.* @ *albergovalgranda@dolomiti.it*
Ein neues Hotel im Familienbetrieb. Die Küche serviert regionale Spezialitäten und exzellente Kuchen. Nahe dem Lago di Alleghe. **Zimmer:** *10*

Zeichenerklärung siehe hintere Umschlagklappe

Preiskategorien für ein Doppelzimmer, Frühstück inbegriffen, einschließlich Service, Abgaben und Mehrwertsteuer:

€ unter 50 Euro
€€ 50–100 Euro
€€€ 100–150 Euro
€€€€ 150–200 Euro
€€€€€ über 200 Euro

Kreditkarte
Die gängigen Kreditkarten werden akzeptiert.
Schwimmbad
Mit Pool oder Hallenschwimmbad.
Wellness
Sauna, Wassermassage, Kosmetik.
Kinder
Spielplatz und Kinderermäßigung.
Parken
Bewachter Parkplatz im oder am Hotel.
Restaurant
Restaurant nicht nur für Hotelgäste.

Falcade: *Molino* €€
Via Scala 16. **Straßenkarte** D3. ☎ *0437 599 070.* @ *hotelmolino@dolomiti.it*
Berghotel im Grünen, Zimmer mit Panoramabalkonen, angeboten werden auch sehr luxuriöse Suiten. Candlelight Dinner im Restaurant, danach Unterhaltung in der Pianobar. **Zimmer:** *48*

Falcade: *Savoia* €
Via Masarè 3. **Straßenkarte** D3. ☎ *0437 523 323.* @ *hotelsavoia@dolomiti.it*
Das von Familie Riva geführte Hotel am Lago di Alleghe umgibt ein schöner Garten. Die Zimmer sind mit Panoramablick und Balkon, der Speisesaal ist mit viel Holz ausgestattet. **Zimmer:** *51*

Feltre: *Doriguzzi* €€
Viale Piave 2. **Straßenkarte** D4. ☎ *0439 2003.*
Nahe der Altstadt in einem alten Palazzo. Die Zimmer sind groß und komfortabel, die Gemeinschaftsräume gepflegt und geschmackvoll eingerichtet. Aufmerksamer Service. **Zimmer:** *23*

Rocca Pietore: *Rosalpina* €€
Via Bosco Verde 21. **Straßenkarte** D3.
☎ *0437 722 004.* @ *rosalpin@marmolada.com*
Stilvolles Hotel in Dolomitenlandschaft, mit komfortablen Zimmern. Familie De Lazzer bietet herzliche Gastlichkeit und eine gute Küche. Mountainbikes verfügbar, großer Spielplatz. **Zimmer:** *30*

Rocca Pietore: *Sporthotel Toler* €€
Loc. Bosco Verde, via Marmolada 12. **Straßenkarte** D3.
☎ *0462 573 235.* @ *toler@sunrise.it*
Kleines Hotel im Grünen mit ruhigen Zimmern. Im Park Tennis, Fußball, Kinderspielplatz. Pianobar. **Zimmer:** *25*

San Martino di Castrozza: *Cristallo* €
Via Passo Rolle 51. **Straßenkarte** D4.
☎ *0439 681 34.* @ *hotelcristallo@famigliataufer.it*
Das ruhige, sonnig gelegene Hotel bietet einen Panoramablick auf die Pala-Gruppe. Sauna, Wassermassage. Gepflegte Spezialitätenküche. **Zimmer:** *25*

San Martino di Castrozza: *Rosetta* €€
Via Passo Rolle 151. **Straßenkarte** D4.
☎ *0439 768 622.* @ *hotelrosetta@famigliataufer.it*
Zentral gelegenes Hotel mit komfortablen Zimmern im alpinen Stil, fast alle mit Balkon. Abends Diskothek. **Zimmer:** *55*

San Martino di Castrozza: *San Martino* €€
Via Passo Rolle 271. **Straßenkarte** D4.
☎ *0439 680 11.* @ *hotelsanmartino@primiero.it*
Am Wald gelegenes Hotel mit Tennisplatz, Volleyballfeld, Tischtennis, Billard-Raum. Die Zimmer sind groß und gepflegt, im Aufenthaltsraum steht ein schöner Ofen. Ausflüge in den Naturpark und auf die Alm. **Zimmer:** *48*

San Martino di Castrozza: *Des Alpes* €€€
Via Passo Rolle 118. **Straßenkarte** D4.
☎ *0439 769 069.* @ *informazioni@hoteldesalpes.it*
Gut eingerichtete Zimmer, das Restaurant »La Canisela« serviert exzellente Traditionsküche. Animation und Skirennen, Turniere und Wandertouren. Lesesaal. **Zimmer:** *49*

Zoldo Alto: *Corona* €€
Ortsteil Mareson, Viale Dolomiti 11. **Straßenkarte** E3. ☎ *0437 789 290.*
Rustikales Hotel, die gepflegten, geräumigen Zimmer bieten Balkone mit Bergblick. Schöner Aufenthaltsraum mit Ofen.
Zimmer: *40*

	Kreditkarte	Schwimmbad	Wellness	Kinder	Parken	Restaurant
Falcade: Molino	●	■	●	■	●	■
Falcade: Savoia	●			■	●	■
Feltre: Doriguzzi	●	■	●	■	●	■
Rocca Pietore: Rosalpina	●		●	■	●	■
Rocca Pietore: Sporthotel Toler	●		●	■	●	■
San Martino di Castrozza: Cristallo	●			■	●	■
San Martino di Castrozza: Rosetta	●			■	●	■
San Martino di Castrozza: San Martino	●	■	●	■	●	■
San Martino di Castrozza: Des Alpes	●	■	●	■	●	■
Zoldo Alto: Corona	●				●	■

Cortina und das Cadore

Auronzo di Cadore: *La Montanina* €€
Via Monti 3. **Straßenkarte** E2. ☎ *0435 400 005.* @ *hotelmolino@dolomiti.it*
Kleines, familiäres Hotel mit gepflegten Zimmern, fast alle mit Balkon. Bocciaplatz und Mountainbikes. **Zimmer:** *17*

Cortina: *Baita Fraina* €€
Ortsteil Fraina 1. **Straßenkarte** E2. ☎ *0436 36 34.* @ *bfraina@sunrise.it*
Kleine Residenz nahe der Stadt, mit guter Küche und großem Park. Gut eingerichtete Zimmer. **Zimmer:** *4*

Cortina: *Montana* €€€
Corso Italia 94. **Straßenkarte** E2. ☎ *0436 862 126.*
In der Fußgängerzone gelegenes einfaches Hotel, mit Zimmern im alpinen Stil, einige sind verbunden und für Familien geeignet. Hervorragendes Frühstück. Im Winter Skiraum mit Bank zum Skiwachsen. **Zimmer:** *30*

Cortina: *Hotel Ambra* €€€
Via XXIX Maggio 28. **Straßenkarte** E2. ☎ *0436 867 344.* @ *hambra@sunrise.it*
Das Hotel in einem alten Gebäude ist ganzjährig geöffnet. Freundliche Zimmer im alpinen Stil, mit Teppichboden. **Zimmer:** *25*

Cortina: *Menardi* €€€
Via Majon 110. **Straßenkarte** E2. ☎ *0436 24 00.* @ *hmenardi@sunrise.it*
Schöner Garten, freundliche Zimmer im alpinen Stil, geschmackvolle Gemeinschaftsräume mit alten Drucken und Blumengestecken. **Zimmer:** *49*

Cortina: *Franceschi Park* €€€€
Via C. Battisti 86. **Straßenkarte** E2. ☎ *0436 867 041.* @ *hotelmolino@dolomiti.it*
Faszinierendes Haus im Zentrum, mit Park. Seit 1923 im Familienbesitz. Stube, gepflegte Gemeinschaftsräume, abends Animation und Bar. **Zimmer:** *49*

Cortina: *Hotel Ancora* €€€€€
Corso Italia 62. **Straßenkarte** E2. ☎ *0436 32 61.* @ *info@hotelancoracortina.com*
Das Hotel von 1826 zählt zu den schönsten in Cortina. Zimmer mit Antiquitäten, Teesalon im Biedermeier-Stil. Sehr luxuriöse Suiten, ausgezeichnete Küche, Kinderschwimmbad, Wellnesscenter im Bau. **Zimmer:** *49*

Cortina: *Lajadira* €€€€
Via Riva 43. **Straßenkarte** E2. ☎ *0436 57 45.*
Kleines Hotel im Chalet-Stil bei einem schönen Garten, komfortable Zimmer. Im Winter mit Skidepot. **Zimmer:** *23*

Cortina: *Bellevue* €€€€€
Corso Italia 197. **Straßenkarte** E2. ☎ *0436 883 400.* @ *hotelmolino@dolomiti.it*
Freundliche, herzliche Atmosphäre, geschmackvolle Zimmer mit Safe und Videorecorder. Babysitter-Service, im Winter Skidepot. **Zimmer:** *65*

Cortina: *Grand Hotel Savoia* €€€€€
Via Roma 112. **Straßenkarte** E2. ☎ *0436 32 01.* @ *ghsavoia@sunrise.it*
Großes Traditionshotel mit elegantem und komfortablem Ambiente. Abends Bar und Diskothek. **Zimmer:** *139*

Cortina: *Miramonti Majestic* €€€€€
Via Pezziè 103. **Straßenkarte** E2. ☎ *0436 42 01.*
Ein Wahrzeichen von Cortina, hier gastieren immer Prominente. Bietet Kegelbahn, Billard, Präsidentensuite und Luxuszimmer. **Zimmer:** *105*

San Vito di Cadore: *Cima Belprà* €€
Via P. F. Calvi 1. **Straßenkarte** E3. ☎ *0436 890 441.*
Berghotel mit Panoramabalkonen. Seit 1935 von Familie Boscarato mit herzlicher Gastlichkeit geführt. Zwei Restaurants, Kellerbar und Bar. **Zimmer:** *41*

San Vito di Cadore: *Ladinia* €€€
Via Ladinia 14. **Straßenkarte** E3. ☎ *0436 890 450.*
Hotel mit freundlichen Zimmern und grandiosem Panorama. Tennisplatz und Fitnesscenter. **Zimmer:** *36*

Sappada: *Bellavista* €€
Via Cima 35. **Straßenkarte** F2. ☎ *0435 469 175.*
Familienbetrieb ganz in der Nähe der Seilbahnen und Talabfahrten. Einheimische Küche und gepflegte Zimmer, Mountainbikes. **Zimmer:** *24*

Zeichenerklärung siehe hintere Umschlagklappe

Preiskategorien für ein Doppelzimmer, Frühstück inbegriffen, einschließlich Service, Abgaben und Mehrwertsteuer:

- € unter 50 Euro
- €€ 50–100 Euro
- €€€ 100–150 Euro
- €€€€ 150–200 Euro
- €€€€€ über 200 Euro

KREDITKARTE
Die gängigen Kreditkarten werden akzeptiert.
SCHWIMMBAD
Mit Pool oder Hallenschwimmbad
WELLNESS
Sauna, Wassermassage, Kosmetik.
KINDER
Spielplatz und Kinderermäßigung.
PARKEN
Bewachter Parkplatz im oder am Hotel.
RESTAURANT
Restaurant nicht nur für Hotelgäste.

SAPPADA: *Haus Michaela* €€
Borgata Fontana 40. **Straßenkarte** F2. ☎ *0435 469 377.*
Kleines freundliches Hotel in Panoramalage und nahe den Seilbahnen. Mountainbike-Verleih. **Zimmer:** *14*

SELVA DI CADORE: *Nigritella* €€
Santa Fosca 17. **Straßenkarte** F2. ☎ *0437 720 041.* @ *nigritella@dolomiti.com*
Freundliches, sehr ruhig gelegenes Hotel. Während der Saison Animation. **Zimmer:** *59*

EISACKTAL UND PUSTERTAL

BRIXEN: *Dominik* €€€
Unterdrittelgasse 13. **Straßenkarte** C2. ☎ *0472 830 144.* @ *info@hoteldominik*
Elegant und freundlich mit geschmackvollen Zimmern und exzellentem Restaurant. Für winterliche Ski- oder sommerliche Wanderurlaube gleichermaßen gut geeignet. **Zimmer:** *44*

BRIXEN: *Elephant* €€€
Weißlahnstraße 4. **Straßenkarte** C2. ☎ *0472 832 750.* @ *elephant.brixen@acs.it*
Freundliches Hotel mit gutem Restaurant und schönem Panorama. Gepflegte Zimmer mit Parkett oder Teppichboden. Im Park zwei Tennisplätze, Fahrräder für Gäste. **Zimmer:** *44*

BRUNECK: *Petrus* €€
Reischach, Reinthalstraße 11. **Straßenkarte** D1.
☎ *0474 548 263.* @ *petrus@pass.dnet.it*
Typisches Alpenhotel nahe der Seilbahn auf dem Kronplatz. Panoramaterrasse zum Sonnen, gepflegte Zimmer mit massiven Holzmöbeln. **Zimmer:** *33*

BRUNECK: *Royal Hinterhuber* €€€€
Reischach, Riedstraße 1/a. **Straßenkarte** D1.
☎ *0474 541 000.* @ *info@royal-hinterhuber.com*
Das von zehn Hektar Grünfläche umgebene Hotel bietet behagliche Zimmer und eine schöne Stube, zwei Tennisplätze und Shuttle zu den Seilbahnen. **Zimmer:** *55*

INNICHEN: *Weißes Rössl* €€€
Herzog-Tassilo-Str. 1. **Straßenkarte** E2. ☎ *0474 913 135.* @ *cavallino.bianco@dnet.it*
Familienbetrieb seit der Mitte des 18. Jahrhunderts, in der Nähe der Fußgängerzone. Im Keller von 1609 residiert ein renommiertes Restaurant mit Ofen und klassischer Stube. Bowling, Tischtennis, Billard. **Zimmer:** *56*

INNICHEN: *Posthotel & Residence* €€€
Sextenstraße 1. **Straßenkarte** E2. ☎ *0474 913 133.* @ *posthotel@dnet.it*
Alteingesessener Familienbetrieb, Restaurant mit einheimischer Küche, schöner Stube, Pianobar, Sonnenterrasse mit Blick auf die Dolomiten. Zum Hotel gehört die Postresidence mit unterschiedlich großen Apartments. **Zimmer:** *48*

INNICHEN: *Schmieder* €€€
Herzog-Tassilo-Str. 16. **Straßenkarte** E2.
☎ *0474 913 144.* @ *hotel.schmieder@dnet.it*
Charmantes Hotel mitten in Wiesen, mit gemütlichen Zimmern, Bibliothek, Jugendstil-Teesalon. Nur 100 Meter entferntes Schwimmbad. **Zimmer:** *25*

INNICHEN: *Parkhotel Sole Paradiso* €€€€
Sextenstraße. **Straßenkarte** E2. ☎ *0474 913 120.* @ *parkhotel@sole-paradiso.com*
Schönes Alpenhotel in einem ehemaligen Bauernhof des 19. Jahrhunderts, auf einer Waldlichtung. Schwimmbad mit dem Thermalwasser aus Innichen. Geführte Rad- und Wandertouren. **Zimmer:** *42*

	KREDITKARTE	SCHWIMMBAD	WELLNESS	KINDER	PARKEN	RESTAURANT
Sappada: Haus Michaela	●	■	●		●	■
Selva di Cadore: Nigritella	●	■	●	■	●	■
Brixen: Dominik	●	■	●	■	●	■
Brixen: Elephant	●	■	●	■	●	■
Bruneck: Petrus	●	■	●	■	●	■
Bruneck: Royal Hinterhuber	●	■	●		●	■
Innichen: Weißes Rössl	●	■	●	■	●	■
Innichen: Posthotel & Residence	●	■	●	■	●	■
Innichen: Schmieder	●			■	●	■
Innichen: Parkhotel Sole Paradiso	●	■	●	■	●	■

INNICHEN: *Grauer Bär* €€€
Rainerstraße 2. **Straßenkarte** E2. *0474 913 115.* *info@orsohotel.it*
Kleines Hotel im Ortskern. Antiquitäten, Biedermeier-Möbel im Lesesaal. Gutes Restaurant. Die Zimmer und die Bäder sind sehr gepflegt. **Zimmer:** *24*

MÜHLBACH: *Alpenhof* €€
Meransen. **Straßenkarte** C2. *0472 520 252.* *residence.alpenhof@dnet.it*
Apartmenthotel in einem 5000 Quadratmeter großen Park. Die großen, gepflegten Apartments bieten jeden Komfort. **Zimmer:** *48*

MÜHLBACH: *Huber* €€
Vals 38. **Straßenkarte** C2. *0472 547 186.* *hotelhuber@d.net*
Der Familienbetrieb steht im Winter praktisch auf der Piste und ist im Sommer ein guter Ausgangspunkt für Wanderungen. Großer Aufenthaltsraum mit Kamin, abends Animation. **Zimmer:** *34*

PRAGS: *Erika* €€
Außerprags 66. **Straßenkarte** C2. *0474 748 684.*
Hotel in Panoramalage, Restaurant mit bürgerlicher Küche. **Zimmer:** *28*

ST. MARTIN IN THURN: *Putia* €
Untermoi 55. **Straßenkarte** D2. *0474 520 114.* *info@putia.com*
Neues Hotel mit großem Kaminsaal, Zimmern mit Aussicht und schöner Sonnenterrasse; in der Nähe ist ein Babylift. Animation. **Zimmer:** *22*

SEXTEN: *Kreuzberger Pass* €€€
St.-Josef-Straße 55. **Straßenkarte** E2.
0474 710 328. *kreuzbergpass@acomedia.it*
Inmitten von Bergwiesen gelegen, mit Skischule und in nächster Nähe zu den Pisten. Im Sommer Golf und Tennis. Erstklassige Küche. **Zimmer:** *55*

SEXTEN: *Rainer* €€
St.-Josef-Straße 40. **Straßenkarte** E2. *0474 710 366.* *info@hotelrainer.com*
Gastlichkeit und der Dolomitenblick sind die Merkmale des Hotels. Heubäder im Wellnesscenter und Brotbackkurse. **Zimmer:** *49*

SEXTEN: *Sport & Kurthotel Bad Moos* €€€
Moos, Fischleintalstraße 27. **Straßenkarte** E2.
0474 713 100. *badmoos@dnet.it*
Das Hotel ist eng verbunden mit den 1765 entdeckten Schwefelquellen des »Moosbades«. Hervorragendes Wellnesscenter, renommierte Küche. Abends Bar und Lokal mit Diskothek. **Zimmer:** *70*

ST. VIGIL IN ENNEBERG: *Almhof Hotel Call* €€€
Plazoresstr. 8. **Straßenkarte** D2. *0474 501 043.* *info@almhof-call.com*
Sehr schönes Alpenhotel, organisiert auch Ausritte auf Isländer-Pferden. Leckere und gesunde Vitaminbar. **Zimmer:** *33*

ST. VIGIL IN ENNEBERG: *Hotel Monte Sella* €€€
Katharina-Lanz-Str. 110. **Straßenkarte** D2. *0474 501 034.*
info@monte-sella.com
Geschmackvolles Jugendstil-Hotel mit großen Lokalen und »grüner« Küche. Häufig organisierte Ausflüge und Unterhaltungsangebot. **Zimmer:** *30*

TOBLACH: *Gratschwirt* €€
SS 49, Gratsch 1. **Straßenkarte** E2. *0474 972 293.*
Im alpinen Stil in Panoramalage, aufmerksam und freundlich geführtes Hotel. Gutes Restaurant mit Stube, regionaler und Diätküche. **Zimmer:** *20*

TOBLACH: *Alpen Ratsberg* €€
Radsbergstraße 12. **Straßenkarte** E2.
0474 972 213. *info@alpenhotel-ratsberg.com*
Zimmer mit wunderschönem Panoramablick, hier wird großer Wert auf Wohlbefinden gelegt. Im Winter Schlittenfahren und Eisstockschießen. **Zimmer:** *29*

TOBLACH: *Santer* €€€
Alemagnastraße 4. **Straßenkarte** E2. *0474 972 142.* *hotel_santer@pass.dnet.it*
Gemütliches Hotel mit schönem Garten, im Sommer gut zum Sonnen. **Zimmer:** *53*

VILNÖSS: *Ranuimullerhof* €
St.-Magdalena-Straße 39. **Straßenkarte** E4. *0472 840 182.*
Familienbetrieb nahe einem Wald mit exzellenter, authentischer Küche. Verleih von Mountainbikes und im Winter von Schlitten. **Zimmer:** *22*

Zeichenerklärung siehe hintere Umschlagklappe

Restaurants

Jagdtrophäen im Restaurant St. Hubertus

Selbst die einfachsten Familienbetriebe kochen mit größter Sorgfalt – es ist wirklich schwierig, in den Dolomiten nicht gut zu speisen. In jedem noch so kleinen Dorf serviert ein Restaurant oder eine Gastwirtschaft lokale Spezialitäten, oft kann man diese im Freien mit Panoramablick genießen. In den größeren Orten und Urlaubszentren helfen preiswerte Pizzerien schnell gegen den Hunger. Auf gute und nicht teure Küche treffen Wanderer (und Seilbahnfahrer) zudem auf den Almen, Hütten und Bergrestaurants. Den süßen Hunger stillt man dagegen in den vielen Bars und Konditoreien. Dort kann man frühstücken oder sich nach mehr oder minder exzessivem Sporteln mit heißer Schokolade stärken.

Restaurants

In allen Urlaubsorten residieren elegante Restaurants, die eine exzellente Küche bieten. Die besten finden sich in Cortina und im Gadertal (Abteital), etwa das Siriola in St. Kassian oder das Tivoli und das Baita Fraina in Cortina. In vielen Lokalen werden auch Fischgerichte gereicht, so beispielsweise im Meloncino in Cortina oder im Turm in Völs am Schlern.

In bäuerlichen Gaststätten wie etwa Pacher in Neustift wird bürgerliche Hausmannskost mit einem in der Regel guten Preis-Leistungs-Verhältnis serviert. Auch die Hotelrestaurants bieten üblicherweise gute Qualität. Empfehlenswert ist etwa das La Stua di Michil des Hotels La Perla in Corvara und das Restaurant des Hotel Adler in St. Ulrich. Viele Häuser bieten zudem Diätküche, dies gilt beispielsweise für die Lokale der Hotelkette Belvita Hotels, wo sich die Gäste ihren persönlichen Speiseplan zusammenstellen. Kinder heißen die Familienhotels ganz besonders willkommen, und auch die Küche ist auf die Bedürfnisse der kleinen Gäste eingestellt. Kinderfreundlichkeit wird jedoch in allen Restaurants der Dolomiten groß geschrieben: Kindergerichte und -portionen sind die Regel. Und auch Vegetarier müssen nicht hungern, bietet die alpine Küche doch viele Käse- und Gemüsegerichte, leckere fleischlose Spezialitäten sowie die allgegenwärtige Polenta.

Das Hotel La Perla in Corvara

Preise und Trinkgeld

Die Preise in den Restaurants variieren erheblich. Je nach Lokalität muss man für eine dreigängige Mahlzeit mit 15 bis 25 € rechnen, in den Luxusrestaurants etwa der großen Hotels beginnt die Preisskala bei rund 100 € und ist nach oben offen ... Preiswerter stillt man seinen Hunger in Pizzerien, wo man für 10 € satt wird, und auch auf den Hütten sind die Preise gemäßigt.

Häufig wird auf der Rechnung nur der Gesamtpreis angegeben, ohne die einzelnen Posten aufzuführen. Aufgelistet sind jedoch in der Regel die Kosten für Gedeck und Service. Trotzdem ist ein Trinkgeld von etwa 10 Prozent üblich.

In den meisten Restaurants und Lokalen werden die gängigen Kreditkarten akzeptiert. In Bars, Cafés und in den kleinen Familienbetrieben bezahlt man dagegen üblicherweise bar.

Tafelfreuden im Baita Fraina in Cortina

Und auf der Alm ...

Im rustikalen, freundlichen Ambiente schmecken Speck und andere lokale Spezialitäten – Käse aus der Region, Polenta mit Steinpilzen, Wild, Schweinshaxe und Knödel. Richtige »Feinschmeckerhütten« sind die

Die Weinbar Piz La Ila, Alta Badia

Capanna Cervino in San Martino di Castrozza und der Rifugio Gardeccia in Pozza di Fassa. Einige Hütten servieren sogar frischen gegrillten Meeresfisch (beispielsweise der Rifugio Emilio Comici in Wolkenstein). Den kleinen Hunger stillen dagegen auch leckere Kuchen.

Behinderte Reisende

Am besten bittet man schon bei der Reservierung um einen geeigneten Tisch und erkundigt sich nach der behindertengerechten Ausstattung. Diese können neuere und Hotelrestaurants in der Regel aufweisen, aber auch viele andere Lokale sind für Rollstuhlfahrer problemlos zugänglich.

Öffnungszeiten

In Südtirol ist von 12 bis 14 Uhr Mittagszeit, das Abendessen wird zwischen 19 und 21 Uhr serviert. In den anderen Regionen gelten längere und flexiblere Essenszeiten. Die meisten Lokale haben außer in der Hochsaison einen Ruhetag und schließen üblicherweise im Frühjahr oder Herbst für eine gewisse Zeit.

Reservierungen

Sommers wie winters sind in den Restaurants am Abend oft alle Tische besetzt. Besser reserviert man also auch in den preiswerteren Gaststätten einen Tisch oder kommt früh. Darüber hinaus empfiehlt sich auch für manche Spezialitäten eine Vorbestellung.

Typische Speisen

Vielfältige Brotsorten

Einfache, gehaltvolle Speisen sind typisch für die Küche der Dolomiten *(siehe S. 36f)*. Zu ihr zählen Knödel und Suppen ebenso wie Polenta aus Maismehl, mit Buchweizen oder anderen Zutaten. In Südtirol isst man auch gerne Schweinefleisch und Speck, verwendet zudem mit Vorliebe Äpfel für Süßspeisen, in Vorspeisen oder als Beilage.

In der ganzen Region weist die Küche aus historischen Gründen einen starken österreichischen Einfluss auf. Das zeigen etwa die die vielen Knödelarten, die verschiedenen Bratensorten (Schwein, Rind, Wild) oder süße Leckereien wie das »Zelten« genannte Früchtebrot zur Weihnachtszeit. Typisch sind zudem Teigtaschen wie die Schlutzkrapfen oder Nocken mit Spinat, Quark (Topfen), Käse sowie köstliche Würste. Viele Restaurants servieren Forellen und andere Süßwasserfische oder frischen Meeresfisch. Aber auch Käseliebhaber kommen hier auf ihre Kosten. Auf den Almen wird eine bunte Vielfalt von Bergkäsespezialitäten produziert, so der mit aromatischen Kräutern gewürzte *sigher* oder die geräucherte *puina*. Die Region bietet zudem eine breite Auswahl an Weinen, die vorwiegend aus dem Eisack- und dem Etschtal oder von den Hügeln des Veneto stammen. Die meisten Lokale bieten einen Hauswein an.

Bars und Konditoreien

Besonders in den Bergdörfern haben die Lokale eine gemütliche Stube, in der im Winter ein Holzofen bullert. Die Bars sucht man zum Frühstück oder Aperitif auf, aber auch zu heißer Schokolade und Apfelstrudel (besonders im Winter!). In vielen Bars mit Gastraum kann man zudem zur Jause einen Wurst- oder Käseteller bestellen. In den Konditoreien lockt dagegen ein breites Kuchen- und Gebäckangebot.

Frühstück

Bars und Konditoreien bieten eine bunte Auswahl an Kuchen und Gebäck, dazu gibt es Kaffee (Cappuccino, Espresso). In den Hotels wird entweder das übliche Frühstück mit Brot, Brötchen, Kaffee und Tee serviert oder man kann sich an einem Büfett selbst bedienen. Die Auswahl reicht dann von Joghurt und Müsli über Eier, Wurst und Käse bis hin zu Apfelkuchen und Strudel.

Beim Aperitif an der Hotelbar

Restaurantauswahl

Die hier aufgeführten Restaurants wurden aufgrund ihres Angebots, ihrer guten Ausstattung und ihrer schönen Lage ausgewählt. Viele Lokale haben während der Hochsaison im Sommer und Winter keinen Ruhetag. Innerhalb der fünf Regionen sind die Restaurants nach Standort und Preiskategorie geordnet.

	Kreditkarte	Kinder	Tagesmenü	Degustationsmenü	Gute Weinkarte	Tische im Freien
Brentagruppe						
Carisolo: *All'Antica Segheria* €€ Via Campiglio 2. **Straßenkarte** A4. *0465 500 612.* Typisches Lokal mit hervorragenden Pizzen und Trentiner Gerichten, etwa Polenta, Pilze, Wild und hausgemachte Süßspeisen. **Plätze:** *200.* *Mo, Nov.*	●	■			●	■
Madonna di Campiglio: *Artini* €€ Via Cima Tosa 47. **Straßenkarte** A4. *0465 440 122.* Holzofenpizza und leckere Gerichte, etwa Wild, Wurst und Speck, Hirschsteaks. **Plätze:** *150.* *Mi, Frühjahr und Herbst.*	●	■	●	■	●	
Madonna di Campiglio: *Palù della Fava* €€ Ortsteil Campo Carlo Magno, Via Pian d. Frari 40. **Straßenkarte** A4. *0465 440 400.* Rustikales Restaurant mit traditionellen Trentiner Gerichten: Strangolapreti, Wurst, Knödel, hausgemachte Süßspeisen. **Plätze:** *70.* *Mi, Mai, Juni, Okt, Nov.*	●		●	■	●	■
Madonna di Campiglio: *Piccadilly* €€ Via Vallesinella 19. **Straßenkarte** A4. *0465 440 235.* *hotbertelli@campiglio.net* Restaurant und Pizzeria mit Garten, Spezialitäten: Hirsch-Carpaccio, geräucherte Lachsforelle, Kartoffelplätzchen mit Puzzone di Moéna, Wildschweinravioli mit Trüffelsoße. **Plätze:** *140.* *Frühjahr und Herbst.*	●				●	■
Madonna di Campiglio: *Pradalago* €€ Ortsteil Pradalago. **Straßenkarte** A4. *0465 442 388.* Panoramablick auf die Brenta und traditionelle Gerichte: Spätzle, Pilzsuppe, Reh mit Wacholder, Polenta mit Wurst und Pilzen. **Plätze:** *120.* *Mai, Juni, Okt.*	●	■			●	■
Madonna di Campiglio: *Ristorante del Fondista* €€ Campo Carlo Magno. **Straßenkarte** A4. *0465 446 073.* Beim Blick auf das Val Gelada und die Brentagruppe genießt man hier originelle Küche, etwa Risotto mit Beeren, Reh in Pinotsoße, Lachsforellenfilet mit Wacholderbeeren und Thymian. **Plätze:** *61.* *1. Mai–20. Juni.*	●	■	●	■	●	■
Madonna di Campiglio: *Stube Diana* €€ Via Cima Tosa 52. **Straßenkarte** A4. *0465 441 011.* *info@hoteldiana.net* Alpines Lokal mit einheimischen Spezialitäten. Lecker: gemischter Grillteller, Hirschkotelett oder Pfifferlinge. **Plätze:** *60.* *im Sommer variabel.*	●				●	
Madonna di Campiglio: *Viviani Pradalago* €€ An der Seilbahn zum Pradalago. **Straßenkarte** A4. *0465 441 200.* Gegenüber der Brenta steht diese Hütte auf einer Skipiste. Typische Trentiner Küche mit Polenta und Pilzen, Reh, Gemüsesuppe und hausgemachten Süßspeisen. **Plätze:** *350.* *Frühjahr und Herbst.*	●					■
Madonna di Campiglio: *Malga Montagnoli* €€€ Ortsteil Montagnoli. **Straßenkarte** A4. *0465 443 355.* Die Berghütte steht im Winter direkt an der Piste und ist im Sommer mit dem Auto von Campo Carlo Magno erreichbar. Mittags Selbstbedienung, abends Restaurant mit traditionellen Trentiner Gerichten. **Plätze:** *350.* *Mai, Okt.*	●	■	●	■	●	■
Madonna di Campiglio: *Cascina Zeledria* €€€ Ortsteil Campo Carlo Magno, Via Zeledria. **Straßenkarte** A4. *0465 440 117.* Panoramablick auf die Brenta und Spezialitäten wie Pilzrisotto, Pfifferlingsuppe, hausgemachte Gnocchi, Rehragout, Fleischplatte. **Plätze:** *100.* *Okt, Nov, Mai, Juni.*	●		●		●	■
Madonna di Campiglio: *Da Alfiero* €€€ Via Vallesinella 5. **Straßenkarte** A4. *0465 440 117.* Im Zentrum von Madonna bietet das Restaurant traditionelle Küche, etwa Wurst, Pasta mit Pilzen, Ravioloni mit Ricotta, Tagliata vom Rind. **Plätze:** *90.* *variabel.*	●	■	●	■	●	

Preiskategorien für ein Drei-Gänge-Menü mit Getränken:

- € unter 15 Euro
- €€ 15–25 Euro
- €€€ 25–40 Euro
- €€€€ 40–50 Euro
- €€€€€ über 50 Euro

KREDITKARTE Zumindest gängige Kreditkarten werden akzeptiert.
KINDER Gerichte oder Portionen für Kinder (ermäßigt).
TAGESMENÜ Günstiges Menü aus ausgewählten Gerichten.
DEGUSTATIONSMENÜ Auswahl aus verschiedenen Spezialitäten.
GUTE WEINKARTE Gepflegte Auswahl an nicht nur regionalen Weinen.
TISCHE IM FREIEN Lokal mit Terrasse oder Garten.

Restaurant	Kreditkarte	Kinder	Tagesmenü	Degustationsmenü	Gute Weinkarte	Tische im Freien
MADONNA DI CAMPIGLIO: *Hermitage* €€€ Via Castelletto Inferiore 63. **Straßenkarte** A4. *0465 441 558.* @ *info@chalethermitage.com* Typische Spezialitäten wie *luganega* aus dem Val Rendena, gefüllte Ravioloni, Gulasch, Hirschgerichte und hausgemachte Süßspeisen. Auf der Terrasse Blick auf die Gipfel der Brenta. **Plätze:** *30.* ● *15. Apr–25. Juni, Okt, Nov.*	●	■		■	●	■
MALÉ: *Segosta* €€ Via Trento 59. **Straßenkarte** A3. *0463 901 390.* Trentiner Tradition pur von der Inneneinrichtung bis zur Küche. Herzliche Atmosphäre. **Plätze:** *180.* ● *Mo abends, Di, Juni, 20. Sep–20. Okt.*	●	■			●	
MALÉ: *Conte Ramponi* €€€ Ortsteil Magras, Piazza San Marco 38. **Straßenkarte** A3. *0463 901 989.* Lässig-elegantes Ambiente mit regionalen Spezialitäten: Hirsch-Carpaccio mit Preiselbeeren, gefüllte Wachteln, Knödel, Nocken, Entenbrust. 160 Weine. **Plätze:** *80.* ● *Mo, 1.–20. Juni,1.–20. Okt.*	●			■	●	
PINZOLO: *La Roda* € Viale Marconi 15. **Straßenkarte** A4. *0465 502 505.* Restaurant und Pizzeria mit Garten, auch hier typische regionale Spezialitäten: Polenta und Reh, Tortelloni mit Sahne-Schinken-Soße, Apfelstrudel. Panoramablick auf die Brenta. **Plätze:** *70.* ● *Mi, Mai, Okt.*	●	■		■	●	■
PINZOLO: *Alla Stube da Sergio* €€ Via Maturi 4. **Straßenkarte** A4. *0465 501 679.* Sehr gemütliches Lokal, Spezialitäten des Hauses sind: Schweinshaxe, Strangolapreti alla trentina, Gulasch mit Polenta, Tortelli mit Radicchio. **Plätze:** *22.* ● *Do, Mai, Okt.*	●				●	
PINZOLO: *Rododendro* €€ Via Bolognini 106. **Straßenkarte** A4. *0465 503 235.* @ *ristorododendro@cr-surfing.net* Hier gibt es viel zu kosten: Tagliatelle mit Trüffel und Wildschwein, Paglia e Fieno alla boscaiola (gelbe und grüne Nudeln), Spinat- und Ricottarolle, Gnocchetti verdi mit Gorgonzola, Reh. **Plätze:** *99.* ● *Fr abends.*	●		●	■	●	
SPIAZZO: *Mezzosoldo* €€€ Ortsteil Mortaso, Via Nazionale 198. **Straßenkarte** A4. *0465 801 067.* Jeder Raum ist anders eingerichtet, mit viel Geschmack und Sinn für Tradition. Die alten lokalen Rezepte werden von der Kürbissuppe bis zum Schweinefilet mit Liebe und Leidenschaft zubereitet. **Plätze:** *80.* ● *Do, Apr, Mai, Okt, Nov.*	●	■	●	■	●	
ZENTRALDOLOMITEN						
CANAZEI: *La Montanara* €€ Via Dolomiti 147. **Straßenkarte** D3. *0462 601 352.* Das nachmittags etwas laute Lokal lockt mit leckeren Imbissen, Wurst- und Käsetellern, aber auch warmen Gerichten wie Käsefondue. Bis 1 Uhr nachts geöffnet. **Plätze:** *70.* ● *Mai–15. Juni, Okt, Nov, im Winter nur Abendessen.*	●				●	
CAVALESE: *El Molin* €€€ Piazza Battisti 11. **Straßenkarte** C3. *0462 340 074.* Das Lokal in einer alten Mühle des 17. Jahrhunderts serviert kreativ zubereitete einheimische Küche. Empfehlenswert: Buchweizenpolenta, Hirschschlegel. Über 400 Weinsorten. **Plätze:** *40.* ● *Di, im Winter nur Abendessen.*	●		●	■	●	
CAVALESE: *Costa Salici* €€€€ Via Costa dei Salici 10. **Straßenkarte** C3. *0462 340 140.* Das auf einem Hügel oberhalb des Orts gelegene Restaurant bietet eine schöne Holzstube. Die traditionelle Küche richtet sich nach den Zutaten der jeweiligen Jahreszeit. **Plätze:** *38.* ● *Mo, Di mittags, Aug.*	●			■	●	■

Zeichenerklärung siehe hintere Umschlagklappe

Preiskategorien für ein Drei-Gänge-Menü mit Getränken:

- € unter 15 Euro
- €€ 15–25 Euro
- €€€ 25–40 Euro
- €€€€ 40–50 Euro
- €€€€€ über 50 Euro

KREDITKARTE
Zumindest gängige Kreditkarten werden akzeptiert.
KINDER
Gerichte oder Portionen für Kinder (ermäßigt).
TAGESMENÜ
Günstiges Menü aus ausgewählten Gerichten.
DEGUSTATIONSMENÜ
Auswahl aus verschiedenen Spezialitäten.
GUTE WEINKARTE
Gepflegte Auswahl an nicht nur regionalen Weinen.
TISCHE IM FREIEN
Lokal mit Terrasse oder Garten.

CORVARA: *La Stua di Michil* €€€€
Strada Col Alt 105. **Straßenkarte** D2. *0471 831 000.*
Das Restaurant im Hotel La Perla bietet eine gemütliche Atmosphäre, Kerzenlicht und Tiroler Stuben. Hier serviert man ladinische Küche, etwa Kaninchen-Ravioli, Lammgulasch. **Plätze:** *35.*
Mo, auch im Sommer nur abends.

DEUTSCHNOFEN: *Adler* €€
Hauptstraße 5. **Straßenkarte** C3. *0471 616 280.*
Zentral gelegenes Lokal mit schöner, klassischer Tiroler Stube, köstlicher, traditioneller Küche. **Plätze:** *90.* *Mi.*

DEUTSCHNOFEN: *Erika* €€
Hauptstraße 17. **Straßenkarte** C3. *0471 616 517.* *info@erica.it*
Das im alten Zustand belassene, nur wenig umgebaute Restaurant bietet traditionelle Küche, Holzmöbel und herzliche Atmosphäre.
Plätze: *100.* *15. Nov–15. Dez, Ostern–15. Mai.*

DEUTSCHNOFEN: *Ganischgerhof* €€€
Schwarzbachstr. 22. **Straßenkarte** C3. *0471 616 504.* *office@ganischgerhof.com*
Das Restaurant überzeugt mit seiner Liebe zu alten Rezepten und köstlichen Weinen. **Plätze:** *30.* *Mi, Nov, Ostern–15. Mai.*

DEUTSCHNOFEN: *Pfosl* €€€
Schwarzbachstraße 2. **Straßenkarte** C3. *0471 616 537.*
Typische Südtiroler, aber auch internationale Küche. Im Sommer hat man auf der Terrasse einen fantastischen Blick auf Rosengarten und Latemar.
Plätze: *100.* *Di, 1. Nov–8. Dez, 7. Apr–18. Mai.*

KOLFUSCHG: *Cappella* €€€
Peceistraße 17. **Straßenkarte** D2. *0471 836 183.* *cappella@altabadia.it*
Das kleine Lokal serviert typische Spezialitäten wie Schweinefleisch mit Knödel und Himbeervinaigrette, Selleriesuppe mit Rehgulasch, Zickleinkeule mit Pinienkernen und Pinot-Soße, Kastaniensoufflé mit Grappasoße und Eis. **Plätze:** *30.* *Apr, Mai, Okt, Nov.*

MOÉNA: *Malga Panna* €€€€
Costalungastraße 29. **Straßenkarte** C3. *0462 573 489.*
Lokale Spezialitäten im Ambiente einer alten Alm; hier serviert man Wild, Flussfische, Käse, ausgezeichnete Teigtaschen, Kartoffelsuppe mit Trüffeln und Hirsch. Breite Auswahl an Brot und hausgemachten Süßspeisen, über 700 Weine. **Plätze:** *60.* *Mo, Mai, Juni, Nov.*

PEDRATSCHES: *Luch Runch* €€
Runch 11. **Straßenkarte** C2. *0471 839 796.*
Agriturismo mit herzlichem Flair. Die Küche bietet klassisch Ladinisches, etwa Panicia, Cajincì, Turtres, Gulasch mit Knödel, Haxe mit Kraut und zum Nachtisch Apfelstrudel. **Plätze:** *35.* *So.*

PEDRATSCHES: *Ristorante Lech da Sompunt* €€
Sompuntstraße 36. **Straßenkarte** D2. *0471 847 015.*
Familiäres Ambiente und großartiges Panorama, ladinische Küche und frische Forellen aus dem See, Teigtaschen mit Ricotta, Spinat und zerlassener Butter, Gulasch und Spanferkel vom Spieß.
Plätze: *60.* *Okt–Nov, Apr–Mai.*

ST. KASSIAN: *Armentarola* €€€
Pre De Vi-Straße 78. **Straßenkarte** D2.
0471 849 522. *info@armentarola.com*
Das besonders mittags von Skifahrern besuchte Lokal bietet Klassisches wie Kaninchen, Perlhuhn sowie einen schon legendären Obstsalat.
Plätze: *90.* *15. Apr–15. Mai, Okt, Nov.*

	Kreditkarte	Kinder	Tagesmenü	Degustationsmenü	Gute Weinkarte	Tische im Freien
La Stua di Michil	●		●	■	●	
Adler	●	■	●	■	●	■
Erika	●	■	●	■	●	■
Ganischgerhof	●	■	●	■	●	■
Pfosl	●	■	●	■	●	■
Cappella	●	■	●	■	●	■
Malga Panna	●			■	●	
Luch Runch	●		●	■	●	■
Ristorante Lech da Sompunt	●	■	●	■	●	■
Armentarola	●	■	●		●	■

St. Kassian: *Fanes* €€€
Peceistraße 19. **Straßenkarte** D2. *0471 849 470.* @ *hotelfanes@hotelfanes.it*
Ruhig gelegenes Restaurant mit elegantem Tiroler Ambiente und Spezialitätenküche. Jede Woche besondere ladinische Gerichte. Schöne Aussicht auf das Tal. **Plätze:** *30.* *Mai, Juni, Okt, Nov.*

St. Kassian: *La Siriola* €€€€€
Morinstraße 11. **Straßenkarte** D2. *0471 840 092.* @ *salares@altabadia.it*
Das Restaurant beim Hotel Ciasa Salares bietet Küche auf internationalem Niveau, vom Chefkoch fantasievoll variierte traditionelle Gerichte. Sorgfältig und geschmackvoll arrangierte Tische, Reservierung empfohlen. **Plätze:** *30.* *Mo, Apr, Juni, Okt, Nov.*

St. Kassian: *Restaurant St. Hubertus* €€€€€
Peceistraße 19. **Straßenkarte** D2. *0471 849 500.* @ *info@rosalpina.it*
Chef Norbert Niederkofler bereitet seine Gerichte individuell für seine Gäste zu. Empfehlenswert die klassische Hubertusplatte, im Bergheu gegartes Rinderfilet in der Salzkruste, Gänseleber und Kalbshaxe. **Plätze:** *24.* *Di; Mi mittags*

St. Martin in Thurn: *Luch de Vanc* €€
Longiarn 36. **Straßenkarte** D2. *0474 590 108.*
Der Hof ist wunderschön gelegen. Das bäuerlich angehauchte Restaurant serviert in der Stube von der Chefin zubereitete Spezialitäten wie Panicia, Turtres, Cajincì, Crafuns mori, Bales. **Plätze:** *60.* *Mai.*

St. Ulrich: *Adler* €€
Reziastraße 7. **Straßenkarte** C2. *0471 775 000.* @ *info@hotel-adler.com*
Das Restaurant des gleichnamigen Hotels lockt mit einer Stube aus dem 17. Jahrhundert und kreativ zubereiteten typischen Gerichten. Hervorragender Brunch mit einem riesigen Büfett. **Plätze:** *56.* *15. Apr–15. Mai, Nov.*

St. Ulrich: *Vedl Mulin* €€
Reziastraße 142. **Straßenkarte** C2. *0471 796 089.* @ *snaltnerhof@val-gardena.com*
Das Lokal im Zentrum von St. Ulrich ist gemütlich und bietet typische traditionelle Küche. **Plätze:** *150.* *7. Apr–Juni, Nov.*

Stern: *Blumine* €€€
Sternstraße 48. **Straßenkarte** D2. *0471 847 035.*
Im Restaurant des Hotels La Villa kann man ladinische Küche genießen. Hervorragende Degustations- und Themenmenüs. **Plätze:** *25.* *Apr, 15 Okt–1. Dez.*

Tiers: *Laurin* €
St.-Georg-Straße 106. **Straßenkarte** C3. *0471 642 138.*
Die typischen Südtiroler Gerichte werden vom Besitzer mit Originalzutaten zubereitet. Im Sommer lockt die Terrasse mit Panoramablick. **Plätze:** *40.* *Mi, 10. Nov–15. Dez.*

Tiers: *Dosses* €€
Zyprianstraße 85b. **Straßenkarte** C3. *0471 642 195.* @ *info@dosses.com*
Die Karte wechselt je nach Jahreszeit, ist immer von guter Qualität. Das gemütliche Lokal wartet mit Tiroler Holzstube auf. Bei der Weinauswahl berät der Chef persönlich. **Plätze:** *25.* *15. März–1. Mai, 15. Nov–20. Dez.*

Tiers: *Cyprianerhof* €€€
Zyprianstraße 88a. **Straßenkarte** C3.
0471 642 143. @ *hotel@cyprianerhof.com*
Klassische Südtiroler Küche, dazu eine riesige Auswahl an heimischen und internationalen Weinen. Wunderbarer Blick auf den Rosengarten. Reservierung wird empfohlen. **Plätze:** *40.* *15. Nov–26. Dez.*

Vigo di Fassa: *Millefiori* €
Via Carezza 5. **Straßenkarte** C3. *0462 769 000.*
Das von einem schönen Garten umgebene Restaurant ist auf die traditionelle Küche der Region spezialisiert: Gemüsesuppe, Grillspeisen, Hirschfilet. **Plätze:** *25.* *Mo.*

Völs am Schlern: *Turm* €€
Kirchplatz 9. **Straßenkarte** C3. *0471 725 014.* @ *turm@romantik.de*
Chef Stefan Pramstrahler kocht fantasievoll: geeister Fisch mit Rucola, Tagliolini mit weißen Trüffeln, gefüllte Teigtaschen mit Käse und Trüffeln. Das Lokal in einem Gebäude aus dem 12. Jh. gehört zum Hotel Turm und wurde frisch renoviert. **Plätze:** *80–100.* *Do.*

Zeichenerklärung siehe hintere Umschlagklappe

Preiskategorien für ein Drei-Gänge-Menü mit Getränken:

- € unter 15 Euro
- €€ 15–25 Euro
- €€€ 25–40 Euro
- €€€€ 40–50 Euro
- €€€€€ über 50 Euro

Kreditkarte
Zumindest gängige Kreditkarten werden akzeptiert.
Kinder
Gerichte oder Portionen für Kinder (ermäßigt).
Tagesmenü
Günstiges Menü aus ausgewählten Gerichten.
Degustationsmenü
Auswahl aus verschiedenen Spezialitäten.
Gute Weinkarte
Gepflegte Auswahl an nicht nur regionalen Weinen.
Tische im Freien
Lokal mit Terrasse oder Garten.

Völs am Schlern: *Heubad* €€€
Schlernstraße 12. **Straßenkarte** C3. *0471 725 020.* @ *hotel.heubad@dnet.it*
Das Hotelrestaurant bietet einen unschlagbaren Service und typisch Südtiroler Küche sowie Diätkost. Hervorragende Weinauswahl. Schöner Blick auf den Schlern und Schloss Prösels.
Plätze: *50.* *Mi, Nov–15. Dez, 15.–30. Jan.*

Völs am Schlern: *Völserhof* €€€
Schlossweg 1. **Straßenkarte** C3. *0471 725 421.* @ *info@voelserhof.it*
Das Restaurant ist für seine Wildgerichte bekannt. Köstlich die Gnocchi mit Entenragout und die Involtini mit Käse. **Plätze:** *100.* *Mo, Nov–25. Dez.*

Welschnofen: *Pardeller* €€
Romstraße 18. **Straßenkarte** C3. *0471 613 144.* @ *info@pardeller.com*
Köstliche Traditionsgerichte, Tiroler Stube und äußerst leckere Küche.
Plätze: *80.* *So, 16. Apr–1. Mai.*

Welschnofen: *Rosengarten* €€
Rosengartenstraße 43. **Straßenkarte** C3.
0471 613 262. @ *rosengarten@welschnofen.com*
Jahreszeitenabhängige Küche, etwa Ziegenricotta mit Kräutern, Wildgemüsesuppe, hausgemachte Kuchen und Strudel. **Plätze:** *60.* *Mo, Nov.*

Wolkenstein: *Chalet Gerard* €€€
Kreuzboden 37. **Straßenkarte** C2.
0471 795 274. @ *gerard@val-gardena.com*
Malerisch gelegen und mit hervorragender Südtiroler Küche. Berühmt sind die hiesigen Pilzgerichte und der Panoramablick auf Sella und Langkofel.
Plätze: *60.* *Ostern–Juni, Nov.*

Marmolada, Palagruppe, Belluneser Dolomiten

Alleghe: *Baita da Teno* €€
Via Coldai 85. **Straßenkarte** D3. *0437 523 353.*
Typisches kleines Berglokal unterhalb der Civetta, etwa einen Kilometer von Alleghe in einem Wald gelegen: Polenta, Forelle, Kalb, Schwein, Hirsch, Rehwürste, Gulasch, Pilze. **Plätze:** *80.* *Mo, Mai–Juni, Okt–Nov.*

Forno di Zoldo: *Insonnia* €
Via Canale 7. **Straßenkarte** D3. *0437 787 243.*
Klassisches Berglokal in einer alten Alm mit Tiroler Stube. Bekannt für seine Polenta mit gebratenem Käse und für seine Wurstspezialitäten. Ausgezeichnetes Preis-Leistungs-Verhältnis.
Plätze: *180.* *Mo, verschiedene Ruhezeiten.*

Malga Ciapela: *Da Gigio* €€
Strada statale della Fedaia. **Straßenkarte** D3. *0437 722 059.*
Das Lokal ist für seine hausgemachte Pasta bekannt. Hier serviert man zudem Wildgerichte, Käse, Strudel und Waldbeerenkuchen.
Plätze: *130.* *Di, Mai, Okt, Nov.*

Rocca Pietore: *La Rocca* €€
Via Capoluogo 74/a. **Straßenkarte** D3. *0437 721 483.*
In dem kleinen Lokal mit Holzbalken wählt man zwischen Lasagne, Pfannkuchen, Risotto, Reh, Kaninchen, Ragout und Gulasch.
Plätze: *50.* *Di, 1.–20. Dez.*

San Martino di Castrozza: *Trattoria Noal* €
Ortsteil Siror, Via Cismon 22/a. **Straßenkarte** D4. *0439 646 03.*
Das Lokal liegt bei der Siror-Brücke an der Straße nach San Martino. Hier bietet man traditionelle lokale Küche zu hervorragenden Preisen. Kellerbar.
Plätze: *80.* *März, Frühjahr und Herbst.*

	Kreditkarte	Kinder	Tagesmenü	Degustationsmenü	Gute Weinkarte	Tische im Freien
Heubad	●		●	■	●	■
Völserhof	●			■	●	■
Pardeller	●		●	■	●	
Rosengarten	●		●	■	●	■
Chalet Gerard	●			■	●	■
Baita da Teno	●			■	●	■
Insonnia	●	■	●	■	●	■
Da Gigio	●			■	●	■
La Rocca	●			■		
Trattoria Noal	●				●	

SAN MARTINO DI CASTROZZA: *Anita* €€
Via Dolomiti 6. **Straßenkarte** D4. *0439 768 893.*
Gemütlich, freundlich und mit guter Traditionsküche, etwa Ravioloni mit Steinpilzen, Schweinshaxe, geräucherte Ricotta und Pfifferlinge. Ausgezeichnete Süßspeisen. **Plätze:** *80.* *Dez, Ostern, Juni–Sep nie; Mai, Okt–Nov Mo–Fr.*

SAN MARTINO DI CASTROZZA: *Caffè Col* €€
Ortsteil Siror, Via Fontanelle. **Straßenkarte** D4. *0439 680 46.*
Das Restaurant liegt im Sommer in blühenden Wiesen, im Winter ist es malerisch verschneit. Die Küche bietet Nocken, Knödel, Suppen, Teigtaschen mit Quark und Nüssen, Gulasch, Carne salada mit Bohnen, Apfelkuchen, Strudel, Waldbeerenkuchen. **Plätze:** *150.* *Frühjahr und Herbst.*

SAN MARTINO DI CASTROZZA: *Capanna Cervino* €€
Passo Rolle. **Straßenkarte** D4. *0439 769 095.* @ *capanna.cervino@tin.it*
Die Hütte liegt auf 2000 Meter Höhe am Fuß der Nordkette der Pala-Gruppe. Die berühmte Küche bietet Knödel, Gerstensuppe, Pasta und Bohnen, Polenta und Pilze, Wild, Gulasch. **Plätze:** *60.* *Frühjahr und Herbst.*

SAN MARTINO DI CASTROZZA: *Da Meto* €€
Via Passo Rolle. **Straßenkarte** D4. *0439 769 162.*
Das ruhige, abgeschieden gelegene Lokal lockt mit traditioneller Trentiner Küche und hausgemachten Süßspeisen; große Auswahl an Grappe. Sonnenterrasse, Spielplatz, mittwochs Degustation. **Plätze:** *65.* *Frühjahr und Herbst.*

SAN MARTINO DI CASTROZZA: *Drei Tannen* €€
Via Passo Rolle 237. **Straßenkarte** D4. *0439 683 25.*
Elegantes Restaurant im Zentrum mit Livemusik, exzellenter regionaler und bürgerlicher Küche. **Plätze:** *100.* *Frühjahr und Herbst.*

SAN MARTINO DI CASTROZZA: *Malga Ces* €€
Ortsteil Ces 3. **Straßenkarte** D4. *0439 682 23.*
Elegantes und zugleich Familienrestaurant in Panoramalage etwa zwei Kilometer vom Zentrum entfernt. Traditionsküche mit Kartoffelnocken und Topfen, Knödel, Suppen, Pasta mit Pilzen, Strangolapreti, Spätzle, Wild. Donnerstag abends bäuerliche Spezialitäten. **Plätze:** *200.* *Ostern–15. Juni, Okt, Nov.*

SAN MARTINO DI CASTROZZA: *Malga Fratazza* €€
Ortsteil Fratazza, Siror. **Straßenkarte** D4. *0439 684 70.*
Das im Grünen gelegene Restaurant lockt mit bekannter Traditionsküche: Polenta, Wild, Knödel, gute Süßspeisen. **Plätze:** *60.* *nie.*

SAN MARTINO DI CASTROZZA: *La Canisela* €€€
Ortsteil Siror, Via Passo Rolle 144. **Straßenkarte** D4. *0439 683 30.*
Schnörkellose, traditionsbewusste Küche: Tortelloni mit Ente, Nudelspezialitäten, hausgemachte Süßspeisen. **Plätze:** *60.* *15. Apr–15. Juni, Okt, Nov.*

TONÁDICO: *Al Cacciatore* €€
Ortsteil Val Canali, Castrona. **Straßenkarte** D4.
0439 762 298. @ *alcacciatore@primieroiniziative.it*
Das Restaurant im Herzen des Val Canali ist für seine lokalen Spezialitäten bekannt: Nocken, Knödel, Polenta, Wild, Würste, Gegrilltes, hausgemachte Süßspeisen. **Plätze:** *100.* *Do, Nov–15. Dez.*

TONÁDICO: *Chalet Piereni* €€
Ortsteil Piereni, Val Canali. **Straßenkarte** D4.
0439 623 48. @ *chaletpiereni@primieroiniziative.it*
Schönes altes Lokal mit Panoramablick, ideal um die lokale Küche zu kosten: Wild- und Pilzvorspeisen, hausgemachte Pasta, Knödel, Polenta, Spinatnocken. **Plätze:** *200.* *Mi, Frühjahr und Herbst.*

TONÁDICO: *La Ritonda* €€
Ortsteil Sabbionare 2. **Straßenkarte** D4. *0439 762 223.*
Hier sitzt man entweder in einem Gastraum im alpinen Stil oder in einer Stube von 1740, mit 25 Plätzen und Antiquitäten ausgestattet. Die Karte bietet Knödel, Polenta, Pilze, Wurst, Nocken. **Plätze:** *110.* *Mo, 15. Jan–15. März.*

CORTINA UND DAS CADORE

CORTINA: *Bronzin* €€
Via Roma 47. **Straßenkarte** E2. *0436 867 051.*
Gute Pizzen und Gerichte des Veneto zu sehr guten Preisen, hervorragendes Filet und die Pennette alla Bronzin. **Plätze:** *60.* *Di.*

Preiskategorien für ein Drei-Gänge-Menü mit Getränken:

- € unter 15 Euro
- €€ 15–25 Euro
- €€€ 25–40 Euro
- €€€€ 40–50 Euro
- €€€€€ über 50 Euro

Kreditkarte
Zumindest gängige Kreditkarten werden akzeptiert.
Kinder
Gerichte oder Portionen für Kinder (ermäßigt).
Tagesmenü
Günstiges Menü aus ausgewählten Gerichten.
Degustationsmenü
Auswahl aus verschiedenen Spezialitäten.
Gute Weinkarte
Gepflegte Auswahl an nicht nur regionalen Weinen.
Tische im Freien
Lokal mit Terrasse oder Garten.

Restaurant	Kreditkarte	Kinder	Tagesmenü	Degustationsmenü	Gute Weinkarte	Tische im Freien
Cortina: *Croda Café* €€ Corso Italia 163. **Straßenkarte** E2. ☎ *0436 866 589.* Spezialität des Hauses sind Spaghetti mit Speck, geräucherter Ricotta und Radicchio. Köstlich auch der Kaiserschmarrn und Pfannkuchen mit Pinienkernen und Preiselbeermarmelade. **Plätze:** *120.* ● *Di.*					●	■
Cortina: *Son Zuogo* €€ Strada per Passo Tre Croci. **Straßenkarte** E2. ☎ *0436 867 571.* Das Restaurant mit Panoramablick am Passo Tre Croci wartet mit großer Terrasse auf. Köstliche Spinatnocken und Käsespezialitäten. **Plätze:** *50.* ● *Mi.*	●				●	
Cortina: *Baita Fraina* €€€ Via Fraina 1. **Straßenkarte** E2. ☎ *0436 36 34.* Lokal im Ampezzaner Stil mit köstlichen Gerichten wie geräuchertem Schweinsfilet, Spätzle mit Sahne und Speck, Rehragout, Schweinshaxe, Forellenfilet. Ausgezeichnete Süßspeisen. **Plätze:** *90.* ● *Mo, Mai, Juni, Okt, Nov.*	●	■			●	■
Cortina: *El Toulà* €€€ Via Ronco 123. **Straßenkarte** E2. ☎ *0436 33 39.* Erstklassiges Lokal, ideal für elegante Abendessen. Einheimische und internationale Küche, empfehlenswert die Pasta mit Bohnen und die Tagliolini mit Speck und Spargel. **Plätze:** *100.* ● *Mo, Mai, Juni, Okt–15. Dez.*	●				●	■
Cortina: *Lago Scin* €€€ Ortsteil Lago Scin 1. **Straßenkarte** E2. ☎ *0436 23 91.* Das Restaurant in Panoramalage an der Straße nach Misurina wartet mit köstlichen Wildwürsten, Suppen, Nocken mit Rucola und Speck und Hirschspezialitäten auf. Gute Desserts. **Plätze:** *65.* ● *Ostern–15. Juni, Okt, Nov.*	●				●	■
Cortina: *Ospitale* €€€ Ortsteil Ospitale 1. **Straßenkarte** E2. ☎ *0436 45 85.* Das etwas außerhalb gelegene Restaurant in einem alten Postamt bietet Ampezzaner und Tiroler Küche vom Feinsten: Spätzle mit Speck und Ricotta, Braten, Halbgefrorenes mit Krokant. **Plätze:** *70.* ● *Mo, Mai, Juni, Nov.*	●				●	■
Cortina: *Da Beppe Sello* €€€€ Via Ronco 68. **Straßenkarte** E2. ☎ *0436 32 36.* Typisches Ampezzaner Lokal mit sorgfältig zubereiteten Traditionsgerichten: Nocken, Polenta, Gerstensuppe, Hirsch, Schwein und hausgemachten Süßspeisen. **Plätze:** *100.* ● *Di, Apr, Juni, 15. Sep–15. Nov.*	●				●	
Cortina: *Da Leone e Anna* €€€€ Ortsteil Alverà 112. **Straßenkarte** E2. ☎ *0436 27 68.* Erstklassige sardische Küche mit hervorragenden Spezialitäten wie Spanferkel *(porceddu)*, Meeresfrüchte *(malloreddus)*, Spaghetti mit *bottarga* (eine Art Kaviar). **Plätze:** *40.* ● *Di, Mai, Juni, Nov.*	●				●	
Cortina: *Meloncino* €€€€ Ortsteil Zuel di Sopra 46. **Straßenkarte** E2. ☎ *0436 29 59.* Das Restaurant beim Park Hotel Faloria lockt mit unschlagbarer Küche. Hier werden Tradition und Kreativität vereint, etwa mit Spaghetti mit Zwiebeln, Pasta und Bohnen mit Meeresfrüchten, Scampi mit Reis. Leckere Süßspeisen. Reservierung wird empfohlen. **Plätze:** *20.* ● *Mo.*	●				●	
Cortina: *Tivoli* €€€€ Via Lacedel 34. **Straßenkarte** E2. ☎ *0436 866 400.* Restaurant mit Prominentenbonus, zwei Speisesälen und einer schönen Veranda mit Blick auf die Ampezzaner Gipfel. Das breite Angebot reicht von Schnecken bis Hummer, die Desserts sind äußerst lecker. **Plätze:** *50.* ● *Mo, Mai, Juni, Okt, Nov.*	●				●	■

SAN VITO DI CADORE: *La Scaletta* €€
Via P.F. Calvi 1. **Straßenkarte** E3. *0436 890 469.* @ *cimabelpra@mclink.it*
Das Restaurant liegt etwa acht Kilometer außerhalb von Cortina mit wunderbarem Panoramablick auf den Monte Pelmo. Regionale Küche mit Wild, Pilzen, Polenta, *casunzei*. **Plätze:** *60.* *Mai, Nov.*

SAPPADA: *Laite* €€€€
Borgata Hoffe 10. **Straßenkarte** F2. *0435 469 070.*
Fabrizia Meroi und Roberto Brovedani bieten in dem intimen Lokal traditionelle regionale Küche auf höchstem Niveau. Empfehlenswert die Wachteln, Kartoffelravioli oder das Rothuhn mit Polenta. Reservierung wird empfohlen. **Plätze:** *25.* *Mi, Do mittags, Juni, Okt.*

VODO DI CADORE: *Capriolo* €€€
Via Nazionale 108. **Straßenkarte** E3. *0435 489 207.*
Elegantes Restaurant, feine Küche. Pasta und Brot sind hausgemacht, exzellente Steinpilz- und Wildgerichte. Über 300 italienische und internationale Weine. **Plätze:** *50.* *Di, Mi mittags, Dez–Ostern, Mai–20. Juni, 20. Sep–Ende Okt.*

VODO DI CADORE: *La Chiusa* €€€
Via Ruvignan. **Straßenkarte** E3. *0435 489 288.* @ *lachiusa@cortinanet.it*
Der in einem Tannenwald gelegene Familienbetrieb bietet eine jahreszeitenabhängige Küche, die Pasta ist hausgemacht. Der gemütliche Speisesaal lockt mit viel Holz und Kamin. **Plätze:** *60.* *Mo, 15.–30. Juni, Okt.*

EISACKTAL UND PUSTERTAL

BRIXEN: *Goldenes Rössl* €
Brennerstraße 3. **Straßenkarte** C2. *0472 835 152.* @ *hotelgold.roessl@dnet.it*
In diesem Hotelrestaurant hat man die Qual der Wahl zwischen leckeren Holzofenpizzen oder Tiroler Spezialitäten. **Plätze:** *120.* *Mi.*

BRIXEN: *Grauer Bär* €€
Alter Markt 27. **Straßenkarte** C2.
0472 836 472. @ *grauer_baer@hotmail.com*
Im Zentrum nur zwei Minuten vom Domplatz entfernt. Das Restaurant lockt mit allen Tiroler Spezialitäten, Knödeln, Hirschschinken, Gulasch, Strudeln und anderen Köstlichkeiten. **Plätze:** *80.* *Di, 15. Nov–25. Dez.*

BRIXEN: *Senoner* €€
Rienzufer 22. **Straßenkarte** C2. *0472 832 525.* @ *hotelsenoner@dnet.it*
Hotelrestaurant an der Rienz mit typischer Küche. Empfehlenswerte Grillplatte. Herzliche Atmosphäre. **Plätze:** *120.* *Mo, Nov.*

BRIXEN: *Temlhof* €€
Elvasstraße 76. **Straßenkarte** C2. *0472 836 658.* @ *temlhof@dnet.it*
Das im Grünen gelegene, elegante Restaurant des Hotels ist für seine ausgezeichnete, kreativ zubereitete lokale Küche bekannt.
Plätze: *130.* *Di, Nov, 7. Jan–31. März.*

BRIXEN: *Fink* €€
Kleine Lauben 4. **Straßenkarte** C2. *0472 834 883.*
Im Zentrum, leckere Tiroler Vorspeisen, Hirschgerichte, Apfelküchlein.
Plätze: *100.* *Di abends, Mi, Feb.*

BRIXEN: *Haller* €€
Weinbergstraße 68. **Straßenkarte** C2. *0472 834 601.*
Familie Pichler bietet in diesem Hotelrestaurant Tiroler Küche vom Feinsten mit Kartoffel- und Spinatnocken, Knödeln, Fettuccine, hausgemachtem Schinken, Speck, Wurstspezialitäten. Exzellente Forellengerichte.
Plätze: *80.* *Di, 3. Woche Juli.*

BRIXEN: *Finsterwirt* €€
Domgasse 3. **Straßenkarte** C2. *0472 835 343.* @ *info@finsterwirt.com*
1870 fand sich hier ein Weinausschank, heute residiert hier ein hervorragendes Restaurant, das seit Generationen im Besitz der Familie Mayr ist. Köstlich: Speckknödel, Schlutzkrapfen mit Schnittlauchbutter, geräuchertes Forellenfilet, Schweinefilet »Lagrein«. **Plätze:** *80.* *So abends, Mo, 7.–31. Jan.*

BRIXEN: *Dominik* €€€
Unterdrittelgasse 13. **Straßenkarte** C2.
0472 830 144. @ *info@hoteldominik.com*
Das Hotelrestaurant in einem schönen Park bietet exzellente lokale Küche.
Plätze: *80.* *So, 3.–22. März.*

Zeichenerklärung siehe hintere Umschlagklappe

Preiskategorien für ein Drei-Gänge-Menü mit Getränken:

- € unter 15 Euro
- €€ 15–25 Euro
- €€€ 25–40 Euro
- €€€€ 40–50 Euro
- €€€€€ über 50 Euro

Kreditkarte
Zumindest gängige Kreditkarten werden akzeptiert.
Kinder
Gerichte oder Portionen für Kinder (ermäßigt).
Tagesmenü
Günstiges Menü aus ausgewählten Gerichten.
Degustationsmenü
Auswahl aus verschiedenen Spezialitäten.
Gute Weinkarte
Gepflegte Auswahl an nicht nur regionalen Weinen.
Tische im Freien
Lokal mit Terrasse oder Garten.

Brixen: *Elephant* €€€
Weißlahnstraße 4. **Straßenkarte** C2. ✆ *0472 832 750.* @ *elephant.brixen@acs.it*
Historisches Lokal mit feiner Küche: Ravioli mit Auberginen und Pilzen, Hasenfilet, Gulasch, Gamberoni und Fisch, zudem eine breite Auswahl an Weinen und exzellenter Service. **Plätze:** *150.* ● *Mo oder Do, Jan–15. März.*

Bruneck: *Gasthof Langgenhof* €€
Stegen, Nikolausstraße 11. **Straßenkarte** D1.
✆ *0474 553 154.* @ *hotel@langgenhof.com*
Modernes, einfaches Lokal mit sehr guter Küche des Pustertals. Empfehlenswert der Räucherteller mit Speck, *bresaola*, Hirschschinken, und die Ravioli mit Schnittlauch. **Plätze:** *60.* ● *Mo, Juni.*

Bruneck: *Rudolf Niederkofler* €€
Reischach, Via Riscone 33. **Straßenkarte** D1.
✆ *0474 570 570.* @ *info@hotel-rudolf.com*
In dem Schlösschen außerhalb des Ortes bieten die Niederkoflers köstliche Wurst- und Käseplatten, exzellenten Wein und Bier an.
Plätze: *80.* ● *Apr, Nov.*

Bruneck: *Gasthof Oberraut* €€€
Amaten, Amatenstraße 1. **Straßenkarte** D1.
✆ *0474 559 977.* @ *gasthofoberraut@dnet.it*
Das in einem Wald gelegene Restaurant bietet eine raffinierte Küche: Teigtaschen mit Kartoffel-Ricotta-Füllung, ausgewählte Käse und exzellente Süßspeisen. **Plätze:** *45.* ● *Do, 15. Jan–5. Feb, 15.–30. Juni.*

Innichen: *Gasthof Wiesthaler* €€
Herzog-Tassilo-Straße 3. **Straßenkarte** E2. ✆ *0474 913 103.*
Typisches Lokal mit Tiroler Stube in der Fußgängerzone. Die Küche bietet alle köstlichen einheimischen Spezialitäten und internationale Gerichte. Kalbshaxe und Reh vorbestellen! **Plätze:** *55.* ● *Di, Juni.*

Innichen: *Kupferdachl* €€
Sextenstraße 20. **Straßenkarte** E2. ✆ *0474 913 711.*
Einfaches, gemütliches Restaurant. Der Familienbetrieb serviert typische Südtiroler Küche. **Plätze:** *40.* ● *Do, Juni, Nov.*

Innichen: *Orso grigio* €€
Rainerstraße 2. **Straßenkarte** E2. ✆ *0474 913 115.* @ *orsohotel@dnet.it*
Modernes, komfortables Lokal in einem Gebäude aus dem 18. Jahrhundert, gute Südtiroler Küche. **Plätze:** *30.* ● *Do, 1. Okt–20. Dez, 1. Apr–15. Juni.*

Innichen: *Walter* €€
Pusterstraße 9. **Straßenkarte** E2. ✆ *0474 916 002.* @ *hotel.walter@linet.it*
Das freundlich und professionell geführte Lokal der Familie Fortarel serviert traditionelle Küche mit Gerichten aus Tirol und dem Veneto.
Plätze: *50.* ● *Mo, 1. Sep–Juni.*

Innichen: *Picnic* €€€
Rainerstraße 12. **Straßenkarte** E2. ✆ *0474 913 198.* @ *info@sporthoteltyrol.it*
Das zentral in der Fußgängerzone gelegene Lokal ist auf einheimische und Wildgerichte spezialisiert: Gemüsesuppe, Nocken, Schlutzkrapfen mit zerlassener Butter, Reh mit Polenta, Bauernomelett.
Plätze: *50.* ● *Mo, Apr, Mai, 7. Okt–6. Dez.*

Innichen: *Sole Paradiso* €€€
Sextenstraße 8. **Straßenkarte** E2. ✆ *0474 913 120.*
Das in einem Wald gelegene historische Lokal wird seit über 100 Jahren von der Familie Ortner geführt. Pustertaler Küche mit Speck, Knödeln, Nocken, Milchkalbbraten, Forelle. Nur abends geöffnet.
Plätze: *90.* ● *8. Okt–20. Dez, Ostern–Mai.*

Lokal	Kreditkarte	Kinder	Tagesmenü	Degustationsmenü	Gute Weinkarte	Tische im Freien
Brixen: Elephant	●		●		●	■
Bruneck: Gasthof Langgenhof	●		●	■	●	■
Bruneck: Rudolf Niederkofler	●	■	●	■	●	■
Bruneck: Gasthof Oberraut	●		●	■	●	■
Innichen: Gasthof Wiesthaler	●		●		●	
Innichen: Kupferdachl	●				●	■
Innichen: Orso grigio	●				●	■
Innichen: Walter	●		●	■	●	■
Innichen: Picnic	●		●		●	■
Innichen: Sole Paradiso	●		●	■		■

MÜHLBACH: *Zur Linde* €
Katharina-Lanz-Straße 80. **Straßenkarte** C2. ☎ *0472 849 733.*
Das Hotelrestaurant der Familie Steger bietet alle regionalen Spezialitäten, in der Stube werden zudem Weinproben veranstaltet.
Plätze: *160.* ● *So abends, Mo, Ende Nov–26. Dez.*

MÜHLBACH: *Ansitz Strasshof* €€
Spingesstraße 4. **Straßenkarte** C2. ☎ *0472 888 045.*
Gemütliches Lokal mit berühmt-berüchtigten Riesenportionen, heimische Küche des Pustertals. **Plätze:** *150.* ● *Mi, 15.–30. Jan.*

MÜHLBACH: *Pichler Gourmet* €€€
Katharina-Lanz-Straße 5. **Straßenkarte** C2. ☎ *0472 849 458.*
Restaurant mit Flair und schöner Tiroler Stube, exzellente regionale Spezialitätenküche, etwa Gnocchi mit Tomaten, Ravioli mit Steinpilzen, Kutteln in Weißwein, gedämpfter Fisch, gefüllte Calamari und Wild.
Plätze: *35.* ● *Mo, Di, 15. Juni–15. Juli.*

NEUSTIFT: *Pacher* €
Pusterstraße 6. **Straßenkarte** C2. ☎ *0472 836 570.*
Renommiertes Restaurant an der Pustertalstraße, hochklassige traditionelle Pustertalküche. **Plätze:** *120.* ● *Mo, Nov–22. Dez.*

SEXTEN: *Stübele* €€€
St.-Josef-Straße 55. **Straßenkarte** E2. ☎ *0474 710 328.*
Beim Hotel Kreuzberger Pass gelegenes Lokal mit Panoramablick auf die Sextener Dolomiten. Empfehlenswert: Wild, Lamm, Fisch, Gemüsesuppe, hausgemachte Pasta. Die Weinkarte umfasst 250 Sorten.
Plätze: *100.* ● *Mai, 15. Okt–30. Nov.*

ST. VIGIL IN ENNEBERG: *Locanda Garsun* €€
Welschmontalstraße 14. **Straßenkarte** D2. ☎ *0474 501 282.*
Das Berglokal am Dorfeingang lockt mit guter Traditionsküche: Gerstensuppe, Ravioli mit Gemüsefüllung, Haxe mit Pilzen oder Sauerkraut, köstliche Süßspeisen wie Apfelstrudel mit Sahne, Pfannkuchen gefüllt mit Waldfruchtmarmelade. Nur mit Reservierung.
Plätze: *30.* ● *Mo, 2 Wo im Juni, Okt, Nov.*

ST. VIGIL IN ENNEBERG: *Tabarel* €€
Katharina-Lanz-Straße 27. **Straßenkarte** D2. ☎ *0474 501 210.*
In dem historischen Lokal gibt es etwa Tagliolini mit Seespinne und Gemüse, Lammfilet in Kartoffelkruste, Nierchen mit Polenta und Steinpilzen und als Abschluss Mascarpone-Blätterteig.
Plätze: *45.* ● *Di, Apr, Mai, Okt, Nov.*

ST. VIGIL IN ENNEBERG: *Ciolà* €€€
Kronplatzstraße 17. **Straßenkarte** D2. ☎ *0474 501 701.*
Empfehlenswerte gegrillte Gerichte, traditionelle Küche in schönem Ambiente. **Plätze:** *34.* ● *Do, Mai, Juni, Nov.*

TOBLACH: *Frieda* €€
Via Alemagna 14. **Straßenkarte** E2. ☎ *0474 972 553.*
Rustikales Restaurant am See mit köstlicher Südtiroler Küche, etwa Wild, Knödeln, Gerstensuppe oder Apfelküchlein.
Plätze: *60.* ● *Mi, 16.–24. Juni, 10.–24. Dez.*

TOBLACH: *Gustav-Mahler-Stube* €€€
Alte Schluderbachstraße 3. **Straßenkarte** E2.
☎ *0474 972 347.* @ *gustav-mahler-stube@dobbiaco.it*
Geschmackvolles Restaurant mit Holzambiente, Tiroler Küche und Wildspezialitäten. Empfehlenswert das Reh mit Steinpilzen und fünf Beilagen.
Plätze: *60.* ● *Do, Apr, Juni, Nov.*

VAHRN: *Weingut Kofererhof* €
Neustift 3. **Straßenkarte** C2. ☎ *0472 836 649.*
Das Lokal in einem alten Anwesen bietet traditionelle Küche und Weißweine des Eisacktales aus eigener Produktion. Im Herbst wird hier beim Törggelen der neue Wein verkostet und mit gerösteten Kastanien gereicht. **Plätze:** *200.* ● *Di, 15. Jan–15. Feb.*

PRAGS: *Erika* €
Außerprags 66. **Straßenkarte** C2. ☎ *0474 748 684.*
Restaurant in einem ruhigen Hotel in Panoramalage. Bürgerliche Küche. **Plätze:** *120.* ● *Mi.*

Zeichenerklärung siehe hintere Umschlagklappe

Holzskulptur

Läden und Märkte

SPIELZEUG UND Skulpturen aus Holz aus dem Grödnertal, Lodenmäntel und Walkjanker aus dem Pustertal, Pantoffeln und handbestickte Tischdecken aus dem Gadertal (Abteital). In jedem Dolomitental findet man andere typische Souvenirs und traditionelles (Kunst-)Handwerk. Zudem gibt es noch Spezialitäten wie Speck, Honig, Käse ... Diese Leckereien werden auf den Wochenmärkten angeboten, wo man auch auf der Suche nach Trachtenkleidung und anderen Mitbringseln zu günstigen Preisen fündig werden kann.

Handwerk und Trachtenkleidung

MAN BLICKT in den Dolomiten auf eine lange handwerkliche und künstlerische Tradition zurück. In dieser Bergregion haben sich in vielen Bereichen eigene Kunstformen ausgebildet. Von hoher Kunstfertigkeit zeugen etwa die Holzskulpturen aus dem Grödnertal, wo eine jahrhundertealte Schnitzertradition beheimatet ist. Kunstfertige Holzbearbeitung gibt es traditionell aber auch im Cadore. Dort werden beispielsweise sehr schöne Bauernmöbel gefertigt.

Aus dem Gadertal (Abteital) stammen dagegen wärmende Filzpantoffeln oder die liebevoll mit überlieferten Motiven verzierten, handgearbeiteten Tischdecken. Im Pustertal kann man sich wiederum in Bruneck bei der berühmten Fabrik Moessmer mit Tiroler Trachten, Landhausmode, Loden- und Walkkleidung eindecken. Eine breite Auswahl bieten auch die Läden in Cortina d'Ampezzo. Hier sollte man etwa in den Geschäften am Corso Italia oder in der Cooperativa di Consumo stöbern. Letztere verfügt auch über ein großes Angebot an Sportbekleidung.

Regionale Spezialitäten

HIER STEHT selbstverständlich an erster Stelle der Speck. Die Südtiroler Spezialität kann man besonders gut in der kleinen »Speckhauptstadt« St. Vigil in Enneberg einkaufen. Für echten Südtiroler Speck (mit dem Markennamen »Südtirol«) wird eine entbeinte Schweinekeule mit Kräutern und Gewürzen gebeizt, geräuchert und mindestens 22 Wochen lang in einem gut durchlüfteten, kühlen Raum gelagert. Leckere Spezialitäten sind aber auch die typischen Rohwürste wie etwa die Kaminwurzen (ähnlich Landjägern).

Die Dolomiten können zudem mit einer reichen Auswahl an Käsesorten aufwarten, köstlichen Bergkäse bekommt man auch direkt in den Käsereien oder auf den Almen. Das Nonstal, Val di Sole und Eisacktal sind zudem für ihre guten Äpfel bekannt. Diese kann man etwa im Nonstal direkt beim Consorzio Ortofrutticolo di Revò (0463 432 252) kaufen. Reich ist auch das Angebot an Honig. Weinliebhaber können sich darüber hinaus mit Wein aus dem Eisacktal, besonders aus dem Kloster Neustift, eindecken.

Wochenmärkte und Christkindlmärkte

NEBEN DEN farbenfrohen Wochenmärkten mit ihrem reichhaltigen Angebot locken spezielle Märkte wie etwa die weihnachtlichen Christkindlmärkte. Diese schlagen in der Adventszeit von Ende November bis Weihnachten ihre Holzbuden in den Straßen und auf den Plätzen der Städte und Dörfer auf. Verkauft wird typisches und weihnachtliches Kunsthandwerk, etwa Räucherkerzen, Weihnachtsbaumschmuck, Krippenfiguren, Töpferwaren, Gläser, Filzpantoffeln, Holzspielzeug ... Natürlich kommt auch das leibliche Wohl mit Würsteln, Gebäck, Glühwein nicht zu kurz. Die bekanntesten Christkindlmärkte finden in Bozen, Trento, Brixen, Bruneck und Sterzing statt. Häufig werden sie von Aufführungen, Krippenspielen, Trachtenzügen und gastronomischen Ereignissen begleitet.

Öffnungszeiten und Bezahlung

IN SÜDTIROL haben die Läden im Allgemeinen von 9–12 Uhr und 15–19 Uhr geöffnet, Donnerstag- oder Samstagnachmittag geschlossen. In der Hochsaison sind viele Läden immer geöffnet. Im Trentino sind die Öffnungszeiten 8-12 Uhr und 14–19 Uhr (Ruhetag ist montags, mittwochs oder donnerstags). Im Veneto kann man außer montags von 8.30– 12.30 und von 16–19.30 Uhr einkaufen. In den Urlaubsorten sind die Öffnungszeiten im Sommer länger. In großen Geschäften werden Kreditkarten akzeptiert, wer direkt beim Bauern oder Handwerker einkauft, sollte Bargeld bei sich haben.

Südtiroler Bauernbrot

Auf einen Blick

Kleidung

Bruneck
Moessmer
Via W. von der Vogelweide 6.
☎ *0474 411 267.*
Riesige Auswahl an Tiroler Trachten, Loden und Walkjankern.

Cortina d'Ampezzo
Consorzio Artigianato
Corso Italia 40.
☎ *0436 868 440.*
Kunsthandwerkliche Souvenirs, Trachten und Wäsche.

Cortina d'Ampezzo
Ghedina Zuccaro
Corso Italia 101.
☎ *0436 43 08.*
Handgenähte und maßgeschneiderte Tiroler Trachten.

Cortina d'Ampezzo
Moessmer
Corso Italia 160.
☎ *0436 22 50.*
Tiroler Trachten, Loden und Walkjanker.

Cortina d'Ampezzo
Morotto
Ortsteil Fiames 5.
☎ *0436 868 587.*
Sportkleidung und Sportausrüstung.

St. Ulrich
Perathoner Johann
Strada Vidalong 17.
☎ *0471 796 637.*
Holzskulpturen in allen Größen.

Wengen (Gadertal)
Miribung
Via Pederoa 236.
☎ *0471 843 217.*
Filzpantoffeln und Wollstrümpfe.

Wengen (Gadertal)
Nagler
Via Pederoa 225.
☎ *0471 843 188.*
Kunstvoll gefertigte Tisch- und Platzdecken, Tagesdecken.

Wolkenstein
Boutique Ladina
Via Meisules 170.
☎ *0471 795 312.*
Klöppelspitze, Tischdecken.

Spezialitäten

Brixen
Cooperativa Frutticoltori
Via Brennero 13.
☎ *0472 836 265.*
Äpfelverkauf.

Bruneck
Distilleria Bergila
Falzes.
☎ *0474 565 373.*
Ätherische Öle und Kräuterprodukte.

Caldes
Con-Sat
Via Tonale 26.
☎ *0463 901 332.*
Äpfelverkauf.

Cortina d'Ampezzo
El Zestel
Corso Italia 124.
☎ *0436 34 67.*
Grappe, Schnäpse, Pilze, Honig, Kekse.

Cortina d'Ampezzo
Morona
Via Stazione 5.
☎ *0436 862 160.*
Spezialladen für Pilze (frisch, getrocknet, eingelegt).

Corvara
Alimentar Market
Strada Val Colfosco 16.
☎ *0471 836 014.*
Spezialitäten von Speck bis Honig.

Madonna di Campiglio
Casa del Cioccolato
Piazza Righi.
☎ *0465 440 086.*
Schokolade und Süßigkeiten.

Madonna di Campiglio
Caffè Campiglio
Piazza Righi 4.
☎ *0465 442 746.*
Exzellente Konditorei (Waldbeerenkuchen!).

Moéna
Felicetti
Via Vajolet 1.
☎ *0462 573 216.*
Schinken und Wurst von Reh und Hirsch.

Predazzo
Caseificio Sociale
Via Fiamme Gialle 34.
☎ *0462 501 287.*
Produktion und Verkauf von Käsespezialitäten.

San Martino di Castrozza
Pasticceria Simion
Piazza Dazio.
☎ *0439 681 84.*
Leckereien wie Waldbeerenkuchen, Strudel, Zelten.

St. Vigil in Enneberg
Craffonara
Località Longega 14, Strada Longega.
☎ *0474 501 005.*
Speck nach allen Regeln der Kunst und Tradition.

Toblach
Latteria Sociale
Via Roma 9. ☎ *0474 972 145.*
Via S. Giovanni (Laden).
☎ *0474 972 045.*
Sahne, Quark, Käse aus dem Hochpustertal.

Vahrn
Cantina Abbazia
Novacella,
Via dell'Abbazia 1.
☎ *0472 836 189.*
Direktverkauf der berühmten Weine des Klosters Neustift.

Antiquitäten

Cortina d'Ampezzo
Antichità Zardini
Largo Poste 31.
☎ *0436 860 748.*
Antiquitäten und Modernes für jeden Geschmack.

Madonna di Campiglio
La Bifora
Piazza Righi 27.
☎ *0465 442 742.*
Kunst, Möbel und Kuriositäten.

Hütten

DIE DOLOMITEN sind mit einem solch dichten Netz von Hütten erschlossen, dass auf den folgenden Seiten nur eine kleine Auswahl aufgeführt werden kann. Die hier vorgestellten Hütten weisen alle eine Besonderheit auf, warten etwa mit Panoramalage, außergewöhnlich guter Küche oder historischer Bedeutung auf.

	Schlafplätze	Schlafplätze/Winter	Gaststätte
BRENTAGRUPPE			
XII Apostoli **M 2487** Alta Val Nardis–Conca di Pratofiorito, Stenico. ☎ *0465 501 309.* Die Anfang des 20. Jahrhunderts dank der Brüder Carlo und Giuseppe Garbari eröffnete Hütte ist ein Meilenstein in der Geschichte der SAT. Von dem wunderbar gelegenen Haus sieht man die Adamello- und Presanellagruppe sowie das Val Rendena. Die Gipfel der Umgebung zählen zu den höchsten der Gruppe. ○ *20. Juni–20. Sep.*	30	8	■
Francis Fox Tuckett **M 2272** Vedretta Di Brenta Inferiore. ☎ *0465 441 226.* Die Rifugi Tuckett und Sella gehören der CAI-SAT Trento. Ideale Ausgangspunkte für Wanderungen in die zentrale Brenta, auf die Cima Brenta oder den Castelletto Inferiore, der die beiden Hütten überragt. Der Panoramablick im Westen reicht vom Gletscher des Carè Alto (Süden) zur Presanella (Norden). ○ *20. Juni–20. Sep.*	110	22	■
Quintino Sella **M 2271** Vedretta Di Brenta Inferiore. ☎ *0465 441 226.* Fantastisch gelegen und viel besucht. Die Hütte wurde Anfang des 20. Jahrhunderts von Italienern erbaut und dem Gründer des Club Alpino Italiano gewidmet. Da die Hütte so nah bei Madonna di Campiglio liegt, zählt sie zu den bedeutendsten Wanderzielen in der Brenta. ○ *20. Juni–20. Sep.*	80	20	■
Tommaso Pedrotti **M 2491** Sella del Rifugio, San Lorenzo in Banale. ☎ *0461 948 115.* Im Zentrum der Brenta gelegen; ein idealer Stützpunkt für Wanderungen in der Region. Von hier gelangt man in den südlichen Teil der Brenta, aber auch auf berühmte Wege wie den Bocchette-Weg in der zentralen Brenta. Gehört der SAT. ○ *14. Juli–20. Sep.*	120	20	■
ZENTRALDOLOMITEN			
Boè **M 2871** Col Turond, Canazei. ☎ *0471 847 303.* Die viel besuchte Hütte ist wunderschön auf einem öden Hochplateau zwischen Val de Mesdì und Val Lasties im Zentrum der Sellagruppe gelegen. Auch wenn durch die Seilbahn zum Pordoi der Aufstieg mittlerweile etwas an Faszination verloren hat, so bleibt die Hütte nahe dem Gipfel des Piz Boè immer noch ein Wanderziel. ○ *20. Juni–20. Sep.*	69	4	■
Roda di Vael/Rotwandhütte **M 2280** Sella del Ciampaz, Vigo di Fassa. ☎ *0462 764 450.* Die 1910 eröffnete und seit 1921 zur SAT gehörige Hütte steht im südlichen Rosengarten oberhalb von Ciampaz und unter dem Croz di Santa Giuliana. Der Originalbau wurde 1984 renoviert. ○ *20. Juni–20. Sep.*	50	4	■
Scotoni **M 2040** Armentarola, St. Kassian. ☎ *0471 847 330.* Die Hütte wird wegen ihres Panoramablicks auf die Dolomitengipfel und hervorragender Grillgerichte besucht. Das auf einer grünen Almfläche gelegene Haus ist ein Etappenpunkt auf dem Höhenweg (AV) Nr. 1. ○ *20. Juni–20. Sep; im Winter nur Bewirtung.*	19		■
Vaiolet **M 2243** Porte Neigre, Pozza di Fassa. ☎ *0462 763 292.* Die Hütte gehört der SAT und liegt im Herzen des Rosengartens an einem der am meisten besuchten Orte der gesamten Alpen. Hier kreuzen sich bedeutende Wege und die wichtigen Aufstiege des Rosengartens. ○ *20. Juni–20. Sep.*	135	12	■
MARMOLADA, PALAGRUPPE, BELLUNESER DOLOMITEN			
Furio Bianchet **M 1245** Loc. Pian dei Gat, Sedico. ☎ *0437 669 226.* @ *rifugiobianchet@iol.it* Die Hütte der CAI Belluno im Nationalpark Belluneser Dolomiten ist Ausgangspunkt für bedeutende Wanderungen an der Nordseite des Schlern. Hier verläuft der Höhenwanderweg (AV) Nr. 1. ○ *1 Juni–30. Sep; Sa, So Apr, Mai, Okt (Mo–Fr Vorbestellung).*	40	6	■

Pradidali **M 2278** | 64 | 4+2

Pale di San Martino, Alta Val Pradidali, Tonadico. *0439 641 80.* *pradidali@primiero.it*
Die 1896 erbaute Hütte liegt zentral und wunderschön unter berühmten Felswänden, Türmen und Spitzen. Hier führen viele bekannte Wege in allen Schwierigkeitsgraden und Klettersteige vorbei, die Hütte zählt zu den wichtigsten Stützpunkten des Gebiets für Wanderer und Kletterer, außerdem ist sie Etappenpunkt des Höhenwegs (AV) Nr. 2. Das Haus gehört dem CAI Treviso. *20. Juni–20. Sep.*

Sommariva al Pramperét **M 1857** | 24

Prà della Vedova, Longarone. *337 528 403, 0422 716 354 (CAI Oderzo).*
Die Hütte des CAI Oderzo liegt in einer Wiesenmulde am Talschluss des Val Prampér mit Blick auf die schönsten Dolomitengipfel des Nationalparks Belluneser Dolomiten. Die Hütte ist Ziel vieler Wanderer, die besonders von der Seite des Val di Zoldo aufsteigen. Hier kreuzt der Höhenweg (AV) Nr. 1. *20. Juni–20. Sep.*

Cortina und das Cadore

Auronzo **M 2320** | 115 | 115

Forcella Longeres, Auronzo di Cadore. *0435 626 82.* *info@rifugioauronzo.it*
Die Hütte des CAI Auronzo steht am Ende der Panoramastraße, die vom Lago di Misurina zu den Drei Zinnen führt. Das Panorama reicht von der Croda dei Toni am Lago di Auronzo im Osten zu den Cadini di Misurina am gleichnamigen See und der Cristallogruppe. Das Restaurant ist gut besucht, deshalb besser vorbestellen. *1. Juni–8. Okt.*

Croda da Lago **M 2046** | 45 | 2

Croda da Lago, Cortina d'Ampezzo. *0436 862 085.* *crodadalago@dolomiti.org*
Die 1901 erbaute Hütte ist wegen ihrer exzellenten Küche bekannt. Sie steht am Waldrand beim Lago di Federa und wird vom Croda da Lago und dem Becco di Mezzodì überragt. Der überwältigende Panoramablick reicht weit über das Tal von Cortina. Etappenpunkt des Höhenwegs (AV) Nr. 1. *15. Juni–30. Sep; Weihnachten; im Winter Vorbestellung.*

Galassi **M 2018** | 100 | 8

Forcella Piccola, Calalzo di Cadore. *0436 9685.*
Das große Steinhaus aus dem frühen 20. Jahrhundert war früher eine Kaserne und wurde 1998 renoviert. Die Zimmer haben mindestens fünf Schlafplätze. Die Hütte ist ein Bergsteigerzentrum und Ausgangspunkt für die Höhenwege (AV) Nr. 4 und 5. *20. Juni–20. Sep.*

Lagazuoi **M 2752** | 72 | 72

Lagazuoi Piccolo, Cortina d'Ampezzo. *0436 867 303.* *rifugio.lagazuoi@dolomiti.org*
Die Hütte liegt 17 Kilometer von Cortina und 15 Kilometer vom Gadertal entfernt an der Grenze der Naturparks Fanes-Sennes-Prags und Dolomiti d'Ampezzo. Auf der Terrasse hat man einen 360-Grad-Rundblick. Das 1965 von dem Bergführer Ugo Pompanin erbaute Haus wird noch heute von dessen Familie geführt. Ampezzaner Küche. *Sommer, Winter.*

Eisacktal und Pustertal

Fanes **M 2060** | 44 | 44

Alpe di Fanes Piccola, St. Vigil in Enneberg. *0474 501 097.* *info@rifugiofanes.com*
Die seit ihrer Eröffnung 1928 (dank der Brüder Mutschlechner) für ihre lässig-fröhliche Atmosphäre berühmte Hütte liegt im Naturpark Fanes-Sennes-Prags. Das 1996 vollständig renovierte Haus richtet organisierte Essen aus, die Zimmer haben zwei bis zehn Betten, z. T. eine eigene Toilette. Liegt am Höhenweg (AV) Nr. 1. *Juni–Mitte Okt, 26. Dez–21. Apr.*

Fodara Vedla **M 1980** | 33

Alpe di Fodara Vedla, St. Vigil in Enneberg. *0474 501 093/538.* *rifugio@fodara.it*
Die herrlich zwischen Latschen und Almen gelegene Hütte verströmt eine familiäre Gastlichkeit. In den gemütlichen Stuben lockt der Duft der ladinischen Küche. *Mitte März–1. Mai, Juni–Okt.*

Lavarella **M 2250** | 210 | 6

Alpe di Fanes Piccola, St. Vigil in Enneberg. *0474 501 079/094.* *rifugio@lavarella.it*
Die Hütte auf der Kleinen Fanesalm mit dem wunderschönen Grünsee steht im Herzen des Naturparks Fanes-Sennes-Prags und ist Ausgangspunkt für zahlreiche Wanderungen und Mountainbike-Touren. Das 1997 renovierte Haus ist sehr komfortabel und bietet sogar einige Doppelzimmer. *Sommer und Frühjahr.*

Sennes **M 2126** | 65 | 65

Alpe di Fanes Piccola, St. Vigil in Enneberg. *0474 501 079.* *sennes@rolmail.net*
Die Hütte bietet einen fantastischen Panoramablick auf die Gipfel der Umgebung und eine hervorragende Küche mit einheimischen Spezialitäten (Knödel, Omelette). Sie ist ein idealer Ausgangspunkt für Touren auf den Monte Sella di Senes und den Seekofel. Die Hütte ist immer gut besucht, deshalb unbedingt reservieren! *26. Dez–9. Jan, Feb–Apr, Juni–Mitte Okt.*

Zeichenerklärung siehe hintere Umschlagklappe

Praktische Hinweise

Die Dolomiten liegen günstig – sei es zu den Metropolen Italiens, den Küsten des Mittelmeers oder den Zentren Mitteleuropas – und sind mit jedem Verkehrsmittel zu erreichen. Seit Beginn des Massentourismus in den 1950er Jahren ist ein exzellentes Straßennetz, aber auch ein ausgezeichnetes öffentliches Transportsystem entstanden, das die gesamte Region erschließt. Für die Sicherheit und Versorgung der Besucher existieren überall gut organisierte Einrichtungen, zahlreiche Krankenhäuser sowie ein hervorragend funktionierender Bergwacht- und Rettungsdienst.

Das Strassennetz

Die meisten Besucher kommen über die gebührenpflichtige Brennerautobahn (A 22) in die Dolomiten. Ausfahrten zu den Dolomitentälern sind in Sterzing, Brixen, Bozen und Mezzocorona. Wer aus dem westlichen Österreich anreist, gelangt in das Gebiet über den ganzjährig befahrbaren Reschenpass, vom östlichen Österreich aus ist das Pustertal über den von Lienz aus erreichbaren Grenzübergang Winnebach zugängig. Die serpentinenreichen Bergstraßen über den Staller Sattel, das Timmels- und das Stilfser Joch sind dagegen nur im Sommer befahrbar. Von der Schweiz aus bietet sich die ganzjährig geöffnete Strecke über Taufers im Münstertal in den Vinschgau an.

Die wichtigsten Verbindungen innerhalb der Region sind die Landstraßen 239 und 241 an der West- bzw. Ostseite der Brenta, die Landstraße 50, die über Predazzo in das Gebiet von San Martino di Castrozza führt, die Landstraße 242 im Gadertal (Abteital) und die Landstraße 203, die die Hauptgruppe in Nord-Süd-Richtung entlang dem Cordevole über Caprile, Alleghe und Agordo erschließt.

Mit dem Auto unterwegs

Das Autofahren in den Bergen birgt höhere Risiken als in der Ebene. Treffen Sie also auf jeden Fall die üblichen Vorsichtsmaßnahmen (Bremsen überprüfen lassen!), achten Sie aber auch immer sorgfältig auf Schilder, die etwa vor möglichen Wildwechseln warnen. Am besten lässt man das Auto so oft wie möglich stehen (was auch der Umwelt gut bekommt) und nutzt die öffentlichen Transportmittel.

Mit dem Motorrad unterwegs

Mit dem Motorrad kommt man in den Dolomiten gut voran. Man muss jedoch noch im späten Frühjahr und bereits im Frühherbst in den Morgenstunden auf Glatteis achten sowie nach Gewittern auf Schotter, der auf der Fahrbahn liegen kann.

Mit dem Fahrrad unterwegs

Mit dem Drahtesel sollten Sie v. a. die Seitentäler in Angriff nehmen, da die Hauptstraßen eng und stark befahren sind. Achten Sie darauf, nicht die eigenen Kräfte zu überschätzen, bereiten Sie die Tagestouren gut vor, wobei die schwierigsten Abschnitte vormittags passiert werden sollten. Fahrräder können in der ganzen Region gemietet werden.

Mit dem Zug unterwegs

Die Eisenbahnlinie, die vom Brenner kommt, führt das Etschtal und das Eisacktal entlang. In Franzensfeste bei Brixen ist der Umsteigebahnhof für die Linie in das Pustertal. In den östlichen Dolomiten führt die Eisenbahn von Belluno bis Calalzo di Cadore.

Mit dem Autobus unterwegs

In der Region fahren von den italienischen Städten aus die Busse von Stat, Autostradale, Sita, Sira/Sae. Im Trentino bietet zudem das Busunternehmen Atesina seine Dienste an: in der ganzen Brenta, im Fleimstal, Fassatal und im Gebiet von San Martino di Castrozza. In Bozen ist der Sitz der Südtiroler Linie SAD, deren Busse in das Grödner-, Puster- und Gadertal fahren, in den Dolomiten des Veneto operiert Dolomitibus. Die Busse des Unternehmens fahren hauptsächlich von Belluno aus zur Marmolada, in das Agordino und seine Seitentäler, nach Misurina und zu den Drei Zinnen.

Seilbahnen und Lifte

Alle wichtigen Seilbahnen und Lifte laufen im Winter sowie in den Osterferien und etwa von Mitte Juni bis Mitte September.

Regeln in den Bergen

Wer in den Bergen wandern möchte, braucht eine geeignete Ausrüstung (siehe S. 26f). Vor Ort ist es zudem wichtig, stets über die Wetteraussichten informiert zu sein. Wird schlechtes Wetter vorausgesagt, ist es immer besser abzuwarten und gegebenenfalls eine geplante Tour zu verschieben oder ausfallen zu lassen. Unabdingbar ist in den Bergen auch gutes Kartenmaterial, mit dessen Hilfe man sich eindeutig orientieren kann. Als äußerst nützlich kann sich ein Handy erweisen – Verbindung erhält man sogar noch in großen Höhen. Wer schwierige Touren bewältigen möchte, dem sei zudem ein Bergführer empfohlen.

Wer von schlechtem Wetter überrascht wird (im Gebirge sind Wetterumschwünge keine Seltenheit), sollte v. a. Ruhe bewahren. Ist man in der Nähe einer Hütte, sucht man dort Schutz. In diesem Fall wird man höchstens patschnass – aber man kann sich ja in der Hütte trocknen und aufwärmen. Ist jedoch kein Schutz in der Nähe oder kann man keine Straße finden, sucht man sich am besten einen Unterschlupf, wo man vor Regen und besonders vor Blitzen geschützt ist, und wartet dort, bis sich das Wetter wieder bessert.

Bei Unfällen und in Gefahrensituationen ruft man über die Notrufnummern 113 und 118 Hilfe. Die Notrufzentralen alarmieren bei Bedarf den Hubschrauberrettungsdienst (in Südtirol auch den Flugrettungsdienst Aiut Alpin Dolomites).

Die in diesem Buch vorgestellten Touren sind – außer wenn anders angegeben – einfach und können ohne Kletterausrüstung bewältigt werden. Doch sollte man in den Bergen nie die eigenen Kräfte überschätzen: Wer sich überfordert, erleidet eher einen möglicherweise folgenschweren Unfall. Bergwandern, Bergsteigen und Klettern sind Natursportarten, bei denen Vorsicht und Vernunft an erster Stelle stehen müssen. Wer unnötige Risiken eingeht, bringt nicht nur sich selbst, sondern auch seine Sportfreunde und die Helfer der Bergrettung in Gefahr. Bereiten Sie also nicht nur Ihre Ausrüstung, sondern auch sich selbst gut vor und absolvieren Sie vielleicht einen der zahlreichen angebotenen Kurse. Alle Informationen über Touren, Alpinismus und Kurse erhalten Sie in Ihrem Heimatland bei den Alpenvereinen und in Italien beim Club Alpino Italiano (CAI), der zahlreiche Hütten in den Dolomiten unterhält. Nützlich ist zudem die Liste mit Informationen über die italienischen Hütten des CAI di Lugo di Romagna (www.racine.ra.it/cailugo).

Auf einen Blick

Nützliche Nummern

Im Notfall

Pannenhilfe
☎ *116.*

Notruf
☎ *112 (Carabinieri).*

Allgemeiner Notruf
☎ *113.*

Feuerwehr
☎ *115.*

Rettungsdienst
☎ *118.*

Bergwacht
☎ *0471 797 171.*

Auskunft

Belluno
Piazza dei Martiri 8.
☎ *0437 940 083.*

Busbahnhöfe

Trento
Via Pozzo.
☎ *0461 983 627.*

Bozen
Perathoner Str. 4.
☎ *800 846 047.*

Buslinien

Atesina
Via Marconi 3, Trento.
☎ *0461 821 000.*
FAX *0461 824 373.*
W *www.atesina.it*
@ *atesina@atesina.it*

SAD
Italienallee 13/N, Bozen.
☎ *0471 450 111.*
W *www.sad.it*
@ *info@sad.it*

Dolomitibus
Via Col da Ren 14, Belluno.
☎ *0437 217 111.*
FAX *0437 940 522.*
@ *anthos@dolomitibus.it*

In den Bergen

CAI (Hauptsitz)
Via E. Petrella 19,
Mailand.
☎ *02 2057231.*
FAX *02 205 723 201.*
W *www.cai.it*

Bergführer

BRENTA
Società Alpinisti Tridentini (SAT)
Via Manci 57,
Trento.
☎ *0461 981 871.*
FAX *0461 986 462.*
W *www.sat.tn.it*
@ *sat@sat.tn.it*

FASSATAL
Scuola di alpinismo »Tita Piaz«
Via Dolomiti,
Campitello di Fassa.
☎ *0462 750 459.*
FAX *0462 602 558.*

GRÖDNERTAL
Guide Alpine Val Gardena
Strada Meisules 4,
Wolkenstein.
☎ *0471 794 133, 335 837 77 44.* FAX *0471 794 133.*
@ *guide-alpine@val-gardena.com*

GADERTAL (ABTEITAL)
Guide Alpine Val Badia Corvara/Colfosco
Strada Burjé (Pescosa) 1,
Corvara.
☎+FAX *0471 836 898.*

PALAGRUPPE
Guide Alpine San Martino
Via Passo Rolle,
San Martino di Castrozza.
☎ *0439 768 795.*
FAX *0439 768 814.*

CORTINA UND DAS CADORE
Gruppo Guide Alpine Cortina
Corso Italia 69/a,
Cortina.
☎+FAX *0436 868 505.*
Via Nazionale 9/a,
San Vito di Cadore.
☎ *0436 697 91.*
@ *info@guidecortina.com*

SEXTENER DOLOMITEN
Kurt Stauder
Kurze-Wand-Straße,
Toblach.
☎ *347 0717 406.*
FAX *0474 972 097.*
@ *stauder@pass.dnet.it*

Textregister

Danksagung und Bildnachweis

DORLING KINDERSLEY möchte sich bei allen Personen und Institutionen bedanken, die bei der Realisierung dieses Reiseführers geholfen haben.

BESONDERER DANK GILT:
Biblioteca Nazionale del Club Alpino Italiano: Alessandra Ravelli, Paolo Bonfà, Consorzio Alta Badia, Consorzio Alta Pusteria, Consorzio Rosengarten-Latemar, Consorzio Val d'Isarco, Consorzio Val Gardena, Hotel Adler in St. Ulrich, Silvia Bottoli, Laura Francesio, Simonetta Goffetti, Alberto Mani, Giuseppe Mantovani, Präsident der Uisp Bergsektion von Mantua, Christian Pizzinini, Uta Radakovich von Südtirol Marketing, Valentina Tralli, Familie Wieser (Onies, Pustertal), Daniela Zappelli.

BILDRECHTE
Der Verlag bedankt sich bei allen Kirchen, Museen, Hotels, Restaurants, Läden, Institutionen, Parks und allen, die freundlicherweise mit ihrem Material bei der Veröffentlichung dieses Reiseführers geholfen haben.

Wir haben uns bemüht, alle Urheber ausfindig zu machen und zu nennen. Sollte dies in einzelnen Fällen nicht gelungen sein, so bitten wir, dies zu entschuldigen. In der nächsten Auflage dieses Buches werden wir die versäumten Nennungen selbstverständlich nachholen.

BILDNACHWEIS
o = oben; ol = oben links; olm = oben links Mitte; om = oben Mitte; or = oben rechts; mlo = Mitte links oben; mo = Mitte oben; mro = Mitte rechts oben; ml = Mitte links; m = Mitte; mr = Mitte rechts; mlu = Mitte links unten; mu = Mitte unten; mru = Mitte rechts unten; ul = unten links; u = unten; um = unten Mitte; uml = unten Mitte links; ur = unten rechts; r = rechts; l = links, (d) = Detail.

APT CAVALESE: 33ol, 81ol, 81ul

ARCHIV DORLING KINDERSLEY: 12or, 32ml, 18om, 140m, 146u, 147ur, 151m, 165ol, 166ul,

FABRIZIO ARDITO, Rom: 26ol,

ADRIANO BACCHELLA, Turin: 11u, 12m, 36or, 36ul, 37ol, 37ul, 46or, 47or, 77, 91ur, 104ol, 198ol, 199ol, 199m, 210ur

ROBERTO BARCELLONA, Vicenza: 165ol, 165ul, 165ur

MARCO BIANCHI, Mailand: 12ul, 20ol, 20ml, 20mr, 27ol, 50f, 78ul, 82m, 83mlu, 86ml, 86mr, 87o, 97mr, 98ol, 99o, 99u, 113o, 171ul, 183ol, 186m

BIBLIOTECA NAZIONALE DEL CAI, Turin: 34ur, 44 ganze Seite, 69mr, 96ol, 119ur,

PAOLO BONFÀ- SIMONETTA GOFFETTI, Mantua: 13or, 29ol, 29or, 107o, 142or, 144mlu, 146f, 161u, 170ol, 171ur, 180fu,

CONSORZIO ALTA BADIA: 13m, 51m, 18l, 18mlu, 18mru, 18ur, 79u, 101ur, 104mr, 104ul, 105ol, 105ul,

CONSORZIO VAL GARDENA: 46ul, 52ur,

FABIO DE ANGELIS, Milano: 58ur.

GIOVANNI FRANCESIO, Mantua: 14um, 16or, 16ol, 24or, 24ol, 47m, 80mu, 98or, 98u, 101ol, 112ml, 146m, 166ol, 166mr, 167m, 169u, 174o, 175o, 178 ganze Seite, 180ol, 183or, 183mro, 183mr, 183ur, 188ul

CRISTINA GAMBARO-GINO FRONGIA, Mailand: 11m, 24mlo, 28ol, 30ol, 49mr, 53ol, 76, 84, 85or, 85m, 85ur, 89m, 90ol, 90ul, 91ol, 91ul, 91mr, 94or, 95ur, 96u, 97ul, 97ur, 100or, 102ol, 156, 158ml, 105mr, 160m, 160u, 161o, 162m, 162u, 167ol, 169o, 169m, 171o, 172mr, 175m, 187ur, 198mr

IMAGE BANK, Mailand: 1, 3, 6f, 7, 15ml, 21or, 21mr, 22ol, 26ml, 27mr, 52or, 53mr, 53ul, 54, 55, 60, 62u, 68f, 69ol, 73 ganze Seite, 75ol, 80ml, 82mro, 82ul, 83mlo, 83ur, 85ol, 86or, 86u, 94ol, 94ul, 95ol, 95m, 97ol, 99m, 100ol, 100ml, 100ul, 106mlo, 117mro, 121mr, 122ml, 123ol, 131u, 132ml, 138ol, 160ol, 162o, 163 ganze Seite, 164 ganze Seite, 167ur, 168 ganze Seite, 174ur, 176m, 181mr, 182u, 186ol, 187ol, 210ol

STEFANO MALDINI, Bologna: 67ur

ALBERTO MANI, Mantua: 31ur, 56or, 57or, 64ul, 65or, 65ur, 66ol, 66mr, 67ol, 67mr, 68or, 70 ganze Seite, 71 ganze Seite, 72ol, 75m, 75ur, 171mr, 173u

MUSEO DEL BUONCONSIGLIO, Trient: 41ol

GHIGO ROLI, Modena: 2, 10, 13u, 14or, 14ml, 15or, 15u, 17m, 18mlo, 18or, 22fu, 24mlu, 27ml, 28ml, 28ur, 29ul, 30ml, 30ur, 31o, 31ml, 32ol, 33m, 33ur, 33ul, 35ur, 38, 39u, 40ur, 41m, 42ul, 43ol, 45ul, 46om, 48mr, 48ul, 49ml, 56ml, 57mr, 58or, 58ml, 59ol, 59ur, 62or, 63 ganze Seite, 64or, 64ml, 65mr, 72ur, 78or, 79or, 81or, 83or, 88 ganze Seite, 89o, 89u, 90mr, 92ol, 95or, 106ol, 106mlu, 106ul, 107mr, 108, 109, 110 ganze Seite, 111 ganze Seite, 112fm, 112fu, 114ul, 115 ganze Seite, 116mlo, 116u, 117o, 117mru, 119ul, 120f, 121ol, 122or, 123ur, 124ol, 125u, 126 ganze Seite, 127 ganze Seite, 128, 129, 130ol, 130mr, 131ol, 132ur, 133o, 133ur, 134, 135, 136 ganze Seite, 137 ganze Seite, 140ol, 140ur, 141 ganze Seite, 142m, 143 ganze Seite, 144or, 145o, 147or, 148 ganze Seite, 149 ganze Seite, 150 ganze Seite, 151ol, 151or, 151u, 152 ganze Seite, 153 ganze Seite, 154 ganze Seite, 155ol, 155ul, 157, 158ol, 159 ganze Seite, 172ol, 172ul, 173m, 175u, 176u, 177o, 177u, 179 ganze Seite, 184f, 185m, 198ul, 199ur,

GUIDO STECCHI, Mailand: 36ol, 36m, 37or, 37mr

Straßenkarte
A
B
C
1
2
3
4
5
Innsbruck
Brennero
Brenner
Ötztal
186
ÖSTERREICH
44 bis
44
Isarco / Eisack
Vitipeno
Sterzing
Valle Isarco / Eisacktal
A22
Val
Val di Lu
Novacella
Neustift
Bressanone
Brixen
FS
Lago di Como
38
Etsch
Chiusa
Klausen
Val di Funes / Vilnöß
Ortisei
St. Ulrich
Val Gardena / Grödnertal
Castelrotto
Kastelruth
Siusi
Seis
Seiseralm
Adige / Etsch
BOLZANO
BOZEN
Fié allo Sciliar
Naturpark Schlern
Sassolung
TRENTINO-
SÜDTIROL
Val d'Ega / Eggental
Tires
Tiers
Catinaccio
Pozza di Fassa
Vigo di Fassa
Val di Fassa
Caldaro
Kaltern
Carezza
Noce
Cles
San Romedio
Lago di Caldaro
Lago di Santa Giustina
Malé
Moéna
Latemar
42
43
48
Predazzo
50
Val di Sole
Egna / Auer
Cavalese
Tesero
Molina
Val di Fiemme / Fleimstal
Naturpark Paneveggio Pale di San M
Madonna di Campiglio
Carisolo
Pinzolo
Sarca
Cima Brenta
Andalo
Molveno
Naturpark Adamello-Brenta
Lago di Molveno
Val Rendena
12
Avisio
Adige
TRENTO
Brenta
47
L. di Tobino
Lago di Caldonazzo
Lago di Levico
Lago di Cavedine
45
45 bis
Lago di Ledro
240
Lago di Garda
Gardasee
Verona
0 Kilometer 20